福祉ライブラリ

三訂 社会保障

2021年度社会福祉士・精神保健福祉士養成
新カリキュラム対応

川村匡由　編著

安部雅仁・伊藤新一郎・河谷はるみ・倉田康路
坂本毅啓・佐橋克彦・島津　淳
鈴木政史・久本貴志・松原直樹
共著

建帛社
KENPAKUSHA

は し が き

　周知のように，日本は第二次世界大戦（アジア太平洋戦争）で敗戦し，国内で約230万人，東アジアなど諸外国に同2,000万人もの犠牲者を出し，損害を与えたといわれている惨禍を反省し，これを教訓に，その後，今日まで官民一体となって軍事・戦争国家から平和・福祉国家への転換をめざし，政治や経済，社会の発展をはじめ，社会保障制度の整備・拡充に努めてきた。その結果，国際社会から奇跡ともいわれるほど短期間のうちに高度経済成長を遂げ，GDP（国内総生産）は近年，中国に追い抜かれたものの，アメリカ，中国に次いで世界第3位を占めるまでになった。

　一方，国民の健康への関心の高さや食生活の改善，医療技術のレベルアップなども手伝い，平均寿命は飛躍的に延び，戦後間もないころ，50歳前後にとどまっていたものの，80歳から90歳へと延びて「人生100年時代」を迎え，日本国憲法により国民のだれもが基本的人権が尊重され，住み慣れた地域でいつまでも健康で文化的な最低限度の生存権が保障され，かつ安全・安心な生活を享受されるべく社会保障制度の一層の整備・拡充が求められている。

　このようななか，長引くデフレ不況や経済のグローバル化，年金，医療，介護，子育て，生活保護などに対する国民の社会保障に対する関心は高まる一方だが，肝心の雇用・労働環境は国民の約4割が非正規雇用者に上っている。とくに国を支えるべき若者は一層の不安をつのらせており，ワーキングプアや"子どもの貧困"を招いている。

　そこで，厚生労働省は2019（令和元）年7月，社会福祉士・精神保健福祉士国家試験の受験資格に必要な現行の新カリキュラムを約12年ぶりに改定，2021（令和3）年4月の入学者より適用し，2024（令和6）年2月以降，この新々カリキュラムにもとづく国家試験を実施することになった。その共通基礎科目の一つが「社会保障」である。

　幸い，2018（平成30）年8月に刊行した本書の初版は多くの大学などで教科書として採用され，版を重ねることになった。ついてはこれを機に，上述した

新々カリキュラムにもとづく改訂版として内容を一新し，2021（令和3）年4月以降の入学者にとって最適の教科書とすることにした。

ただし，内容は初版を踏襲し，終章を除く各章に実習対策をはじめ，レポート・卒論対策，受験対策，就活対策からなるコラムを設け，社会福祉士・精神保健福祉士の養成教育上，最善のテキストとなるよう，引き続き努めた。

幸いにもこのような編者の考えに対し，桜美林大学の島津淳および西南学院大学の倉田康路両先生をはじめ，全国の大学や短期大学で社会福祉士・精神保健福祉士の養成教育の一環として社会保障を第一線で教授されている各位より共著者として引き続きご協力をいただいた。その情熱に改めて敬意を表するとともに，出版の企画にご理解とご協力をいただいた株式会社建帛社に深く感謝したい。

2020（令和2）年8月

編者　川村　匡由

三訂にあたって

2019（令和元）年7月，社会福祉士・精神保健福祉士の養成教育の新カリキュラムの約12年ぶりの改定に伴い，2018（平成30）年4月，本書を上梓した。多くの大学などで教科書として採用され，2020（令和2）年3月には改訂版として刷新し，こちらも多くの学校で採用され，今般，その重版を迎えた。

しかし，この間，さらなる制度の見直しがあったほか，この新カリキュラムによる国家試験がいよいよ2024（令和6）年2月以降，毎年，実施されることになった。このため，この新たな国家試験に最新の制度を踏まえた内容で対応できるよう「三訂版」として刷新した。この三訂にあってもより多くの大学などで利用され，新たな社会福祉士・精神保健福祉士の養成および貴重なマンパワー（人材）として巣立ち，クライエントやその家族への支援にあたっていただければ幸いである。

2024（令和6）年1月

編者　川村　匡由

目　　次

終　章　社会保障の課題

第1章 現代社会における社会保障制度の現状

1 人口動態の変化

（1）少子高齢化

　社会保障は老後の生活や病気，けが，失業，労働災害（労災），介護[*1]，障害[*2]，死亡，子育て，貧困などに対する社会保険の保障（補償）や社会福祉などのサービスを提供するため，すべての国民がその費用負担能力に応じ，消費税などの税金や社会保険料を政府に納め，政府はこれを財源に所得の再分配を通じ，その整備・拡充を図る制度・政策である。

　このような社会保障は戦後，高度経済成長に支えられ，1960年代，福祉六法体制および国民皆年金・皆保険体制を確立するなど整備され，現在に至っているが，その財源の拠出に影響のある人口動態は1970（昭和45）年，高齢化率[*3]が7.1％に達し，高齢化社会を迎えて以来，その後，年々上昇し，2020（令和2）年には28.6％に達している。しかも，この高齢化率は今後，さらに上昇し，2070年には38.7％に達し，世界屈指の超高齢社会になる情勢である。

　その理由の一つは，国民の健康増進への関心の高さや病気，けがの早期発見・早期治療，医療技術の進歩などに伴う平均寿命の伸長で，2022（令和4）年現在，男性は81.49歳，女性は87.60歳と延び，「人生50年」から「人生100年」時代を迎えている[*4]。もっとも，延命治療もその一因といわれている。

　いずれにしても，このような問題も受け，とくに注目されるのは健康寿命の延びで，2019（令和元）年現在，男性は72.68歳，女性は75.38歳で，一時，「隠

---

*1　介護保険法上，介護保険給付を受けるうえで必要な要介護認定の結果の「要介護1〜5」，または「要支援1〜2」。
*2　「障害」という言葉には差別的なニュアンスがあるため，「障がい」と言い換える向きもあるが，本書では現行の法律用語にもとづき「障害」とする。
*3　総人口に対する65歳以上の高齢者の割合。老年人口比率ともいう。
*4　川村匡由『人生100年"超"サバイバル法』久美出版，2007.

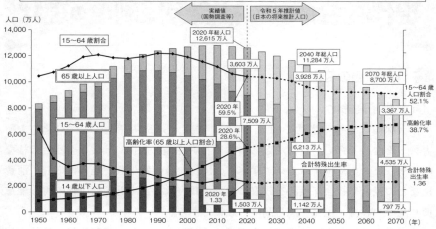

（出所）2020 年までの人口は総務省「国勢調査」，合計特殊出生率は厚生労働省「人口動態統計」，
　　　　2025 年以降は国立社会保障・人口問題研究所「日本の将来推計人口（令和 5 年推計）」（出生中
　　　　位（死亡中位）推計）

図1-1　日本の人口の推移

出典）厚生労働省 HP，2023.

居」や「余生」などといった老後も「生涯現役」や「エイジフリー」などと言い換えられ，趣味やスポーツ，地域の行事に関心が集まるようになり，年金や医療，介護，子育て，生活保護のほか，健康増進や生涯学習などに関わる社会保障給付費も欠かせなくなってきた。

　しかし，社会保障の財源を拠出する15〜64歳の生産年齢人口および 0 〜14歳の年少（幼年）人口は晩婚化や非婚化，共働き世帯の増加，労働強化，ワーキングプアなどに伴う合計特殊出生率の低迷のため，1950〜1990（昭和25〜平成 2 ）年をピークに年々減少し，2070年には総人口が約8,700万人と全体の 4 分の 1 も減る見込みである（図1-1）。

　また，だれでも加齢とともに虚弱や要介護・要支援状態にならざるを得ず，2000（平成12）年に施行された介護保険法にもとづき「要介護・要支援」と認

定された高齢者は同年，約218万人だったが，2022（令和４）年，同691万人に急増している。このため，今後，すべての団塊世代[5]が75歳以上の後期高齢者[6]となる2025（令和７）年以降，高齢化率の上昇によってさらに急増すると推計されている。これに伴い，認知症や有病率も2060年には34.3％に上昇する見込みのため，社会保障の財政はますます厳しくなる情勢である。

　とりわけ，単独世帯や親子別居世帯，高齢者夫婦のみ世帯が年々増加しているため，年金や医療，介護に関わる社会保障給付費が一層必要となっている半面，介護の負担に耐え兼ねたりして家族が老親を殺害したり，無理心中を図ったり，だれにも看取られず，孤独死したりするなどの惨事も懸念される。

（２）人口減少社会

　そこで，政府は1989（平成元）年，消費税を導入し，「高齢者保健福祉推進十か年戦略（ゴールドプラン）」を策定するとともに翌1990（平成２）年，老人福祉法など福祉関係八法を改正し，高齢者福祉に関わる措置権[7]を国から地方に移譲，施設福祉から在宅福祉へと移行し，かつ国民・住民参加による地域福祉の推進やサービスの民営化を図ることになった。

　また，膨れ上がる年金や医療，介護などの社会保障給付費を抑える一方，2015（平成27）年，介護保険の利用者の自己負担を１割から２割に見直した。さらに，2008（平成20）年には後期高齢者医療制度を創設し，年齢を問わず，保険料[8]を負担する半面，医療費の自己負担を65〜69歳の高齢者は３割，70〜74歳の高齢者は２割（現役並み所得者は３割），75歳以上の高齢者は１割（同）に引き上げた[9]が，年金や医療，介護，子育てや生活保護，健康増進，生涯学習に関わる社会保障給付費はますます増大するばかりである。

---

[5]　1947〜1949（昭和22〜24）年生まれの戦後第一次ベビーブームの世代。川村匡由『団塊世代の地域デビュー』みらい，2012.

[6]　65〜74歳を前期高齢者という。

[7]　行政処分の一種。

[8]　例えば75歳以上の後期高齢者の場合，全国平均月額6,472円（2022〜2023（令和４〜５）年度）だが，自治体によって異なる。

[9]　ただし，70歳以上で現役並み所得以下の場合，高額療養費制度や高額介護合算療養費制度によって医療費・介護費の自己負担が軽減される。

　一方，合計特殊出生率は2000（平成12）年以降，2070年に向けても1.36にとどまる見込みのほか，総人口は2040年に1億1,284万人，2070年には8,700万人となると予測され，50年後には総人口の4分の1も減少する。0〜14歳の年少（幼年）人口は1975（昭和50）年の24.3％以降，毎年低下しており，2022（令和4）年には11.6％と過去最低になった。また，社会保障の財源を支えるべき15〜64歳の生産年齢人口はピークだった1992（平成4）年の69.8％から2070年は52.1％にまで落ち込む見通しなど現在よりも4〜3分の1減り，このままでは破綻する懸念もある。

　そこで，政府は2013〜2025（平成25〜令和7）年度，医療機能の分化・連携や地域包括ケアシステムを構築すべく2018（平成30）年度，診療報酬と介護報酬を同時に改定するとともに総報酬制＊10を介護保険にも導入し，医療・介護提供体制を抜本的に見直すことになった。もっとも，国と地方の債務残高は2022（令和4）年6月末現在，約1,255兆円に上っており，かつ長引くデフレ不況から一向に抜け出せず，個人所得がここ30年横ばいであるため，新たな財源を確保すべく，1989（平成元）年に導入した消費税は3％からその後，5％，さらに8％に引き上げた。

　しかし，その大半は赤字国債の返済などに投じられ，かつ長引くデフレ不況と選挙を意識した政争の具に追いやられ，民主党政権時代，「社会保障と税の一体改革」として自公民で合意した10％への引き上げも断行できず，先送りされてきたが，再延期された2019（令和元）年10月，10％引き上げに踏み切った。また，日本国憲法第9条（戦争放棄，軍備および交戦権の否認）の解釈を変更，集団的自衛権の行使容認，自衛隊員への駆け付け警護の任務付与などを骨子とした安全保障関連法案などの強行採決や森友・加計学園，「桜を見る会」などの問題もからみ，少子高齢社会および人口減少のなか，予断を許せず，先行きが見通せなくなっている。

＊10　標準報酬月額と標準賞与額に共通の保険料率をかけて保険料を根拠する方法。

2　経済環境の変化

（1）低成長社会と社会保障の持続可能性

　ところで，社会保障の財政の安定に大きな影響を与える日本経済は第二次世界大戦後，製造業を中心に急成長し，GDP（国内総生産）がアメリカに次いで世界第2位に躍進，新幹線や高速道路，私鉄，路線バス，空港，港湾などの交通インフラストラクチャー（インフラ）や電気，ガス，上下水道などのライフラインが整備されるなど国民生活は飛躍的に向上した。もっとも，1970年代に世界的な石油危機（オイルショック）に見舞われ，その後，一時，立ち直ったのも束の間，1990（平成2）年以降，バブル崩壊や経済のグローバル化，リーマンショックを受けて長引くデフレ不況に陥り，低成長社会を迎えることになった。

　現に，名目および実質GDPは2016（平成28）年以降，プラス成長になったが，2021（令和3）年，マイナス成長から小幅なプラス成長後，再びマイナス成長になるなど一進一退となった（図1-2）。

　加えて，近年，中国や韓国，ロシア，インドなどが急激な経済の発展を遂げており，これらの新興国に注目した自動車や家庭電化製品などの製造業，小売・飲食業などの第二次，第三次産業の海外への進出に伴う国内産業の低迷および人口の地方から都市部への流入や少子高齢化によって地方は過疎化が進み，無医地区も急増するなど限界集落*11化している。また，1995（平成7）年の阪神・淡路大震災（兵庫県南部地震）や2011（平成9）年の東日本大震災（東北地方太平洋沖地震）および東京電力福島第一原子力発電所事故など災害も各地で続発，財政を一層逼迫させている。

　このようななか，東京電力福島第一原発事故の収束などを争点にした衆議院総選挙で民主党政権から交代を遂げた自公政権は社会保障の持続可能性を追求すべくIT（情報技術）やAI（人工知能），ロボットなどを第四次産業や第五次産業と位置づけ，"イノベーション革命"に舵を切り，従来の単純・肉体労働

---

*11　高齢化率が50％を超え，住民の共同体の機能が不全と化している集落。川村匡由『脱・限界集落はスイスに学べ』農文協，2016.

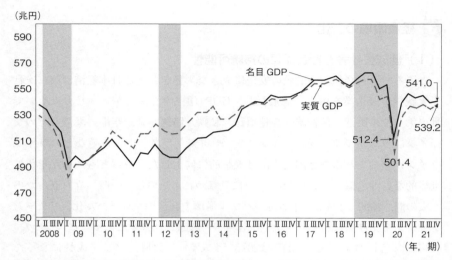

資料出所：内閣府「国民経済計算」（2022 年第Ⅰ四半期 1 ～ 3 月期）をもとに厚生労働省労働政策担
　　　　　当参事官室にて作成
注：1.　名目 GDP，実質 GDP ともに季節調整値。
　　2.　グラフのシャドー部分は景気後退期を表す。なお，2019 年第Ⅰ四半期～ 2020 年第Ⅱ四半期は
　　　　暫定である。

図1-2　名目・実質 GDP の推移

出典）厚生労働省 HP，2023.

　から知的労働への転換および訪日外国人旅行者（インバウンド）の拡大による
経済の再生をめざしているが，企業の約 9 割を占める中小・零細企業はそれに
見合うほどの資金的な余裕はない。また，「衣食住」からなる生活三要素のう
ち，食，すわなち，農・林・水産業などの第一次産業は衰退の一途であるほ
か，住，すなわち，住宅は相変わらず“ウサギ小屋”が都市部で多いうえ，道
路や交通など住環境の整備も後手後手で従来の年金や医療，介護，子育てなど
の社会保障のほか，雇用などの問題も抱えている。その意味で，移動の確保も
加え，新・生活三要素は「医（移）職住」ということができる。
　しかも，自公政権は対米従属をさらに加速，アメリカ製戦闘機などの爆買い
や在日米軍駐留経費の日本側負担（思いやり予算）の負担増，日米貿易協定に
よる日本製品の関税引き上げによる貿易収支の悪化，2020（令和 2）年の東京

オリンピック・パラリンピック（新型コロナウイルス感染拡大により2021（令和3）年に延期），および2025（令和7）年の日本国際博覧会（大阪・関西万博）の招致・開催など一過性，かつ旧態依然とした土建型公共事業優先など，大地主および大企業の利権誘導型の「成長戦略」により長引くデフレ不況の脱却に固執するなか，ロシアのウクライナ侵略に伴う天然ガスなどエネルギー価格の高騰も加わり，2070年の本格的な少子高齢社会および人口減少を見据えた社会保障の持続可能性に大きな不安を寄せる国民は少なくない。

3 労働環境の変化

（1）正規雇用と非正規雇用

　労働環境は産業の空洞化や石油危機，バブル経済の崩壊，経済のグローバル化，長引くデフレ不況などを背景に，残業時間の延長やサービス残業の常態化の半面，終身雇用・年功序列から成果主義への転換，短時間雇用者（パートタイマー：パート），アルバイト，契約社員など非正規雇用の導入によって人件費や福利厚生（企業内福祉）＊12が削減され，今後，本格的な少子高齢社会および人口減少に伴う労働力の不足をよそに，雇用者数は1995〜2020（平成7〜令和2）年，6,600〜6,700万人とほぼ横ばいながら65歳以上の高齢者は同445万人から874万人と増えているのに対し，15〜29歳の若年世代は同1,603万人から1,060万人と減少している（図1-3）。

　ただし，その雇用環境は2000（平成12）年，約1,270万人と役員を除く雇用者全体の26.0％にすぎなかったパートやアルバイト，契約社員など非正規雇用者は2005（平成17）年以降，年々増加し，女性を中心に労働参加が進んでおり，2017（平成29）年現在，2,036万人に上っている（図1-4）。また，勤務状況も隔週二日制から完全週休二日制，在宅勤務，さらには脱サラによる個人事業の起業など多様化している。このような雇用環境の多様化は各世代を問わず，個人所得の低迷につながっており，1世帯（2人以上）当たりの勤労者世帯の平均所得金額は2021（令和3）年現在，世帯主が29歳以下は595万円，30

＊12　雇用者の健康管理や安全・衛生管理などの労働者福祉と企業福祉。

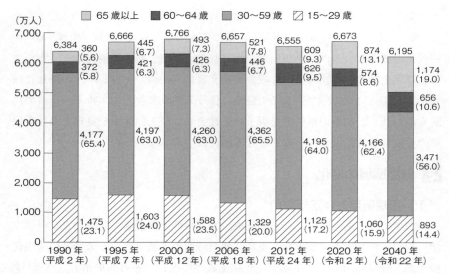

資料：1990〜2020年は総務省統計局「労働力調査」，2040年は（独）労働政策研究・研修機構「労働
　　　力需給の推計―労働力需給モデル（2018年度版）による将来推計―」．

（注）1.　（　）内は構成比
　　　2.　表章単位未満の位で四捨五入してあるため，各年齢区分の合計と年齢計とは必ずしも一致しない．
　　　3.　2040年の推計値は，経済成長と労働参加が進むケース（各種の経済・雇用政策を適切に講ずる
　　　　　ことにより，経済成長と，若者，女性，高齢者等の労働市場への参加が進むシナリオ）．
　　　4.　当該推計値は，「労働力調査」の2017年までの実績値を踏まえて推計しているので留意され
　　　　　たい．

図1-3　労働力人口の推移

出典）厚生労働省：厚生労働白書資料編，各年版より作成．

代は666万円，40代は759万円，50代は878万円であるのに対し，60〜70歳以上
の高齢者世帯は年金や退職金，預貯金があるとはいえ，649万円にとどまって
いる。

　とりわけ，多くの高齢者の場合，年金や退職金，預貯金を取り崩し，老後の
生活を送っていかなければならない。このため，高齢者の大半は60〜75歳以上
になっても働かざるを得ないが，再就職は厳しい。そればかりか，60歳以上が
生活保護世帯全体の55.8％（2022（令和4）年）を占めており，友人や知人も
なく，地域で孤立して孤独死するケースもみられ，高齢者の間で貧富の格差が
広がっている。

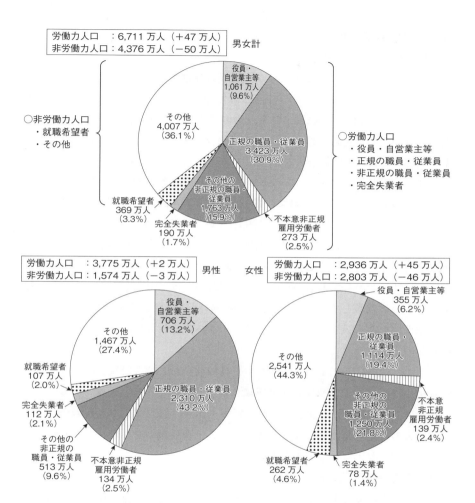

資料出所：総務省統計局「労働力調査（詳細集計）」をもとに厚生労働省労働政策担当参事官室にて作成
注：1. データについては，2017年平均の値を使用している。
　　2. 不本意非正規雇用労働者は，非正規の職員・従業員のうち，現職に就いた理由が「正規の職員・従業員の仕事がないから」と回答した者。その他の非正規の職員・従業員は，非正規の職員・従業員から不本意非正規雇用労働者を差し引いたものとして算出している。
　　3. 役員・自営業主等は労働力人口より役員を除いた雇用者と完全失業者を差し引いたものとして算出している。
　　4. その他については，非労働力人口より就職希望者を差し引いたものとして算出している。

図1-4　日本の労働力の概況

出典）厚生労働省HP，2020.

（2）労働関係法規
1）男女雇用機会均等法

　このような労働環境の変化のなか，労働関係法規，すなわち，「雇用の分野における男女の均等な機会及び待遇の確保等に関する法律（男女雇用機会均等法）」が1972（昭和47）年に制定され，労働者の募集や採用における性差別を禁止して以来，半世紀近く経つが，世界経済フォーラム（WEF）「ジェンダー・ギャップ（男女格差）報告書2022」によると，日本は世界146か国・地域中，第116位にとどまっている。このため，女性の社会進出や昇格，定年（停年）までの継続勤務の困難さ，および1992（平成4）年，「育児休業等に関する法律（育児休業法）」を制定・施行，1995（平成7）年，「育児休業，介護休業等育児又は家族介護を行う労働者の福祉に関する法律（育児・介護休業法）」に改正され，一部の企業で在宅勤務，時差出勤，テレワークが採用されているものの，多くは相変わらず夫婦の育児・介護休業の取得が困難なため，その間，休業，あるいは離職している。また，職場でのパワーハラスメント（パワハラ）ばかりか，セクシュアルハラスメント（セクハラ）やマタニティハラスメント（マタハラ）も少なくない。

　そこで，政府は2070年の本格的な少子高齢社会および人口減少に向け，合計特殊出生率の引き上げや保育・介護職に関わるマンパワー（人材）を確保すべく女性の非正規雇用から正規雇用化，妊娠や出産，育児休業や老親の介護，さらには夫の育児・介護休業などを理由とする不利益扱いを禁止しているが，こちらも一向に改善されないのが大方の実態である。

2）障害者雇用促進法

　一方，障害者に対する差別と偏見を一掃すべく，国際連合（国連）が2006年，「障害者の権利に関する条約（障害者権利条約）」を採択したことを受け，日本でも「障害者の雇用の促進等に関する法律（障害者雇用促進法）」を2013（平成25）年に制定，翌2014（平成26）年に施行し，障害者に対し，正当な理由なく障害を理由に財やサービスや各種機会の提供を拒否，またはその提供にあたって場所や時間帯などを制限することは行政や企業も不当な差別的取り扱いとして禁止している。

　その一つに，2023（令和5）年1月現在，政府と自治体は全職員の2.6％，都道府県教育委員会に同2.5％，一定以上の規模の企業に全従事者の2.3％の障害者の雇用を義務づけているが，その先導をすべき内閣府や総務省，国土交通省など政府の全体の約8割に当たる計27省庁で公表していた法定雇用率2.49％は実は1.19％だったことが2018（平成30）年に発覚するなど醜態が明るみになった。また，2016（平成28）年7月，神奈川県相模原市の県立障害者支援施設「津久井やまゆり園」で元同施設職員（当時，26歳）が「障害者はいない方がよい」などと刃物で入所者19人を刺殺，戦後最悪の大量殺人事件が発生，社会に大きな衝撃を与えるなど障害者差別も一向に減っていない。

　いずれにしても，日本はGDPが中国に追い抜かれて世界第3位になったとはいうものの，北欧諸国のノーマライゼーションの理念にもとづくソーシャル・インクルージョン（社会的包摂）の実践はまだまだ遅れている。このような理念と実践を加味した社会保障を包含した社会福祉の普遍化は喫緊の課題で，そこに「地域共生社会の実現」，すなわち，地域福祉の推進という意義がある。

（3）ワーク・ライフ・バランス

　本章の最後にワーク・ライフ・バランスに触れておきたい。これは「仕事と生活の調和」と訳されるが，要は，戦後の高度経済成長以来，上司から命じられた仕事に打ち込み，子育てや老後の生活の安定のため，夫婦円満の家庭づくりや地域活動への参加など二の次，三の次とされてきたライフスタイルを見直し，立派な職業人として今後もまっとうするものの，家庭や地域との関係についても重視し，さまざまなライフステージにおいて悔いのないよう，その調和を図り，「人生100年時代」を満喫すべきではないかという趣旨である。

　そこで，2007（平成19）年，政府はもとより，自治体や経済界，労働界が「仕事と生活の調和（ワーク・ライフ・バランス）憲章」を策定，大企業は2019（平成31）年4月から，中小・零細企業は2020（令和2）年4月から「働き方改革関連法」が順次施行され，月45時間，年360時間を原則とし，臨時的な特別な事情がある場合でも年720時間，単月100時間未満（休日労働も含む），また，複数月平均80時間（休日労働も含む）を限度に設定，時間外労働に上限規制を設けることになった（図1-5）。

国民一人ひとりがやりがいや充実感を感じながら働き，
仕事上の責任を果たすとともに，
家庭や地域生活などにおいても，子育て期，中高年期といった人生の
各段階に応じて多様な生き方が選択・実現できる社会

(1) 就労による 経済的自立が可能な社会	(2) 健康で豊かな生活のため の時間が確保できる社会	(3) 多様な働き方・ 生き方が選択できる社会
経済的自立を必要とする者とりわけ若者がいきいきと働くことでき，かつ，経済的に自立可能な働き方ができ，結婚や子育てに関する希望の実現などに向けて，暮らしの経済的基盤が確保できる。	働く人々の健康が保持され，家族・友人などとの充実した時間，自己啓発や地域活動への参加のための時間などを持てる豊かな生活ができる。	性や年齢などにかかわらず，誰もが意欲と能力を持って様々な働き方や生き方に挑戦できる機会が提供されており，子育てや親の介護が必要な時期など個人の置かれた状況に応じて多様で柔軟な働き方が選択でき，しかも公正な処遇が確保されている。

図1-5　ワーク・ライフ・バランスが実現された社会

出典）内閣府政府広報オンラインHP，2020.

　この結果，今後，年次有給休暇（年休）の取得や在宅勤務，時差出勤，テレワークなど多様な勤務形態の促進はもとより，仕事と育児の両立や女性の社会進出，障害者雇用の機会の拡充などによる「一億総活躍社会の実現」が果たされるのではと思われるが，その内実は長時間労働の代わりの非正規雇用化と正規雇用者との格差の拡大や高齢者雇用による厚生年金保険料の負担の延長，老齢基礎年金および老齢厚生年金の65歳から75歳への繰り下げ支給による社会保障給付費の抑制，という本音が透けて見えるのではないか。なぜなら，慢性化した保育・介護職の人材の不足は人件費の安い外国人技能実習生の受け入れなど相矛盾した政策的な誘導に変わりなく，ワーク・ライフ・バランスはもとより，同一労働同一賃金など労働者福祉の推進などみじんもない経済界の意向，および労使協調路線の労働界の腰折れを禁じ得ないからである。そこに社会保

障の厳しい現状がある。

■**参 考 文 献**
1 ）川村匡由：社会保障崩壊　再構築への提言，あけび書房，2023.
2 ）川村匡由編著：入門 社会保障，ミネルヴァ書房，2022.
3 ）川村匡由・亀井節子編著：とことんわかる年金パスポート，ミネルヴァ書房，
　　2004.
4 ）川村匡由・島津　淳・木下武徳・小嶋章吾編著：社会保障　第 4 版（現代の社
　　会福祉士養成シリーズ 1 ），久美出版，2016.
5 ）川村匡由：人生100年時代のニュー・ライフスタイル，あけび書房，2022.

実習対策

□多くの入所者はさまざまな知識や経験を有するため，むしろ人生の先輩にお世話になるとの気持ちで接する。とくにサラリーマンだった利用者からは当時の雇用・労働環境をうかがい，今後の自分の人生に活かしたい。

□実習先の実習担当者と実習指導教員（スーパーバイジー）との意思疎通に注意し，実習指導教員に進捗状況や課題の積み残しの有無を連絡し，指導をあおぐ。

□社会福祉協議会（社協）や福祉事務所，病院の場合，地域の社会福祉施設や医療機関との連携のミスや不十分さがないか，見きわめる。

レポート・卒論対策

□毎日の新聞やテレビ，ウェブサイトなどで時事問題に関心を持ち，国内ばかりか，国外の経済・労働情勢をチェックし，レポート試験や実習日誌，レポートの作成に備える。報告会では積極的に発言するとともに，仲間と経済・労働問題について意見交換し，現代社会における社会保障の意義を学ぼう。

□卒論の場合，終身雇用・年功序列の変遷，ブラック企業の現状，政府の「働き方改革」の取り組みと課題などをテーマとして考えよう。

受験対策

〈要点整理〉

□社会保障の充実には人口動態と経済の持続可能が必須だが，国民生活を最優先した政治改革が最も重要である。

□今後の人口動態は少子高齢社会の深刻さのほか，人口減少もあるため，国民の働く権利の保障と納税などの義務の履行がポイントになってくる。

□国民の健康管理と政治への参加，社会福祉施設，医療機関，事業者，特定非営利活動法人（NPO 法人）などソーシャルキャピタル（社会関係資本）の協働により社会保障の持続可能を追求すべきである。

□女性は結婚や子育て，老親の介護のため，いったん退職，または休業する傾向にある。その後，再就職，または復職して M 字カーブを描くが，そのようなことがないよう，保育所などの拡充や地域における子育て支援が必要である。

□職場での昇格や給与における男女格差を是正すべく両性の特性を活かした人事労務管理に見直し，同一労働同一賃金をめざすことが必要である。

□定年制撤廃に伴う若者と高齢者との確執をなくすため，人事労務管理を見直すとともに，ワークシェアリングを志向することが必要である。

□製造業やサービス業，IT（情報通信）産業の推進だけでなく，農・林・水産業

の活性化も図るべく，大都市よりも地方の活性化を図ることが必要である。

□男女間の雇用格差は男尊女卑たる保守的な風土の見直し，また，障害者の差別と偏見はだれもが後天性の障害者になり得ることも自覚し，競争社会から共生社会への転換を図る必要がある。

□ワーク・ライフ・バランスは大企業よりも中小・零細企業の方がより喫緊な課題である。

□社会保障の重要性を国民が自覚すべく義務教育の段階から学ばせ，政府と国民との"社会契約"であることを全国民が理解し，政治に関心を持つことが重要である。

〈過去問〉

□2015（平成27）年度における社会支出の国際比較によれば，日本の社会支出の対国内総生産比は，フランスよりも高い。（32回50- 5 ）

　⇨× 　日本の対国内総生産（GDP）比は2015年度，1.31％で，2.92％のフランスや3.64％のスウェーデンなど<u>ヨーロッパ各国と比べ，低い水準</u>にある。

□戦後の社会保障制度の目的は，「広く国民に安定した生活を保障するもの」であったが，近年では「生活の最低限度の保障」へと変わってきた。（33回50-1 ）

　⇨× 　「社会保障制度に関する勧告（50年勧告）」では社会保障は「主に最低限度の生活の保障を行うもの」だったが，その後，社会保障の充実により「広く国民に安定した生活を保障するもの」へと変わっている。

□社会保険制度のうち最も導入が遅かったのは，雇用保険制度である。（35回49- 2 ）

　⇨× 　社会保険制度のうち最も導入が遅かったのは，2000（平成12）年 4 月に導入された介護保険である。

就活対策

□福祉施設や社協職員を志望する場合，大学 1 年次より志望する業種や職種を絞り込み，現代社会における経済・労働環境を理解しておきたい。

□公務員の場合，試験日が重複するため，第一志望を優先したい。

なお，経済・労働問題に関心がある場合，国家公務員の労働基準監督官などもその一つとして候補にあげられるが，労働法規を中心とした受験勉強が必要なため，大学 2 ～ 3 年次からダブルスクールで臨みたい。社会保険労務士は実務者向けのため，いったん企業に就職し，厚生係などのキャリアを積んでから受験した方が効率的である。

第2章 社会保障の概念・理念と対象

1 社会保障の概念と範囲

（1）歴史的かつ多様な概念としての社会保障

社会保障の英訳は Social Security（ソーシャルセキュリティ）である。Security はラテン語の se-curus（不安がないこと）が語源で，一般的には「安全」「安心」「保障（保証）」などを意味するため，Social Security は直訳すると「社会的な安全／安心／保障」となる。このことから社会保障は端的に表現すれば「社会に安全・安心をもたらす仕組み」ということができる。

社会保障は歴史的に形成・発展してきた社会制度で，国や地域によってその展開過程は異なっており，ある国をみた場合でも時代とともにその形態や機能・役割は変化してきた。そのため，社会保障はある時代の国家や社会の姿を映し出す"鏡"のような存在といえる。したがって，今後もグローバリゼーションや少子高齢化などの社会経済環境の動向を踏まえ，「社会に安全・安心をもたらす仕組み」としての役割を果たし続けるため，社会保障を擁する国や地域においては，そのあり方をめぐって不断の見直し・改革が求められる。

社会保障を意味する Social Security の目的は国や地域によっておおむね共通しているが，その言葉が指す内容は一様ではなく，類似の概念も存在する。例えば，イギリスやアメリカにおける社会保障は主に「所得保障」を指す。また，国際労働機関（ILO）や欧州連合（EU）では「Social Protection」（社会的保護）[1]

---

[1] ILO による「各国における社会的な保護の土台に関する勧告」（第101回総会：2012年6月14日採択）では，「社会的保護の土台」を「貧困，脆弱性及び社会的な排除を防止し，または軽減することを目的とする保護を確保するものとして各国で定義する基本的な社会保障の全体」として，具体的な定義は各国に委ねている。具体的なプログラムは2016年から開始され，「社会的保護の土台への投資→所得保障・就学・訓練・保健衛生→雇用可能性・生産性→家計消費と国内需要の増加→より多くのディーセント・ワーク・納税　という良好な循環」の確立をめざしている。

という用語も用いられており，経済協力開発機構（OECD）の統計では「Social Expenditure」（社会支出）という概念が採用されている。このように，各国，地域の動向や国際比較について目を向けると，社会保障の意味内容は多様であるとともに類似の概念が併用されていることがわかる。そのため，社会保障について統一的な定義を与えることや概念規定を行うことは容易ではなく，その理想的な内容やあり方を断定的に提示することにも慎重でなければならない。ただし，社会保障の内容・方法・財源などは国や地域による多様性が存在するとしても，その根幹となる目的・理念には何らかの共通性を見出すことができる（詳細は **3** を参照）。

　以上から，さしあたり社会保障の定義を示すならば，「ある国において社会の構成員を対象として，個人の自助努力や責任では対応しがたい各種の社会生活上のリスクに対する保障を公的な給付やサービスによって提供する仕組み」と表現できる。社会保障は歴史的にみて社会保険と公的扶助の二つから構成される（今日では両者の中間的性格を持つ社会手当もある）。社会保険は防貧施策であり，その最初はプロイセンの宰相ビスマルクが制度化した疾病保険（1883年）である。一方，公的扶助は救貧施策でイギリスの救貧法を起源とするが，その代表例としてエリザベス救貧法（1601年）がある。社会保障は20世紀に入ってこの二つを内包する社会制度として生成・成立した。

　以下では，諸外国における社会保障の概要を簡潔に整理するがその内容は時代により可変的であることに留意が必要である。

1）イギリス

　社会保険制度は年金，傷病，失業による就労不能等に係る給付（退職年金，雇用・支援手当（Employment and Support Allowance），遺族関連給付，求職者手当（Jobseeker's Allowance）等）を総合的に行う全住民を対象とした国民保険（National Insurance）に一元化されている。医療は税金を財源とする国営の国民保健サービス（National Health Service）として，全住民を対象に原則無料で提供されている。高齢者・障害者等に対する社会サービスについては地方自治体（原則広域自治体）が提供している。公的扶助は現金給付として所得調査付きの所得関連給付（所得補助等）があり，具体的には所得調査制求職者給付

(Income-based JSA)，給付付き税額控除である児童税額控除（Child Tax Credit)，就労税額控除（Working Tax Credit）等がある。

2）アメリカ

代表的な社会保障制度は，大部分の有業者に適用される老齢・遺族・障害保険（Old-Age, Survivors, and Disability Insurance）のほか，高齢者等の医療を保障するメディケア（Medicare）や低所得者に医療扶助を行うメディケイド（Medicaid）といった公的医療保障制度，補足的所得保障（Supplement Security Income）や貧困家庭一時扶助（Temporary Assistance for Needy Families：TANF）といった公的扶助制度がある。医療保障や高齢者の所得保障の分野において民間部門の果たす役割が大きいことが特徴であり，州政府が政策運営の中心的な役割を果たすものが多い。

3）フランス

大きく社会保険制度（Assurance sociale）と社会扶助制度（Aide sociale）に分けられる。社会保険制度は保険料によって賄われる制度であり，老齢保険（年金）（Assurance vieillesse)，医療保険（Assurance maladie)，家族手当等に分かれている。また，職域に応じて多数に分立し複雑な制度となっているが，そのなかで加入者数が多く代表的なものが民間の給与所得者を対象とする一般制度である。社会保険制度の保険料は労使での分担となっており，使用者負担の割合が非常に大きいことが特徴である。一方，社会扶助制度は社会保険制度の給付を受けない障害者，高齢者，児童などの救済を目的とする補足的な制度であり，高齢者扶助，障害者扶助，家族・児童扶助などにより構成されている。

4）ド イ ツ

社会保障の全体像としては年金保険（一般年金保険：die allgemeine Rentenversicherung および鉱山労働者年金保険：die knappschaftliche Rentenversicherung)，医療保険（die gesetzliche Krankenversicherung)，介護保険（Pflegeversicherung)，社会扶助（Sozialhilfe）等がある（労働分野には労災保険および失業保険があり社会保険制度は5制度)。社会保険制度の特徴として被用者保険でリスクに応じて制度が分立しており，当事者自治の原則に従って組織された独立した運営主体によって実施されている。また，財政の大部分が保険料によって賄われており給

付は負担した保険料との対応関係に立っている。公的扶助としては，親族等からの支援がなく，かつ，就労が不能な生活困窮者に対する給付として社会扶助（社会法典第12編）があり資力調査が要件とされている。

（2）社会保障法とベヴァリッジ報告における社会保障

　社会保障という用語を初めて公的に用いたのは，当時のアメリカ大統領F．ルーズベルトによるニューディール政策（新規まき直し政策）*2の一環として1935年に成立した社会保障法（Social Security Act）である。社会保障法では年金保険（Social Security），失業保険の2種類の社会保険のほか，高齢者扶助（Old-Age Assistance），視覚障害者扶助（Aid to the Blind），要扶養児童家庭扶助（Aid to Families with Dependent Children）の3種類の公的扶助や母子保健サービス，肢体不自由児福祉サービス，児童福祉サービスからなる社会福祉サービスが創設された。年金保険は連邦政府直轄の事業とされたが，失業保険や公的扶助，社会福祉サービスは州政府の事業とされ，連邦政府はガイドラインを提示し，州政府によりそのガイドラインが守られている場合に補助金の交付を受けることができる仕組みであった。

　その後，社会保障という用語が広く使用されるようになった起点として，イギリスで1942年にW．H．ベヴァリッジが社会保険および関連サービス各省連絡委員会の委員長としてとりまとめ，報告書として公表された「社会保険および関連諸サービス」（Social Insurance and Allied Services）をあげることができる（通称：ベヴァリッジ報告）。

　「ベヴァリッジ報告」では，イギリスが克服すべき「五つの巨人（悪）」（five giants）として「窮乏（貧困）」「疾病（病気）」「無知」「不潔」「怠惰（失業）」をあげ，その処方箋として「ゆりかごから墓場まで」（from the cradle to the grave）をスローガンとした国家によるナショナル・ミニマム保障を意図した社会保障計画を提唱した。その内容は，「児童手当」「包括的な保健およびリハ

---

*2　アメリカ大統領F．ルーズベルトが大恐慌により大きなダメージを受けたアメリカ経済を回復させるために1933年〜1940年にかけて実施した一連の政策を指す。主な内容は①銀行・通貨の統制，②破産に瀕した企業・個人の救済，③農業調整法（AAA）による農民の救済，④全国産業復興法（NIRA）による企業の統制と競争の公正化および労働者の地位の向上，⑤社会政策の実施などであった。

ビリテーション」「雇用の維持」の三つの前提，「最低生活の定額給付」「定額
保険料」「行政責任の統一」「適正な給付」「対象の包括性」「被保険者の分類」
といった六つの原則から構成されていた。

　ここで注目すべきは，「ベヴァリッジ報告」では国家の役割を「最低生活水
準を全国民に保障すること」としており，最低生活水準を超える部分について
は「各人の自由裁量に委ねる」という見解を示している点で，めざされている
保障はあくまでもナショナル・ミニマムであった。

　なお，「ベヴァリッジ報告」における社会保障の定義は「失業，疾病または
災害によって稼得が中断した場合，それに代わる，また，老齢による退職や扶
養者の死亡に備え，さらに，出生や死亡，結婚などに関連する特別の支出を賄
うための所得の保障」とされており，社会保障を主に所得保障（現金給付）と
してとらえる立場は今日のイギリスにも影響を与えている。

　この「ベヴァリッジ報告」の内容はイギリス国内のみならず，第二次世界大
戦後には広く諸外国にも広まり，戦後福祉国家[3]の成立の理念的・制度的な
礎の一つとなった。

（3）ILO と OECD による社会保障の範囲

　まずは国際労働機関（International Labour Organization：ILO）による社会保
障の範囲である。ILO は，労働条件の改善を通じて，社会正義を基礎とする世
界の恒久平和の確立に寄与すること，完全雇用，社会対話，社会保障等の推進
を目的とする国際機関（本部：ジュネーブ）として唯一の政・労・使の三者構
成機関である。ILO は「社会保障の最低基準に関する条約（第102号）」（1952年）
において国際比較上の「社会保障給付費」の範囲を定めおり，その内容は以下
の三つの基準を満たすものである。

　第一に，制度の目的が次のリスクやニーズのいずれかに対する給付を提供す
るものであること。その内容は①高齢，②遺族，③障害，④労働災害，⑤保健
医療，⑥家族，⑦失業，⑧住宅，⑨生活保護その他である。

　第二に，制度が法律によって定められ，それによって特定の権利が付与さ

---

*3　福祉国家の概念は成立時期も含めて諸説あるが，一般には「混合経済体制」「社会保
　障制度」「完全雇用政策」といった条件を備えた国家を指す。

れ，あるいは公的，準公的，もしくは独立の機関によって責任が課せられるものであること。

　第三に，制度が法律によって定められた公的，準公的，もしくは独立の機関によって管理されていること。あるいは法的に定められた責務の実行を委任された民間の機関であること。とくに，労働災害補償の制度については，民間機関により実行されていることがあるが対象のなかに含めるべきとされている。

　次に経済協力開発機構（Organisation for Economic Co-operation and Development：OECD）の定める社会保障の範囲である。OECDはヨーロッパ諸国を中心に日米を含め38か国の先進国が加盟する国際機関（本部：パリ）である。その目的は，先進国間の自由な意見交換・情報交換を通じて，①経済成長，②貿易自由化，③途上国支援に貢献することを目的としている。最近では持続可能な開発やガバナンスといった新たな分野についても分析・検討を行っている。

　OECDでは社会保障の範囲を「社会支出」（Social Expenditure）という用語で規定しているが，その範囲は「人々の厚生水準が極端に低下した場合にそれを補うために個人や世帯に対して財政支援や給付をする公的あるいは私的供給」である。ただし，集計する範囲は制度による支出のみを「社会支出」と定義し，人々の直接の財・サービスの購入や個人単位の契約や移転は含まない。また，制度を含むかどうかの判断は「社会的か否か」によるとされ，その際，「社会的」とはその給付が一つまたは複数の社会的目的を持っており，制度が個人間の所得再分配に寄与しているか，またはその制度への関与が公的な強制力をもって行われているかによって判断される。「社会支出」に含まれる政策分野は①高齢，②遺族，③障害・業務災害・傷病，④保健，⑤家族，⑥積極的労働市場政策，⑦失業，⑧住宅，⑨他の政策分野の九つとなっている。

　OECD基準に基づく「社会支出」は，ILO基準に基づく「社会保障給付費」に比べて範囲が広く，九つの政策分野別に諸外国のデータが定期的に更新され，比較的新しい年次まで公表されているという特徴がある。そのため，社会保障費用に関する国際比較という観点からはOECD基準が用いられることも多い。

（4）日本における社会保障の概念と範囲

　日本における社会保障の概念や範囲については，まず日本国憲法第25条をみ

ておく必要がある。第1項ではすべての国民に健康で文化的な最低限度の生活を営む権利があること，第2項では国が社会保障の向上および増進に向けて努力することを定めている。

【第25条】

　すべて国民は，健康で文化的な最低限度の生活を営む権利を有する。

　2　国は，すべての生活部面について，社会福祉，社会保障及び公衆衛生の向上及び増進に努めなければならない。

ただし，日本国憲法には社会保障の概念や範囲に関する条文はない。社会保障についてのより具体的な内容を確認するためには，1950（昭和25）年に社会保障制度審議会（当時）から示された「社会保障制度に関する勧告」（以下，50年勧告）をみなければならない。同勧告の冒頭には「現下の社会経済事情並びに日本国憲法第25条の本旨に鑑み緊急に社会保障制度を整備確立する必要ありと認める」と記されている。以下は同勧告の一部を抜粋したものである。

●社会保障制度に関する勧告（1950年，一部抜粋）

　いわゆる社会保障制度とは，疾病，負傷，分娩，廃疾，死亡，老齢，失業，多子その他困窮の原因に対し，保険的方法又は直接公の負担において経済的保障の途を講じ，生活困窮に陥った者に対しては国家扶助によって最低限度の生活を保障するとともに，公衆衛生及び社会福祉の向上を図り，もってすべての国民が文化的社会の成員たるに値する生活を営むことができるようにすることをいうのである。

　このような生活保障の責任は国家にある。国家はこれに対する綜合的企画をたて，これを政府及び公共団体を通じて民主的能率的に実施しなければならない。この制度は，もちろん，すべての国民を対象とし，公平と機会均等とを原則としなくてはならぬ。またこれは健康と文化的な生活水準を維持する程度のものたらしめなければならない。そうして一方国家がこういう責任をとる以上は，他方国民もまたこれに応じ，社会連帯の精神に立って，それぞれその能力に応じてこの制度の維持と運用に必要な社会的義務を果さなければならない。

「50年勧告」は，社会保障を経済保障（現金給付）と位置づけ，それを必要とする社会生活上の困難を列挙したうえで，2通りの実施方法，すなわち財源を保険料とするか（保険的方法），公費（直接公の負担）とするかによって，国

家責任のあり方を提示している。また，生活困窮に陥った者（最低限度の生活を維持できない者）に対しては「国家扶助」（現在は公的扶助）により最低限度の生活を保障するとしている。

　ここで注目すべきは次の3点である。第一に，国民の生活保障の責任は国家にあると明言し，社会保障は民主的で効率的に実施しなければならないこと。第二に，社会保障制度はすべての国民を対象とし，公平と機会均等の原則にもとづくとともに，健康で文化的な生活水準に相応しい程度でなければならないこと。第三に，国家が最低生活の保障について責任をとる以上，国民も社会連帯の精神に立ってそれぞれの能力に応じてこの制度の維持と運用に必要な社会的義務を果さなければならないことである。

　以上は，今日においても日本の社会保障制度の基本的枠組みや考え方に影響を与えている。ただし，当時は戦後の社会的・経済的混乱のなかにあったことから，当面，最低限の応急的対策に焦点を絞らざるを得なかったため，社会保障の方策としては不十分なものであった。その後，「公衆衛生」は「公衆衛生および医療（保健医療・公衆衛生）」となり，「老人保健（高齢者医療）」が高齢化の進展に伴い制度化されるなど，時代の変化に合わせた修正・変更が行われてきた。そのうえで，日本の社会保障の概念について伝統的な一つの見解を示すならば**表2-1**のように整理できる[4]。

　高度経済成長期の1962（昭和37）年には社会保障制度審議会（当時）から「社会保障制度の総合調整に関する基本方策についての答申および社会保障制度の

表2-1　日本における社会保障の概念

狭義の社会保障	社会保険，社会福祉，公的扶助，公衆衛生および医療
広義の社会保障	狭義の社会保障，恩給，戦争犠牲者援護
社会保障関連制度	住宅，雇用対策

出典）筆者作成.

---

*4　社会保障の概念や範囲について，制度の目的から「所得保障」「医療保障」「介護保障」「福祉サービス保障」の四つに整理する方法もある。また，今日では社会保険と公的扶助の中間的性格を持つものとして社会手当も重要な役割を果たしている。

推進に関する勧告」（62年勧告）が出され，社会保障の目的を「国民の最低生活の保障にある」としながらも，救貧施策のみならず防貧施策の強化に関する必要な制度調整が提起された。1980年代の低成長経済への移行後，さらに1990年代以降，とくにバブル経済の崩壊後には，1993（平成5）年に社会保障将来像委員会からの「第一次報告」において「社会保障は今や貧困の予防，救済というよりも，広く国民にすこやかで安心できる生活を保障することを目的としている」という認識に立ち，最低限度の生活保障にとどまらない社会保障のあり方が示された。1995（平成7）年に社会保障制度審議会（当時）から提示された「社会保障体制の再構築（勧告）～安心して暮らせる21世紀の社会をめざして～」（95年勧告）は，21世紀の日本が活力にあふれ安心して暮らせる福祉社会であるためには，社会的変化と必要条件を踏まえ，それに応え得るよう社会保障体制を検討し，再構築する必要性を指摘した。そのうえで，「広く国民に健やかで安心できる生活を保障すること」「みんなのためにみんなでつくり，みんなで支えていくものとして21世紀の社会連帯の証とする」等を新しい社会保障の理念として示した。

　このような目的・理念の変化に対応して，社会保障の範囲や求められる機能も拡充されてきた。当初は救貧機能が重視された形で出発した日本の社会保障は，救貧機能に加えて防貧機能の重要性が認識されるようになり，さらには最低生活保障を超えた生活の安心を保障する社会制度として今日に至っている（表2-2）。

2 社会保障の役割と機能

（1）社会保障の役割

　社会保障の役割は個人の力だけで備えることに限界がある社会生活上のリスクに対し，多世代にわたる社会全体で個人のライフサイクルに対応し，生活の安心や安定を保障することである。私たちの人生には自身や家族の傷病，障害，失業，死亡などさまざまなリスクが潜んでおり，いつ，どのような理由で困難に直面するかわからない。多くの人々はできるだけ長い期間，健康で自分らしく生活することを望んでいると思われるが，人生におけるすべてのリスク

表2-2　社会保障分野別分類の定義と支出の例（OECD 基準）

分野	OECD 定義	日本において含まれる制度
高齢	退職によって労働市場から引退した人及び決められた年齢に達した人に提供される現金給付が対象。給付の形態は年金及び一時金を含み，早期退職をした人の給付もここに含めるが，雇用政策として早期退職をした場合の給付は「積極的労働市場政策」に計上。高齢者を対象にした在宅及び施設の介護サービスを計上。施設サービスにおいては老人施設の運営に係る費用も計上。	厚生年金保険：老齢年金給付，脱退手当金等 国民年金：老齢年金，老齢福祉年金等 介護保険：介護サービス等諸費，介護予防サービス等諸費 社会福祉：高齢者日常生活支援等推進費 生活保護：介護扶助
遺族	被扶養者である配偶者やその独立前の子どもに対する制度の支出を計上。	厚生年金保険：遺族年金給付 国民年金：遺族基礎年金等
障害，業務災害，傷病	業務災害補償制度下で給付されたすべての給付と障害者福祉のサービス給付，障害年金や療養中の所得保障としての傷病手当金などを計上。	厚生年金保険：障害年金給付，障害手当金 国民年金：障害年金，障害基礎年金等 労働者災害補償保険
保健	医療の個人サービス及び予防接種や健康診断等の集団サービスを計上。傷病手当金等の疾病に係る現金給付は「障害，業務災害，傷病」に計上。	OECD SHA2011に基づく公的保健医療支出額 　但し，介護保険からの支出額及び補装具費については「高齢」等に計上されているため除外。最新年度は速報値，それ以前は確定値。
家族	家族を支援するために支出される現金給付及び現物給付（サービス）を計上。	児童手当：現金給付，地域子ども・子育て支援事業費 社会福祉：特別児童扶養手当，児童扶養手当等 雇用保険：育児休業給付，介護休業給付
積極的労働市場政策	社会的な支出で労働者の働く機会を提供したり，能力を高めたりするための支出を計上。障害を持つ勤労者の雇用促進を含む。	雇用保険：職業紹介事業等実施費，教育訓練給付等 雇用対策：若年者等職業能力開発支援費
失業	失業中の所得を保障する現金給付を計上。なお，年金受給開始年齢であっても失業を理由に給付されるものを含むが，それが労働政策の一部であれば「積極的労働市場政策」に含まれる。	雇用保険：一般求職者給付金，高年齢求職者給付金等 雇用対策：高齢者等雇用安定・促進費
住宅	公的住宅や対個人の住宅費用を減らすための給付を計上。	生活保護：住宅扶助 住宅：住宅対策諸費
他の政策分野	上記に含まれない社会的給付を計上。具体的には公的扶助給付や他に分類できない現物給付。	生活保護：住宅扶助，生業扶助 社会福祉：防災政策費，臨時福祉給付金等給付事業助成費

資料：国立社会保障・人口問題研究所「社会保障費用統計」（2015年）の巻末参考資料をもとに作成。
出典）厚生労働省：平成29年版厚生労働白書　社会保障と経済成長，2017，p.7.

に個人が自助努力と責任で備えることは限界がある。また，将来の社会経済状況やその時点での自身の生活状況を的確に予想することも容易ではないことを考えれば，社会連帯にもとづいてリスクに備え，すべての世代にとって安心できるような生活保障が用意される必要がある。

　なお，近年の動向についていえば，2018（平成30）年，厚生労働省に「2040年を展望した社会保障・働き方改革本部」が設置され，団塊ジュニア世代が高齢者となる2040年を見据えた検討が進められてきた。2019（令和元）年に公表された「2040年を展望した社会保障・働き方改革本部のとりまとめについて」では，今後の取り組みとして①多様な就労・社会参加の環境整備，②健康寿命の延伸，③医療・福祉サービスの改革による生産性の向上，④給付と負担の見直し等による社会保障の持続可能性の確保の4点をあげている。さらに，2040年を見据えた社会保障改革を進めるにあたっては，これまでの厚生労働行政の枠組みにとらわれず，さまざまな分野の展開の視点を取り込むことが重要であるとの立場から，厚生労働大臣が各業界関係者と直に意見交換する「社会保障制度の新たな展開を図る政策対話」を開催するとともに，医療，介護，福祉，年金，雇用保険といった社会保障の枠内で考えるだけでなく，農業，金融，住宅，健康な食事，創薬にもウイングを広げ，関連する政策領域との連携のなかで新たな社会保障の展開を図っていくことが志向されている。

（2）社会保障の機能

　社会保障の機能は主として①生活安定・向上機能，②所得再分配機能，③経済安定機能の三つに分けることができる。

1）生活安定・向上機能

　社会保障には社会生活上のさまざまなリスクに対応し，社会構成員の生活の安定を図り安心をもたらす機能がある。例えば，傷病の際に費用の一部を自己負担することで医療を受けることができ（医療保険），労働市場から退出した後には老後生活に必要な経済的保障として現金給付が行われ（年金保険），要支援・要介護状態の場合に介護サービスが利用できる（介護保険）。失業時にはその間の生活費や再就職に向けた支援（雇用保険）や，業務上または通勤上の疾病に対しては医療保険とは別の仕組みの医療が提供される（労災保険）。

　また，賃労働や家事労働についての性別役割分業に関する規範意識が薄れて
きている今日においては，性別を問わず「仕事と家庭生活の両立」（ワーク・
ライフ・バランス）のさらなる促進に向けて社会保障の重要性は増している。
例えば，子育てや介護により仕事（賃労働）の継続を諦めることがないよう世
帯構成や個人の多様なライフスタイルに中立な社会保障が求められる。そうす
ることで，私たちは社会生活を営んでいくうえでのさまざまなリスクに対して
社会全体で備えることができ，リスクが現実になった際には必要な給付を受け
取ったり，サービスを利用することで生活の安定・安心を確保できる。

2）所得再分配機能

　社会保障は労働市場などで得た所得（当初所得）から税や社会保険料を徴収
し，それを財源にして経済的困窮や疾病などのリスクが顕在化した際に，必要
に応じて給付を行う機能を果たす。社会保障の財源となる税や社会保険料の多
くは所得に応じて負担の程度が定められており，年金給付のように賦課される
社会保険料に応じて給付水準が決まるものもあれば，社会手当のように一定の
要件の下で支給額が基本的に一律になっている場合もある。低所得の場合には
相対的に少ない税や社会保険料負担で必要な給付やサービスを受け取ることが
できるため，所得を個人や世帯の間で移転させることで，貧困や経済的格差を
是正することに貢献する。例えば，生活保護制度は税を財源として資力調査を
実施したうえで，最低生活水準を下回っている世帯に対し最低生活費を支給す
る。これは所得の多い者から所得の低い者への所得移転であるため「垂直的再
分配」と呼ばれる。また，児童手当は独身者や夫婦のみ世帯から子育て世帯へ
の所得の移転であり「水平的再分配」といえる。公的年金保険制度は現役世代
から退職世代への所得移転といえるため「世代間再分配」に該当する。

　所得再分配は現金給付のみならず，医療・介護・保育などの現物給付として
提供されるサービスとして行われることもある。例えば，医療の場合で考える
と健康な者から傷病者への所得の移転（再分配）として医療サービスは現物給
付として提供される。現物給付による再分配は所得の程度にかかわらず，私た
ちが社会生活を送るうえで必要なサービスを利用することに寄与している。

3）経済安定機能

　社会保障には景気変動を緩和して経済を安定・成長させる機能がある。例えば，雇用保険制度は失業中の家計収入を下支えする効果に加え，マクロ経済的には個人消費の減少による景気の落ち込みを抑制する効果（スタビライザー機能）がある。公的年金保険制度は経済不況期においても一定の現金給付を行うことで，高齢者等の年金受給者の生活を安定させるだけでなく，社会における消費活動を下支えすることで経済社会の安定に寄与する。また，社会保障は社会生活上のリスクが現実のものとなった場合，必要な給付やサービスが受けられるという心理的な安心感を与えることによって，個人の消費活動に大きな影響を与える消費者マインドを過度に萎縮させないという点でも経済安定の機能を果たしている。

③　社会保障の理念

（1）基本的人権

　社会保障の理念として最も根本となるのが基本的人権である。それはすべての人が生まれながらに「人間である」という事実にもとづいて持っている権利であり，西欧における市民革命の過程で近代自然法思想に依拠した自然権として確立された。人間が生まれつき天賦不可譲の基本的人権を持っているということは，「フランス人権宣言」（1789年）以来，各種の人権宣言や西欧を中心として各国の憲法に不可欠な原理と位置づけられている。すべての人々が人間らしく存在するための条件が基本的人権であるとすれば，それは社会保障にとっても欠くことのできない重要な理念といえる。基本的人権は当初，国家権力からの解放を意図して自由権として確立されたが，その後，時代が進むにつれてより幅広い内容を含むものとして近代国家に定着していった。

　イギリスの社会政策研究者である T.H. マーシャルは，人間（市民）が基本的人権（社会的市民権）を獲得していく過程について，イギリスを例に三つの段階（時期）から説明している。マーシャルによれば，18世紀に思想・良心・学問・表現の自由等を含む自由権，19世紀に選挙に参加する権利や請願権などからなる参政権，20世紀には生存権や労働に関する権利などの社会権が確立さ

れたという。このなかで直接的に社会保障に関係するものとしては社会権をあげることができるが，それは「人間らしく生活する権利」と理解できるため，社会保障は社会権を保障するものでなければならない。

　日本の場合，社会権に該当する内容は日本国憲法第25条第1項に規定されている。これにもとづき，すべての国民は「健康で文化的な最低限度の生活」を営む権利があるとされ，国家は慈恵主義的な恩恵ではなく基本的人権の一つとしてその実現・保障に対する責務がある。

　なお，基本的人権を構成する三つの権利のうち，自由権と社会権は国家による人々の生や生活への介入のあり方をめぐり対立するとされることがあるが，必ずしもそうとはいえない。例えば，個人の自由を保障するために人間らしい環境や条件のもとで生活することが必要であると考えれば，自由権と社会権は相互補完的な関係にあると理解することができる。

（2）国際的な人権保障の枠組み

1）世界人権宣言

　1948年の第3回国際連合（国連）総会で採択された「世界人権宣言」は，人間および自由を尊重し確保するため，「すべての人民とすべての国とが達成すべき共通の基準」を宣言したもので，人権保障の歴史において重要な位置を占めている。そのなかで社会保障に関係する条文として第22条と第25条がある。

【第22条】

　すべて人は，社会の一員として，社会保障を受ける権利を有し，かつ，国家的努力及び国際的協力により，また，各国の組織及び資源に応じて，自己の尊厳と自己の人格の自由な発展とに欠くことのできない経済的，社会的及び文化的権利を実現する権利を有する。

【第25条】

　すべて人は，衣食住，医療及び必要な社会的施設等により，自己及び家族の健康及び福祉に十分な生活水準を保持する権利並びに失業，疾病，心身障害，配偶者の死亡，老齢その他不可抗力による生活不能の場合は，保障を受ける権利を有する。

　2　母と子とは，特別の保護及び援助を受ける権利を有する。すべての児童は，嫡出であると否とを問わず，同じ社会的保護を受ける。

2）国際人権規約

　国際人権規約は，「世界人権宣言」の内容を基礎としてこれを条約化したもので，人権諸条約のなかで最も基本的，かつ包括的なものである。社会権規約と自由権規約は1966年の第21回国連総会において採択され，1976年に発効し，日本は1979（昭和54）年に批准した。なお，社会権規約を国際人権 A 規約，自由権規約を国際人権 B 規約と呼ぶこともある。

●経済的，社会的及び文化的権利に関する国際規約（国際人権 A 規約）

　　この規約の締約国は，国際連合憲章において宣明された原則によれば，人類社会のすべての構成員の固有の尊厳及び平等のかつ奪い得ない権利を認めることが世界における自由，正義及び平和の基礎をなすものであることを考慮し，これらの権利が人間の固有の尊厳に由来することを認め，世界人権宣言によれば，自由な人間は恐怖及び欠乏からの自由を享受することであるとの理想は，すべての者がその市民的及び政治的権利とともに経済的，社会的及び文化的権利を享有することのできる条件が作り出される場合に初めて達成されることになることを認め，人権及び自由の普遍的な尊重及び遵守を助長すべき義務を国際連合憲章に基づき諸国が負っていることを考慮し，個人が，他人に対し及びその属する社会に対して義務を負うこと並びにこの規約において認められる権利の増進及び擁護のために努力する責任を有することを認識して，次のとおり協定する。

社会保障に関係する条文としては第9条と第11条があげられる。

【第9条】

　　この規約の締約国は，社会保険その他の社会保障についてのすべての者の権利を認める。

【第11条】

　　この規約の締約国は，自己及びその家族のための相当な食糧，衣類及び住居を内容とする相当な生活水準についての並びに生活条件の不断の改善についてのすべての者の権利を認める。締約国は，この権利の実現を確保するために適当な措置をとり，このためには，自由な合意に基づく国際協力が極めて重要であることを認める。

　以上に加えて国際的な人権保障に関する条約として，「あらゆる形態の人種差別の撤廃に関する国際条約（人種差別撤廃条約）」（1965年），「女子に対するあ

らゆる形態の差別の撤廃に関する条約（女性差別撤廃条約）」(1979年)，「児童の権利に関する条約（子どもの権利条約）」(1989年)，「全ての移住労働者及びその家族の権利保護に関する条約（移住労働者権利条約）」(1990年)，「障害者の権利に関する条約（障害者権利条約）」(2006年)などがある。これらの国際条約を批准した国や地域においては，条約の趣旨を踏まえた国内法の整備が求められる。

（3）ナショナル・ミニマム

　ナショナル・ミニマムとは国家が国民に保障する最低限度の生活水準を指し，その初期の提唱者は英国のウェッブ夫妻である。英国では産業革命以降に多数の賃労働者が劣悪な労働環境におかれ，19世紀後半になると社会問題として認識されるようになった。そのころ，改良主義的な社会改革をめざすフェビアン協会[*5]が創設され，ウェッブ夫妻はその主要メンバーであった。ウェッブ夫妻は著書『産業民主制論』(1897年)のなかで賃金，労働時間，衛生，安全，保健，医療，住宅，教育，余暇，休息などをあげ，ナショナル・ミニマム論を展開した。その後，20世紀になるとイギリスではいわゆる「ベヴァリッジ報告」においてもナショナル・ミニマムの考え方が採用され，それを契機として第二次世界大戦後は社会保障の理念として各国に広く普及した。

　日本におけるナショナル・ミニマムの保障は日本国憲法第25条第1項で規定されており，それを踏まえた具体的な仕組みとして生活保護制度がある。一方で，これまでみてきたように今日における社会保障の目的・役割からすると，ナショナル・ミニマムを超えた保障も含まれていることにも留意が必要である。

（4）社会的包摂

　1980年代以降，西欧では新たな社会問題として「社会的排除」(Social Exclusion；ソーシャル・エクスクルージョン)の存在が指摘されるようになった。「社会的排除」はフランスで最初に用いられた概念で，従来の「貧困」概念との関連を持ちつつ，それとは異なる概念として欧州連合（EU）など多くの先進諸国にみられる現象として理解されている。「社会的排除」とは物質的・金銭的

＊5　1884年に結成された漸進的な社会改革を主張する英国の社会主義団体でバーナード・ショーやウェッブ夫妻らが指導した。

欠如のみならず，住居や教育，保健医療，社会サービス，就労などの多元的な領域において個人が社会から排除され，社会的交流や社会参加が妨げられ，社会の周縁に追いやられている状況を表すものである。そのような立場におかれた個人は，将来への期待や展望といった人生における選択肢をはく奪されるといえる。この概念が従来の「貧困」と異なる点は，「貧困」が「状態」を表すものであるのに対し，「社会的排除」は「排除されていくメカニズムまたはプロセス」に着目することである。

　このような「社会的排除」へ対応するための理念や方策として位置づけられるのが「社会的包摂」（Social Inclusion；ソーシャル・インクルージョン）である。それは「すべての人びとを孤独や孤立，排除や摩擦から援護し，健康で文化的な生活の実現につなげられるよう，社会の構成員として包み支え合う」ことをめざすものである。欧州連合では21世紀の社会保障の再編にあたり，失業や低技能および低所得，劣悪な住環境，犯罪率の高さ，健康状態の悪さ，および家庭崩壊など互いに関連する複数の生活課題を抱えた個人あるいは地域における「社会的排除」への戦略として「社会的包括」を中心的な政策課題の一つとして位置づけた。

　日本では2000（平成12）年に厚生省（当時）による「社会的な援護を要する人々に対する社会福祉のあり方に関する検討会報告書」において，社会的に弱い立場にある人々を社会の一員として包み支え合う「社会的包摂」の理念にもとづき必要な施策を進めることが提言された。

　以上のように，「社会的包摂」は今日における社会保障のキー概念の一つととらえることができる。社会生活を送るすべての人々が孤立したり排除されることがなく，社会の構成員として承認され，居場所があり，社会的役割を果たし，自己実現を追求することができるよう「つながりの再構築」を実現することが社会保障に求められている。

4　社会保障の対象

（1）社会的リスクと対象となる人の範囲

　社会保障が，個人の自助努力や責任では対応しがたい各種の社会生活上のリ

スクに対する保障を公的な給付やサービスによって提供する仕組みであるなら
ば，保障対象となる「各種の社会生活上のリスク」の範囲を確定する必要があ
る。それは国や時代によって異なるが，先に見た「社会保障制度に関する勧
告」(50年勧告) では，「疾病，負傷，分娩，廃疾，死亡，老齢，失業，多子そ
の他困窮」があげられていた。この内容は当時としては妥当な内容であったと
いえるが，今日では「要介護」「子育て」「孤立」なども含まれる。

　また，対象となる人についていえば，社会保障の給付やサービスの受給者と
税や社会保険料を負担する義務を有する者という二つの側面がある。各国の歴
史をみると，多くの場合，社会保障は雇用労働者を対象として始まり，次第に
自営業者などにも適用対象が拡大されていった。社会保険制度の場合，制度へ
の加入対象を職域型（特定の産業や職業で加入者を決める）と地域型（一定地域
の住民を加入者とする）という区別があるが，日本の場合，厚生年金保険制度
や健康保険・全国健康保険協会管掌健康保険は職域型，国民年金制度や市町村
国民健康保険は地域型に該当する。さらに，現在では外国人（在留資格を有す
る者とそうではない者を含む）への社会保障の適用についても検討課題といえる。

（2）全世代型社会保障施策の動向

　2012（平成24）年の「社会保障と税の一体改革」以来，日本における社会保
障は「全世代型」への転換を志向してきた。これは社会保障の対象に変化が生
じているととらえることができる。社会保障と税の一体改革では，社会保障の
機能強化を確実に実施するとともにその持続可能性の確保を図ることにより，
全世代を通じた国民生活の安心を確保する「全世代対応型」社会保障制度の構
築がめざされた。加えて，この改革は社会保障の機能を維持し制度の持続可能
性を確保することも大きな目的となっていた。今後，さらなる少子高齢化の進
行が見込まれるなかで，社会保障を持続可能なものとするためには，「給付は
高齢世代中心，負担は現役世代中心」という従来の社会保障制度を見直し，給
付・負担両面で，人口構成の変化に対応した世代間・世代内の公平が確保され
た制度へと改革していくことが必要とされた。さらに，給付・サービスでは子
ども・子育て支援などを中心に未来への投資という性格を強め，「全世代対応
型の制度」としていくとともに，負担面では年齢を問わず負担能力に応じた負

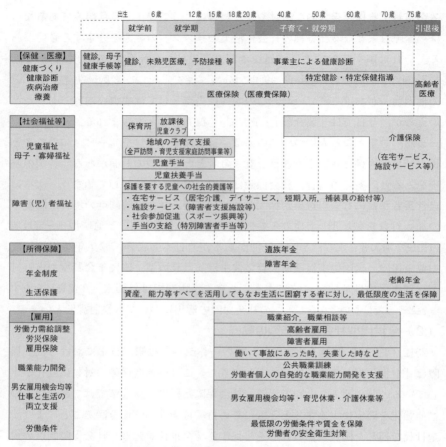

図2-1　国民生活を生涯にわたって支える社会保障制度

出典）厚生労働省：平成29年版厚生労働白書　社会保障と経済成長，2017，p.8.

担を求めていくなど，制度を支える基盤を強化していくことを志向した。

　翌2013（平成25）年に公表された「社会保障制度改革国民会議報告書」においては「1970年代モデル」[*6]から「21世紀（2025年）日本モデル」へ再構築す

---

*6　男性労働者の正規雇用・終身雇用と専業主婦を前提とした「年金」「医療」「介護」が中心となっていた社会保障モデルを指す。

る必要性が指摘された。そのためには必要な財源を確保したうえで，子ども・子育て支援を図ることや経済政策・雇用政策・地域政策などの施策と連携し，非正規雇用の労働者の雇用の安定・処遇の改善を図ること等を含めすべての世代を支援の対象とし，その能力に応じて支え合う全世代型の社会保障とする必要性が強調された。「21世紀（2025年）日本モデル」とは，「年金」「医療」「介護」の前提となる現役世代の「雇用」や「子育て支援」，さらには「低所得者・格差の問題」や「住まい」の問題も射程に入れたうえで，主として高齢者世代を給付の対象とする社会保障から，切れ目なく全世代を対象とする社会保障への転換の先にある目標として掲げられた。

　これら一連の社会保障改革の流れは，2022（令和4）年に公表された「全世代型社会保障構築会議報告書」にも引き継がれている。「全世代型社会保障」*7とは，すべての世代にとって安心できる社会保障であり，「全世代」は若年期や壮中年期および高齢期はもとより，これから生まれる「将来世代」も含むものと定義されている。また，年齢に関わりなくすべての国民がその能力に応じて負担し支え合うことによって，それぞれの人生のステージに応じて必要な保障がバランスよく提供されることをめざしている。

■参 考 文 献

1）ウィリアム・ベヴァリッジ著，一圓光彌監訳：ベヴァリッジ報告：社会保険および関連サービス，法律文化社，2014.
2）田多英範編著：世界はなぜ社会保障制度を創ったのか―主要9カ国の比較研究，ミネルヴァ書房，2014.
3）堀　勝洋：社会保障・社会福祉の原理・法・政策，ミネルヴァ書房，2009.
4）社会保障の手引 2023年版：施策の概要と基礎資料，中央法規出版，2023.

---

*7　「全世代型社会保障」の構築を通じてめざすべき社会の将来方向として，第一に「少子化・人口減少」の流れを変える，第二にこれからも続く「超高齢社会」に備える，第三に「地域の支え合い」を強める，の3点が示されている。「全世代型社会保障」の基本理念は①「将来世代」の安心を保障する，②能力に応じて全世代が支え合う，③個人の幸福とともに社会全体を幸福にする，④制度を支える人材やサービス提供体制を重視する，⑤社会保障のDX（デジタルトランスフォーメーション）に積極的に取り組む，の5点に集約されている。

実習対策

□社会保障の理念としての基本的人権に関する理解は，福祉の現場における支援においても重要である。とくに社会福祉士の倫理綱領の内容と合わせ，事前に学習しておくとよい。利用者の理解や権利擁護の理解の視点としても役立つ。

□ナショナル・ミニマム，社会的包摂（ソーシャル・インクルージョン），ワーク・ライフ・バランスといった社会保障のキーワードは今日における社会福祉の支援やサービスとも深い関係にあるため，実習に向けた事前学習でも必須事項である。

□個人のライフサイクルと社会保障制度は密接な関係にあるため，自分の実習先で出会う利用者と関連させ，具体的に制度理解をするよう努めたい。ケース研究などの個別支援計画に取り組む際にも社会保障制度のなかでどのような制度がケース対象者の支援に使えるか，という視点を持つようにしたい。

レポート・卒論対策

□日ごろから社会保障制度やその改革に関連する新聞記事やニュースなどに関心を持つことで，時事問題への知識も蓄えることができ，レポートの課題にも対応できる。

□卒論のテーマとして社会保障に関するテーマを選択する場合，社会保障の理念に関係するキーワード，例えばナショナル・ミニマムや社会的包摂（ソーシャル・インクルージョン），ワーク・ライフ・バランスなどが含まれるケースも考えられる。この場合，まずは用語の意味・内容についての基本的な知識をしっかり押えておくことが重要である。

受験対策

〈要点整理〉

□社会保障の具体的な形態は伝統的に社会保険と公的扶助に分けられる。

□アメリカやイギリスでは社会保障は主に所得保障の意味で用いられている。

□社会保障という用語が初めて公的に用いられたのはアメリカにおける社会保障法（1935年）である。

□「ベヴァリッジ報告」における五つの巨人（悪）とは「窮乏」「疾病」「無知」「不潔」「怠惰」である。

□福祉国家とは一般的に①混合経済体制，②社会保障制度，③完全雇用政策の三つの条件を備えた国家を指す。

□日本における社会保障の概念は「社会保障制度に関する勧告（50年勧告）」

（1950年）で初めて示された。

□社会保障の機能は主に①生活安定・向上機能，②所得再分配機能，③経済安定機能の三つに分けられる。

□社会的市民権の発展段階について，イギリスの社会政策学者であるT.H.マーシャルは18世紀に自由権，19世紀に参政権，20世紀に社会権がそれぞれ確立されたと説明している。

□国際的な人権保障の枠組みの代表例として，「世界人権宣言」（1948年）と国際人権規約（1966年）がある。

□社会的包摂（ソーシャル・インクルージョン）は新たな社会問題としての社会的排除（ソーシャル・エクスクルージョン）へ対応する政策理念である。

〈過去問〉

□1950（昭和25）年の社会保障制度審議会の勧告では，日本の社会保障制度は租税を財源とする社会扶助制度を中心に充実すべきとされた。（35回49-1）

　⇨× 50年勧告では日本の社会保障制度は社会保険中心で整備していくべきとしている。

□社会保険は救貧的機能を果たし，公的扶助は防貧的機能を果たす。（34回51-3）

　⇨× 社会保険は防貧機能，公的扶助は救貧機能を果たすものである。

□社会保障の「所得再分配機能」は，現金給付にはあるが，医療サービス等の現物給付にはない。（33回50-4）

　⇨× 所得再分配機能には現金給付と現物給付の両方が含まれる。

就活対策

□公務員の志望者で市町村職員の採用試験を「福祉コース」「福祉職」で受験する場合，専門科目の試験対策として社会保障の概念や理念の基本的な内容は復習しておくとよい。

□一般企業の志望者の場合，面接試験において社会経済の動向などの時事について質問されることがある。このため，社会保障改革の内容および動向について本書などを参照し，復習するとともに，新聞記事やテレビなどのニュースの報道でも要点を確認しておきたい。

5　社会保障制度の展開

（1）戦前における社会保障の発達

1）近代日本資本主義の登場と社会政策

　明治維新（1868（明治元）年）を経て，日本は近代国家の原型を築いた。明治政府は中央集権的な行政機構を整備すると同時に，欧米各国と伍していくため，近代的な軍事化を推し進めた。そして，富国強兵をスローガンとし，対外的には軍事強化，対内的には国力の発展のため，産業振興を図った。

　しかし，資本主義化に伴って必然的に貧窮に陥る者が現れ，政府は1874（明治7）年に恤 救 規則を制定し，その救済に取り組んだ。とはいえ，同規則は「人民相互の 情 誼 」を優先したため，きわめて制限的な特徴を持ち，かつ対象は身寄りのないものとされ，不十分なものであった。そこで，1929（昭和4）年，救護法を制定，1932（昭和7）年に施行された（第6章，p.182～参照）。

　日清戦争（1894～1895（明治27～28）年），日露戦争（1904～1905（明治37～38）年）を経て，1912（大正元）年に大正天皇が即位し，大正時代が始まった。この間，国際連盟が発足し，第一次世界大戦で戦勝国となった日本は常任理事国の地位を獲得し，国内的には民本主義，自由主義を基調とする大正デモクラシーの時代を迎えた。反面，小作争議や労働運動が活発となり，勤労大衆の力が増す一方，労働力の培養保全を図ろうとする資本家との間で労働者保護政策としての社会政策が始まることになった。

2）戦前における社会保険

　第二次世界大戦前に日本で発展した社会保険には医療保険，年金保険がある。以下にこれらの概要を示す。

①　健康保険法および旧国民健康保険法

　肉体労働者，あるいは職工を対象に，ドイツの制度を参考として1922（大正11）年に健康保険法が公布されたが，関東大震災（関東大正地震，1923（大正12）年）の発生に伴って世情が混乱してその準備が遅れ，1927（昭和2）年にようやく施行の運びとなった。各府県に「健康保険署」が設置され，その事務に当たった。肉体労働に従事しない事務職を対象とした職員健康保険は，これ

に遅れること12年後の1939（昭和14）年に施行され，この二つは1942（昭和17）年に統合された。

健康保険法の特徴は，第一に政府が管理するものと企業組合によって管理されるものが並存した，第二に業務災害も対象としていた，第三に医療体制との関連で構想されなかった，第四に実質的な給付内容が限定的で粗診・乱療を招いたことがあげられる。

須藤緑は同制度について「労働運動が先進資本主義国に比較して薄弱」であったため，「労働政策よりも農民や中小企業者に対する保護政策の方が重要であった」と指摘している*8。

次に，農村部に在住する戸数，従事者ともに多くを占める農業従事者を対象に，1938（昭和13）年に旧国民健康保険法が施行された。これは日本産業発展の礎を固めるためであった。強制保険ではなかったが，世帯を単位とし，一部負担を伴う現物給付とした点に特徴がある。このような動きは「戦後の社会保障体系のなかでの医療保険への伏線」*9となった。

②　年金保険

大正時代の後期から一般文官や旧軍人には恩給制度があった（1922（大正11）年，恩給法）。しかし，一般被用者を対象とした同様の制度はなかった。1939（昭和14）年，船員の特殊事情（すぐに医療を受けられない），および戦時であることから船員保険法が施行された。同法は疾病や労働災害だけでなく，年金をも包含した日本の年金保険制度の始まりである*10。

1941（昭和16）年，労働者年金保険法が可決され（施行は翌年），1944（昭和19）年には一般被用者を対象とした厚生年金保険法となった。積立方式を採用し，保険料払い込みが必要な期間は20年，廃疾（障害）年金の受給には3年間の資格期間が必要であった。なお，これに前後し，1939（昭和14）年に内務省から独立して健兵健民政策を推し進めるため，厚生省が設置された。

---

*8　須藤　緑「社会保険制度のあゆみ」，横山和彦・田多英範編著『日本社会保障の歴史』学文社，1991，pp.50-51.
*9　同上，p.56.
*10　同上，p.57.

（2）戦後における社会保障の発達

1）終戦直後から1950年代

　第二次世界大戦が終結し，日本は占領体制下に置かれた。総力戦という性格上，敗戦に伴う混乱は軍人に限らず，多くの国民のうえにもたらされた。とりわけ，貧窮に陥るものが大量に出現し，政府は1945（昭和20）年，生活困窮者緊急生活援護要綱を示し，失業者，戦災者，引揚者，留守家族，傷痍軍人およびその遺族を対象に市町村長，方面委員が活動を行った。1946（昭和21）年には連合国軍総司令部（GHQ）が覚書「社会救済（SCAPIN775）」を出し，困窮者に対する援護，国家責任，救済に必要な費用には制限を設けないことなどが指示された。

　1947（昭和22）年にはW.H.ワンデルを長とするアメリカ社会保障制度調査団が来日，翌1948（昭和23）年，「日本社会保障制度に関する調査報告書（ワンデル勧告）」を公表した。その特徴の第一は戦前からの系譜を持つ社会保険を活用すべきであるむねの提言をしたこと，第二に内閣総理大臣の諮問機関として「社会保障制度審議会」を設けることであった。

　1946（昭和21）年には旧生活保護法が制定されたものの，欠格条項があったり，民生委員を実施機関としたりするなどの問題が多かった[*11]。このような問題点を解決し，国民の保護受給権を明らかにしたのが現行生活保護法（1950（昭和25）年）である。国家責任はもとより，翌1951（昭和26）年に制定された社会福祉事業法によっても第一線の実施機関を福祉事務所とするなど，旧法に比べて権利性が明確となり，実施体制も整備された。

　なお，この時期には児童福祉法（戦災孤児対策，1947（昭和22）年），身体障害者福祉法（傷痍軍人対策，1949（昭和24）年）が制定され，生活保護法と合わせていわゆる福祉三法体制が確立した。

　1950（昭和25）年には社会保障制度審議会が「社会保障制度に関する勧告（50年勧告）」を発表し，貧と病の克服と国家責任にもとづいた政策の展開の必要性を唱えた。この勧告では第二次世界大戦後，イギリスにおける社会保障お

＊11　多田英範『現代日本社会保障論』光生館，1997，p.30.

および社会福祉政策のスローガンであった「ゆりかごから墓場まで」の言葉を引用し，日本が今後，福祉国家の道を歩むことが必要であると述べた。

　社会保険の領域では失業保険法と労働者災害補償保険法，職業安定法が制定された（1947（昭和22）年）。1958（昭和33）年には旧国民健康保険法が改正され，1961（昭和36）年に施行，強制加入方式を採用し，市町村を単位とする運営（保険者）になった。また，医療保険の審査支払機関として社会保険診療報酬支払基金が設立され，財政基盤の安定化を図った。さらに，国家公務員共済組合法が制定，恩給法と官業共済組合が統合された。

　一方，1953（昭和28）年，私立学校教職員共済組合法が成立，翌1954（昭和29）年には市町村職員共済組合法も成立した。厚生年金についても1954（昭和29）年，給付を定額部分と報酬比例部分とする修正積立方式へと移行した。

２）1960年代から1980年代

　こうした流れは1961（昭和36）年に国民皆保険・皆年金体制の達成へと結びついたが，給付水準は低く，財政基盤も不安定であった。また，このころに精神薄弱者福祉法（現知的障害者福祉法），老人福祉法，母子寡婦福祉法（現母子及び父子並びに寡婦福祉法）が制定され，いわゆる福祉六法体制が整った。

　1962（昭和37）年には社会保障制度審議会が「社会保障制度の総合調整に関する基本方策についての答申および社会保障制度の推進に関する勧告（62年勧告）」を行い，社会保障の機能として国民生活の安定と所得の再分配機能，そして，景気安定化作用（ビルト・イン・スタビライザー）を持つものとし，その積極的側面をうたった。

　こうして戦後の高度経済成長は日本社会保障の牽引力となった。ピークに達した1973（昭和48）年には老人医療費の無料化，年金給付および医療保険給付の水準の引き上げ，年金保険制度における物価スライド制の導入，児童手当制度の創設などが行われ，「福祉元年」と呼ばれるに至った。

　しかし，その後の石油危機（オイルショック）を契機に，「大きな政府」を指向する欧米型福祉国家見直しの機運が高まった。例えば，1979（昭和54）年，当時の大平正芳首相が家庭を基盤とした相互扶助を強調する「日本型福祉社会」を表明した。さらに，石油危機以後の財政の立て直しを図るべく，1981

（昭和56）年，臨時行政調査会（臨調）が発足した。臨調は「増税なき財政再建」をうたい，日本型福祉社会論を継承して民間活力の活用と自立・自助精神を重視し，政府は「小さな政府」と「活力ある福祉社会」を指向した。

　このような動向は当時，世界的な潮流でもあった。アメリカではレーガン政権によるレーガノミクス，イギリスではサッチャー政権によるサッチャリズムの嵐が吹き荒れ，従来型の福祉国家体制の見直しが図られた。日本では補助金の削減や各種給付における所得制限の強化などを打ち出しただけでなく，社会保障長期展望懇談会による「社会保障の将来展望について」（1982（昭和57）年）では社会保障給付費の負担の増大についての懸念が示された。

　前述の1973（昭和48）年の老人医療費無料化政策の限界（過剰受診・過剰診療）もあり，1982（昭和57）年，有料化の取り組みとして老人保健法が制定され，翌1983（昭和58）年から70歳以上の高齢者の一部負担が復活した（直接契約制にもとづく老人保健施設の設置は1985（昭和60）年）。

　また，社会保険では1984（昭和59）年，健康保険法が改正され，被保険者本人の一部負担（1割）が求められるようになった。同時に退職者医療制度（国民健康保険への退職被保険者としての加入），特定療養費制度（保険診療との併用，2006（平成18）年に廃止）が設けられた。

　さらに，1985（昭和60）年，国民年金を20歳以上の者を対象として基礎年金と報酬比例部分の厚生年金・共済年金の2階建ての仕組みとした。これにより学生にも加入する義務が発生したが，専業主婦の年金権が確立し，「一人一年金」となった。社会福祉の分野では社会福祉施設に対して支払われる措置費の国庫負担割合が1985（昭和60）年には7割，1986（昭和61）年からは5割へと削減された。

　つまり，石油危機を経て，従来の福祉国家体制の見直しが矢継ぎ早に展開され，「小さな政府」の考え方にもとづき，ボランティアを含む民間活力の活用や自助努力の重視といった点に比重がおかれるようになったことがこの時期の特徴である。

　その後，1989（平成元）年には中央社会福祉審議会・身体障害者福祉審議会・中央児童福祉審議会合同の社会福祉関係三審議会合同企画分科会が報告書

「今後の社会福祉のあり方について」を公表した。このなかでまずとりあげられたのは，施設福祉から在宅福祉への転換の必要性であった。収容・保護から地域生活への移行を積極的に展開するべきだとして，在宅福祉サービスの三本柱（ホームヘルプ・デイサービス・ショートステイ）を法定化した。さらに，第二種社会福祉事業を大幅に追加し，より一層の在宅・地域生活を支援することとした。また，従来，措置権限が都道府県であったものを住民にとって身近な市町村へと移譲し，施設などへの入所決定が実施されるようになった。

　最後に，保健と福祉の連携を図る目的で市町村に対し，老人保健福祉計画の策定が義務づけられた。これと軌を一にして高齢者福祉サービスの数値目標を定めた「高齢者保健福祉推進十か年戦略（ゴールドプラン）」が策定され，福祉政策における計画化の端緒となった。

3）1990年代以降

　1990（平成2）年に入ると福祉関係八法（児童福祉法，身体障害者福祉法，老人福祉法，精神薄弱者福祉法，母子及び寡婦福祉法，老人保健法，社会福祉事業法，社会福祉・医療事業団法，いずれも当時の法律名）が改正され，普遍主義にもとづくサービス提供体制が求められるようになった。ゴールドプランは1995（平成7）年，バージョンアップされ，「新・高齢者保健福祉推進十か年戦略（新・ゴールドプラン）」となり，より一層医療・保健・福祉の統合が推進されることになった。

　また，1995（平成7）年，社会保障制度審議会が「社会保障体制の再構築（勧告）～安心して暮らせる21世紀の社会をめざして～（95年勧告）」を公表した。同勧告では社会保障推進の原則を以下の五つとした。

　①　だれもがサービスを利用できる「普遍性の原則」
　②　給付と負担が見合う「公平性の原則」
　③　医療・保健・福祉が個人の生活を支援する「総合性の原則」
　④　サービス利用者の選択性を確保する「権利性の原則」
　⑤　社会保障政策の費用対効果を高める「有効性の原則」

　これらを受け，1997（平成9）年には介護問題の高まりもあって，「介護の社会化」を目的とする介護保険法が制定された（施行は2000（平成12）年度）。

これは高齢者医療と高齢者福祉のうち，介護に関わる部分を統合したものであった。介護費用を社会保険方式で保障し，サービスの提供者や種類は措置ではなく，契約によって選択できることになり，戦後の社会福祉供給体制の大きな転換点を迎えることになった。

　このような動きは社会福祉基礎構造改革においてもみられた。厚生省（現厚生労働省）社会・援護局長の私的懇談会である「社会福祉事業のあり方に関する検討会」が「社会福祉の基礎構造改革について（主要な論点）」（1997（平成9）年）を公表した。論点は以下のとおりであった。

① 社会福祉事業の概念の見直し，サービス供給主体の多様化および包括化
② 社会福祉法人経営の透明性の確保（監査，第三者評価，情報開示）
③ 措置から契約への転換および利用者補助と権利主体としての利用者支援
④ サービス利用料を施設整備費に充当することによる両者の関係の明確化
⑤ 実効性のある選択のための情報公開，評価，利用者保護制度の必要性
⑥ 競争，外部委託を通じたサービスの質の向上
⑦ 多様な人材確保と質の高い専門職養成
⑧ 社会福祉協議会，民生児童委員および共同募金のあり方についての検討
⑨ 公私の協働による地域福祉計画の策定
⑩ 行政（福祉事務所，各種相談所，保健所など）の役割の見直しおよび統合

　このような論点が提示されたのち，2000（平成12）年に社会福祉事業法は社会福祉法へと改正・改称され，措置から契約への転換が決定的になった。とくに第二種社会福祉事業への民間参入が解禁されたことにより，福祉サービスは税を原資とし，公共部門が担うという構図は変化し，民間事業者が競争を通じて利用者を確保し，サービスの質の確保と費用の効率化を図ることとなった。

　また，これと前後し，厚生省は1997（平成9）年，『年金白書』で厚生年金廃止を含む「五つの選択肢」[12]を提示し，1998（平成10）年には医療保険改革が実施され，被用者本人の負担が1割から2割と倍増し，薬剤費の別途負担も

---

[12]　厚生省年金局『21世紀の年金を「選択」する―平成9年度版年金白書』日本経営教育センター，1998.

導入された。さらに，老人保健法においても自己負担額が引き上げられ，受益者負担が強化された。

（3）現代における社会保障

2000年代に入ると，小泉純一郎内閣のもとで「構造改革」が推し進められた。その象徴が経済財政諮問会議による「骨太の方針（経済財政運営と構造改革に関する基本方針）」および総合規制改革推進会議による規制改革推進計画であった。

その特徴は競争や挑戦を重視し，事後監視・救済型社会への移行，経済的規制の自由化と社会的規制の必要最小限化にあった。官製市場の見直しや規制改革特区構想にみられるような市場経済化が社会保障および社会福祉の分野でもより一層展開されるようになった。この根底にあるのはコンパクトで効率的な政府の実現であった。換言すれば，少子高齢化に歯止めがかからず，国家財政が逼迫するなかにあって必要最低限の社会保障をどのように維持するか（制度の持続可能性），への挑戦でもあった。

このような観点から2004（平成16）年，国民年金，厚生年金の両保険料の段階的引き上げ，および2017（平成29）年度，固定化，マクロ経済スライド（給付と負担の変動に応じて年金額を調整する）を導入した。さらに，2008（平成20）年には75歳以上を独立した被保険者として扱う後期高齢者医療制度が実施された。保険者は都道府県広域連合となり，2014（平成26）年には医療介護総合確保推進法によって所要の改正が行われた。

このうち，介護保険では事業者の収入となる介護報酬と国民が負担する保険料の見直しが3年に一度行われるが，初回となった2003（平成15）年には介護報酬が引き下げられ，保険料は据え置かれた。2005（平成17）年改正ではショートステイを含む施設給付におけるホテルコスト（家賃，食費，光熱水費など）が自己負担となり，利用者から全額が徴収されるようになった。また，予防重視型システムへの転換が図られ，予防給付，地域支援事業が創設された。2008（平成20）年改正では事業者に対するコンプライアンス（法令順守）の強化に主眼がおかれ，2011（平成23）年改正では地域包括ケアシステムの推進，24時間対応サービスの創設，複合型事業所や介護予防事業などが創設され

た。さらに，介護福祉士など介護職員が医師の指示のもと，痰(たん)の吸引や経管栄養を行うという医療行為が可能になった。

　2016（平成28）年の改正では2012（平成24）年の「社会保障と税の一体改革」に伴って地域ケア会議の位置づけの明確化，施設給付の重点化（原則として「要介護 3 」以上を施設入所の対象とする）が行われた。さらに，2017（平成29）年改正では全体としての介護報酬はプラス改定となった。また，「地域共生社会の実現」に向けた取り組みとして，例えば，高齢者と障害児者が同一事業所でサービスを利用できるような共生型サービスの展開が位置づけられた。65歳以上の第 1 号被保険者の自己負担割合も所得に応じ，引き上げられた。

　2021（令和 3 ）年改正では，介護人材確保の取り組みの強化および社会福祉連携推進法人制度の創設を主眼として行われた。2024（令和 6 ）年には再び改正が予定されているが，その動向に注目しておきたい。

　このように現代における社会保障制度の展開は給付を制限しながら負担を引き上げる，という流れになっており，給付と負担の平衡が危うくなっているともいえる。かつては「高福祉・高負担」という組み合わせか，それとも「低福祉・低負担」という組み合わせかという議論があったが，もはや「高負担・低福祉」という枠組みになっているといわざるを得ない。評価はさまざまであろうが，丁寧な検証と真の改革が求められる。

■参 考 文 献

1 ）岩田正美・平野隆之・馬場康彦：在宅介護の費用問題　介護にいくらかけているか，中央法規出版，1996.
2 ）中小企業庁小規模企業部サービス業振興室：在宅福祉サービス市場の現状―「与えられる福祉」から「選ぶ福祉」へ―，通商産業調査会出版部，1998.
3 ）『社会政策研究』編集委員会編：「特集・社会保障改革のホットイシュー」，社会政策研究 6 ，東信堂，2006.
4 ）中村　実：2015年の社会保障制度入門―社会的連帯の強化と自己決定の尊重―，野村総合研究所，2008.
5 ）厚生労働統計協会：保険と年金の動向2022/2023，厚生労働統計協会，2022.

実習対策

☐生活保護法の原理原則について整理しておこう。福祉事務所などでの実習の場合，実務上，この原理原則がどのように具体化されているかを意識しよう。

☐地域包括支援センターでの実習の場合，要介護度と利用できるサービスについての対応関係を整理しておこう。要介護認定のプロセスにも留意しよう。

☐社会福祉協議会（社協）での実習の場合，当該地域の地域福祉（活動）計画についてあらかじめ公表されている情報を手がかりに下調べをしておこう。また，策定メンバーにはどのような人々が携わっているか，確認しよう。

レポート・卒論対策

☐福祉の計画化が進んだ1990年代以降の国と地方の関係について整理し，その重層的関係から市町村の果たす役割に着目してみよう。

☐地域包括ケアシステムについてイギリスでの展開例を調べ，日本との違いを検討してみよう。とくに基礎自治体の役割に着目し，福祉サービスの供給における公的部門がどのような位置づけにあるか，「ソーシャルワーカー」，あるいは「ケアマネジャー」といった言葉をキーワードに比較，検討してみよう。

☐「社会保障と税の一体改革」について，その背景も含めて考察し，社会保障制度改革プログラム法（p.86参照）にどのように反映されているか，考えてみよう。また，消費税の使途，配分についても考察してみよう。

受験対策

〈要点整理〉

☐公的扶助制度の始まりは1874（明治7）年の恤救規則であったが，制限扶助方式であった。

☐健康保険制度の始まりはいわゆるブルーカラー労働者を対象に成立した。

☐旧国民健康保険は農業従事者を対象に成立し，農村部の保健医療水準の向上を目的とした。

☐1939（昭和14）年成立の船員保険法は初の疾病，労災，年金の包括的社会保険制度として成立した。

☐全国民を対象とした皆保険・皆年金体制は1961（昭和36）年に達成された。

☐1982（昭和57）年の老人保健法の制定で，70歳以上の高齢者医療の一部負担が復活した。

☐在宅福祉サービスの三本柱とはホームヘルプ，デイサービス，ショートステイである。

□社会福祉基礎構造改革においては福祉サービスにおける多様な供給主体の参入が企図され，企業など民間事業者によるサービスの提供が可能になった。

□2000（平成12）年に社会福祉事業法が社会福祉法に改正・改称され，利用者保護の規定が盛り込まれた。

□2006（平成18）年の介護保険制度改正では施設入所におけるホテルコスト（家賃，食費，光熱水費）の徴収が開始された。

〈過去問〉

□日本の社会保障の歴史的展開をみると，被用者を対象とした社会保険制度として，まず健康保険法が施行され，その後，厚生年金保険法が施行された。（29回49-1改題）

　⇨○　**そのとおり。**ドイツの制度を参考に，いわゆるブルーカラー労働者を対象として1922（大正11）年に健康保険法が制定された。ただし，国内産業の振興を担う労働力の培養保全策としての社会政策的要素が強かった。

□1961（昭和36）年に国民皆保険が実施され，全国民共通の医療保険制度への加入が義務づけられた。（32回49-2）

　⇨×　「全国民共通」ではない。職種，地域ごとに分立している。正しくは「全国民を対象に何らかの医療保険制度に加入を義務づけた」である。

□2000（平成12）年に，介護保険制度と後期高齢者医療制度が同時に創設された。（34回49-5）

　⇨×　後期高齢者医療制度は<u>従来の老人保健制度に代わり，2008年度（平成20年4月）より開始</u>された。後期高齢者医療制度には各医療保険からの「仕送り」で財源の9割が賄われている（高齢者自身の自己負担を除く）。

□1986（昭和61）年に基礎年金制度が導入され，国民皆年金が実現した。（35回49-4）

　⇨×　<u>国民皆年金の実現は1961（昭和36）年。</u>被用者のみを対象にしていた医療保険制度を<u>自営業者などにも対象を拡大</u>した。社会保障を学ぶ際の常識。

就活対策

□志望先はどのような公的年金保険制度に加入しているか，確認してみよう。また，企業年金や個人年金などの任意保険である3階部分の有無，種類などについても調べておこう。

□社会福祉法人に就職を希望している場合，経営状況を把握するため，開示されている情報を閲覧し，展開している事業（社会貢献事業を含む），収支，繰越金などについて把握しておこう。また，法人の理念についても確認しておこう。

社会保障と財政

1 社会保障の財源と給付費（費用）

（1）社会保障の財源

　社会保障は年金や医療，介護などの社会保険，生活保護や児童・障害者福祉などの社会福祉を指している。これらの給付費を賄ううえで，一定の財源（社会保険料，公費負担，他の収入）が必要になる。

　表3-1において，こうした財源の内容を2020（令和2）年度の決算にもとづいて確認する[*1]。

　2020（令和2）年度の社会保障財源の総額は184兆8,160億円であり，社会保険料，公費負担，他の収入の金額と構成割合は，それぞれ73兆5,410億円と39.8%，58兆9,527億円と31.9%，52兆3,223億円と28.3%となっている。内容を整理すれば，社会保険料は主に年金，医療および介護の各社会保険における基本財源であり，「被保険者拠出」と「事業主拠出」により賄われる。前者は38兆7,032億円，後者は34兆8,378億円（負担割合は52.63%対47.37%）である。

表3-1　社会保障の財源（2020年度）

社会保障財源	決算額（億円）	構成割合（%）
社会保険料	735,410	39.8
被保険者拠出	387,032	20.9
事業主拠出	348,378	18.9
公費負担	589,527	31.9
国庫負担	410,026	22.2
他の公費負担	179,502	9.7
他の収入	523,223	28.3
資産収入	439,400	23.8
その他	83,823	4.5
計	1,848,160	100

注）2020年度の社会保障財源の総額は，前年度（132兆3,531億円）と比べ39.6%増加している。これは，年金積立金の運用実績により，特に「資産収入」が前年度（1兆5,929億円）から大きく増加したことによるものとされる。これ以外では，「国庫負担」が前年度（34兆3,867億円）から19.2%増加しているが，これは主に新型コロナウイルス感染症対策に係る費用を賄うためである。
出典）国立社会保障・人口問題研究所HP：令和2年度社会保障費用統計，2022，p.13より筆者作成．

[*1]　社会保障の財源をみる場合には予算（見込み）と決算がある。ここでは各年度の財源額が確定した決算を取り上げる。

　公費負担は「国庫負担」と「他の公費負担」の合計を指しており，後者は地方自治体の負担であるが，国の制度が基準になる。地方自治体が独自に行う事業の負担としては，公費負担の医療給付や公立保育所の運営費があげられる。国庫負担と他の公費負担の割合は69.55%対30.45％であり，国の負担が7割近くを占める。

　他の収入は「資産収入」と「その他」の合計で，前者は公的年金資金の運用実績などにより変動する（運用実績は，主に景気や金利の動向に影響を受ける）。後者は積立金からの受け入れが含まれる。

　以上の社会保障の財源が各制度の給付費（費用）として支出される。次に，これらの内容を部門別と機能別に分けて整理する。

（2）社会保障の給付費（費用）

1）部　門　別

　社会保障の給付費を部門別にみた場合，年金，医療，および福祉その他に分類される。このなかで「年金」には厚生年金，国民年金などの年金保険，恩給および労働者災害補償（労災）保険の年金給付が含まれる。

　「医療」には医療保険，後期高齢者医療制度の医療給付，生活保護の医療扶助，労災保険の医療給付，結核その他の公費負担，保健所などが行う公衆衛生サービスに係る費用が含まれる。「福祉その他」には社会福祉サービスや介護対策に係る費用，生活保護の医療扶助以外の各種扶助，児童手当などの各種手当，医療保険の傷病手当，労災保険の休業補償給付，雇用保険の求職者給付が含まれる。

　表3-2は，2020（令和2）年度における部門別の社会保障給付費（決算）とその構成割合および対GDP（国内総生産）比である[*2]。

　社会保障給付費の総額は132兆2,211億円で，年金，医

表3-2　部門別社会保障給付費（2020年度）

社会保障 給付費	決算額 （億円）	構成割合 （％）	対GDP比 （％）
年金	556,336	42.1	10.39
医療	427,193	32.3	7.98
福祉その他 介護対策（再掲）	338,682 114,169	25.6 8.6	6.32 2.13
計	1,322,211	100	24.69

出典）国立社会保障・人口問題研究所HP：令和2年度社会保障費用統計，2022，p.11より筆者作成.

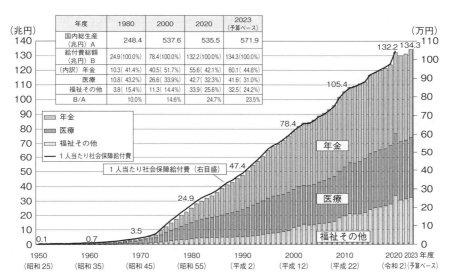

年度	1980	2000	2020	2023 （予算ベース）
国内総生産 （兆円）A	248.4	537.6	535.5	571.9
給付費総額 （兆円）B	24.9(100.0%)	78.4(100.0%)	132.2(100.0%)	134.3(100.0%)
（内訳）年金	10.3(41.4%)	40.5(51.7%)	55.6(42.1%)	60.1(44.8%)
医療	10.8(43.2%)	26.6(33.9%)	42.7(32.3%)	41.6(31.0%)
福祉その他	3.8(15.4%)	11.3(14.4%)	33.9(25.6%)	32.5(24.2%)
B/A	10.0%	14.6%	24.7%	23.5%

注：1970年度の国内総生産Aは75.3兆円，給付費総額Bは3.5兆。後者の内訳として，年金が0.9兆円（24.3%），医療が2.1兆円（58.9%），福祉その他が0.6兆円（16.8%）であり，B/Aは4.7%であった。

図3-1　社会保障給付費の推移

出典）厚生労働省HP，2023.

療，福祉その他の金額と構成割合は，それぞれ55兆6,336億円と42.1%，42兆7,193億円と32.3%，33兆8,682億円と25.6%となっている。対GDP比は年金が10.39%，医療が7.98%，福祉その他が6.32%で，給付費と構成割合，対GDP比としては年金が大きくなっている。

これらの長期的動向を確認するうえで，**図3-1**において1950（昭和25）年度から2023（令和5）年度までの給付費とGDPの推移を整理する（2021（令和3）年度以降は予算ベース）。

社会保障給付費（**図3-1**B）は1980（昭和55）年度には約24.9兆円，2000（平

---

*2　GDP（gross domestic product：国内総生産）は，一定期間内（通常は1年間）に国内で生み出されたモノやサービスの付加価値を指している（国外での付加価値は含まれない）。GDPは，国の経済力を判断する指標の一つとされ，前年との比較により経済成長の度合いをみることができる。

成12）年度は78.4兆円であったが，2009（平成21）年度に100兆円を超え，2020
（令和2）年度には132.2兆円，2023（令和5）年度（予算ベース）は134.3兆円
となっている。給付費は1970年代前半以降の増加が大きくなっており，主に年
金の物価スライド制や老人医療費（自己負担）無料化策の導入，病院と社会福
祉施設の整備・拡充によるものである。こうした制度・政策的要因のほかに，
高齢化の進行が社会保障給付費の増加につながる社会的要因になっている。

　GDP（図3-1A）は1980（昭和55）年度は248.4兆円，2000（平成12）年度は
537.6兆円であったが，2008（平成20）年の不況（主な原因はリーマンショック*3）
以降成長が停滞しており，2020（令和2）年度においても535.5兆円にとどまっ
ている（2023（令和5）年度の推計では，571.9兆円）。GDPは景気動向により変
動するものとされ，一般に1950年代中ごろ～1972（昭和47）年ごろまでは高度
経済成長期，1973（昭和48）年～1990年代末ごろまでは安定成長期，現代は低
成長期といわれる。

　こうしたなかでも社会保障給付費は増加を続け，対GDP比（図3-1B/A）は
長期的に上昇し，1980（昭和55）年度は10.0%，2000（平成12）年度は14.6%，
2020（令和2）年度には24.7%となっている。2023（令和5）年度（予算ベース）
では，GDPのゆるやかな増加と社会保障費の抑制策により，23.5%と推測さ
れている。

2）機　能　別

　次に，社会保障の給付費（費用）を機能別に分けて整理する。

　機能別の分類は，高齢，遺族，障害，労働災害，保健医療，家族，失業，住
宅，生活保護その他を指している。

　表3-3は，1994（平成6）～2020（令和2）年度におけるこれらの給付費
（決算）の推移である。表3-3でみるように，機能別の社会保障給付費は長期
的に増加しており，そのなかでも「高齢」と「保健医療」が大きくなっている。
「高齢」は「退職によって労働市場から引退した人」を対象としており，その
給付費は老齢年金，退職共済年金，介護保険給付費および社会福祉の老人福祉

---

*3　リーマンショックは，国際的な金融危機の引き金となったリーマン・ブラザーズ（ア
　　メリカで第4位の投資銀行）の経営破綻とその後の株価暴落などを指している。

表3-3　機能別社会保障給付費の推移

（単位：億円）

年度	社会保障給付費									
	合計	高齢	遺族	障害	労働災害	保健医療	家族	失業	住宅	生活保護その他
1994	607,314	250,536	50,952	17,347	10,491	225,487	17,769	19,188	1,207	14,337
1996	678,327	287,510	54,785	18,459	10,895	249,355	19,797	22,176	1,376	13,976
1998	724,300	317,442	56,494	24,177	10,881	251,027	20,137	26,940	1,615	15,587
2000	784,075	366,882	59,583	21,510	10,584	255,776	23,650	26,469	2,007	17,613
2002	838,503	410,233	61,705	22,882	10,190	257,676	27,846	25,596	2,521	19,853
2004	860,915	428,172	63,336	23,629	9,905	264,840	30,680	14,761	3,073	22,519
2006	906,741	451,990	65,293	27,059	9,957	280,329	31,777	13,473	3,621	23,242
2008	958,453	478,694	66,736	31,570	9,894	296,494	32,965	14,174	3,980	23,946
2010	1,053,660	513,347	67,947	33,984	9,428	322,138	50,085	22,501	5,129	29,100
2012	1,090,844	532,089	67,826	37,650	9,567	337,725	50,451	18,307	5,735	31,493
2014	1,121,812	544,470	66,685	40,118	9,411	351,293	54,479	14,727	5,929	34,701
2015	1,168,144	553,394	66,701	42,833	9,190	368,911	71,416	14,424	6,172	35,103
2016	1,183,128	556,935	65,703	44,106	9,107	371,261	75,151	14,179	6,037	40,649
2017	1,200,690	565,211	65,514	45,622	9,110	377,450	80,799	14,011	6,082	36,891
2018	1,214,000	572,766	64,976	47,506	9,182	380,843	84,894	14,297	6,032	33,503
2019	1,239,244	578,334	64,499	49,001	9,305	390,831	91,908	14,635	6,028	34,703
2020	1,322,211	589,213	64,097	52,252	9,046	411,436	102,675	50,239	6,048	37,205

出典）国立社会保障・人口問題研究所 HP：令和2年度社会保障費用統計，2022，p.41より抜粋．

サービスを指している（高齢者の医療費と医療扶助は，それぞれ「保健医療」と「生活保護その他」に含まれる）。

　次の表3-4は，2020（令和2）年度における各項目の決算額を大きい順番に並べ，それぞれの構成割合と対 GDP 比を示したものである。

　機能別にみた給付費のなかで，「高齢」は58兆9,213億円であり，構成割合が44.56%，

表3-4　機能別社会保障給付費（2020年度）

社会保障給付費	決算額（億円）	構成割合（%）	対 GDP 比（%）
高齢	589,213	44.56	11.00
保健医療	411,436	31.12	7.68
家族	102,675	7.77	1.92
遺族	64,097	4.85	1.20
障害	52,252	3.95	0.98
失業	50,239	3.80	0.94
生活保護その他	37,205	2.81	0.69
労働災害	9,046	0.68	0.17
住宅	6,048	0.46	0.11
計	1,322,211	100	24.69

出典）国立社会保障・人口問題研究所 HP：令和2年度社会保障費用統計，2022，p.41等より筆者作成．

対 GDP 比が11.00％になっている。「保健医療」は41兆1,436億円であり，構成割合が31.12％，対 GDP 比が7.68％になっている。2020（令和2）年度におけるこれらの二つの項目は，総額の75.68％（対 GDP 比では18.68％）を占める。機能別の給付費は，今後もこの二つを中心に増加すると考えられている。

2 国民負担率

　社会保障の財源問題を整理・把握する指標の一つとして,「国民負担」と「国民負担率」があげられる。「国民負担」は社会保障（社会保険料）負担と租税負担を合わせたものであり,「国民負担率」は国民所得に占める国民負担の割合（社会保障負担率と租税負担率）を指している。

　図3-2は2020年（度）における国民負担率の国際比較である。

　日本の47.9％の国民負担率（社会保障負担率19.8％,租税負担率28.2％）は,アメリカの32.3％（同8.5％,23.8％）,イギリスの46.0％（同11.7％,34.3％）よりも高く,ドイツの54.0％（同23.7％,30.3％）,フランスの69.9％（同24.9％,45.0％）,スウェーデンの54.5％（同5.1％,49.5％）よりも低くなっている。各国において,社会保障に対する考え方と国民のニーズ,経済・財政状況や高齢化率により社会保障負担率,租税負担率に相違があり,また後者のなかでも,各租税の負担率が異なっている。

　日本では社会保障給付費が増加するなか,国民負担（率）のあり方が検討され,社会保険に関しては年金と医療,介護のそれぞれの保険料が引き上げられてきた。保険料収入は**表3-1**でみたように社会保障の主な財源になっている

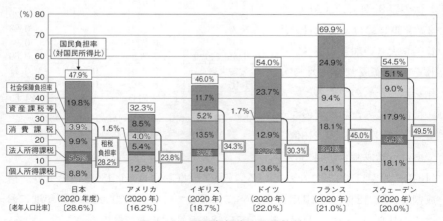

図3-2　国民負担率の国際比較

出典）財務省 HP：諸外国における国民負担率（対国民所得比）の内訳の比較, 2023.

が，将来的にその引き上げがどの程度まで可能かが問われている。また，勤労世代と高齢世代間での保険料負担のあり方も検討課題の一つになっている。

　租税（公費）に関しては，景気動向に伴う税収の変動が少ない税制が望ましいとされ，後述するように所得税や法人税よりも消費税の見直しが焦点になっている*4。租税収入は「財政の3機能」，あるいは政策的経費にとって重要な財源であり，上記3種類の税制においてバランスのとれた税体系の構築が求められる。「財政の3機能」は所得再分配，資源配分，経済の安定・成長の各機能を指しており，社会保障制度はとりわけ所得再分配の面で重要な役割を持つ。

　社会保障の「制度」と「財源」はいわば"車の両輪"であり，財源基盤の裏づけがなければ制度の維持・安定は困難である。これまで社会保険料と租税を含め，国民負担のあり方が議論され，一部の見直しが行われてきたが，抜本的な改革は今後の課題になっている。

　日本の国民負担率は図3-2にみたように他国と比較して必ずしも高いわけではない。理由の一つは，財政赤字（公債発行による財源の調達）が考慮されていないことにある。次の**3**では財政赤字の内容と経緯を整理し，社会保障財政の安定化に向けたいくつかの施策を整理・検討する。

3 社会保障の財政問題と改革の方向

（1）財政赤字と潜在的国民負担率

　財政赤字を含む国民負担（率）の実態と課題を把握する方法の一つとして，財政の構造をみることが有用である。これについて，2023（令和5）年度の一般会計予算の歳入と歳出を参考に整理する（図3-3）*5。

---

*4　一般に，法人所得（利益）や個人所得に比べ，消費は景気動向に伴う増減が少ないことが指摘されている（財務省「税収に関する資料」（2023年6月）などより）。なお，社会保障の財源において公費（租税）が投入される主な理由は，保険料負担（率）の抑制にあり，また，公費は医療と介護の保険料負担（率）の地域間格差を緩和する調整資金としても活用される。こうした意味でも，税収の安定確保は重要な課題になっている。

*5　ここでは，国の財政構造と社会保障関係費を中心に考察する。国の財政と地方財政との関係，民生費（児童福祉費，老人福祉費，社会福祉費，生活保護費等）については，総務省『地方財政白書（令和4年版）』日経印刷，2022を参照。

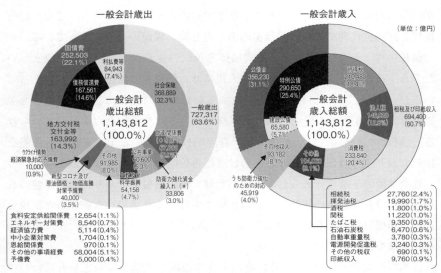

※「一般歳出」とは，歳出総額から国債費および地方交付税交付金等を除いた経費のこと。

図 3 - 3　一般会計歳出・歳入の構成

出典）財務省 HP：令和 5 年度一般会計予算歳出・歳入の構成，2023.

　こうした一般会計は，経済・社会に対する国の基本的取り組み，あるいは政策を表すものでもあり，歳出と歳入それぞれの総額は114兆3,812億円になっている。歳出の内容は，「社会保障」が36兆8,889億円（歳出総額に占める割合は32.3%），「国債費」（債務償還費と利払費等）が25兆2,503億円（同22.1%）である。「地方交付税交付金等」は16兆3,992億円（同14.3%）であり，これら 3 項目が全体の68.7% を占める。

　歳出のなかで，国債費や地方交付税交付金等を除いたものが「政策的経費」といわれ，社会保障や防衛，公共事業，文教及び科学振興等の各経費を指している。国債費は国の借金の返済であり，地方交付税交付金等は各自治体の財源の偏在（財政力格差）の調整を目的とした地方財政調整制度の一つである。

　歳入は，こうした歳出を賄うための収入（収入源）を指しており，租税収入などが基本になる。図 3 - 3 に示したように，「租税及び印紙収入」が69兆4,400億円（歳入総額に占める割合は60.7%），「公債金」（公債発行収入）が35兆6,230億

表 3 - 5　　国民負担率と潜在的国民負担率の国際比較（2020年）

	日本	アメリカ	イギリス	ドイツ	フランス	スウェーデン
国民負担率 （再掲：図 3 - 2 ）	47.9%	32.3%	46.0%	54.0%	69.9%	54.5%
潜在的国民負担率	62.9%	50.8%	63.4%	59.7%	83.0%	58.6%

出典）財務省 HP：国民負担率の国際比較等より作成．（日本は2020年度）

円（同31.1%），その他収入が 9 兆3,182億円（同8.1%）となっている[6]。

　公債金は各年度の財政赤字に相当しており，将来世代の負担増につながる要因になる。これを含めた国民負担率が「潜在的国民負担率」（「財政赤字を含む国民負担率」ともいわれる）であり，次のように整理される。

　　　国民負担率＝社会保障負担率＋租税負担率

　　　潜在的国民負担率＝国民負担率＋財政赤字対国民所得比

　表 3 - 5 は，2020年における潜在的国民負担率の国際比較である。

　日本の潜在的国民負担率は62.9％であり，アメリカの50.8％，ドイツの59.7％，スウェーデンの58.6％よりも高く，イギリスの63.4％，フランスの83.0％よりも低くなっている[7]。これらは単年の負担率であり，日本は国と地方を合わせた「長期債務残高」が巨額になっていることから，これを踏まえた負担率をみる必要がある。

　長期債務残高は1980（昭和55）年度は約118兆円，1990（平成 2 ）年度は266兆円，2000（平成12）年度は646兆円であったが，2014（平成26）年度に1,000兆円を超え，2020（令和 2 ）年度では1,165兆円（国973兆円，地方192兆円）に増加している（財務省 HP「国及び地方の長期債務残高」などより）。これが「財政の硬直化」により政策的経費，とくに社会保障財源を制約する要因にもなっている。

　図 3 - 4 は，1975（昭和50）年度以降の国民負担率と潜在的国民負担率（財政

*6　その他収入は，主に防衛力強化のための資金を指しており，国有財産の売却や歳出の見直しなどによるものとされる。

*7　2020年は，多くの国において新型コロナウイルスの感染抑制と経済対策を進めるうえで公債発行により財源が調達され，これが潜在的国民負担率を（一時的に）高める主因になったとされる。

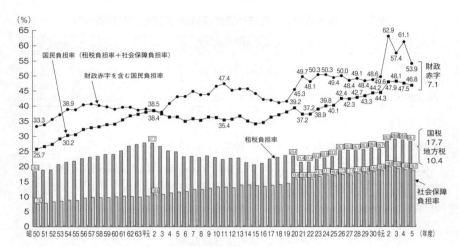

注1) 令和 3 年度までは実績，令和 4 年度は実績見込み，令和 5 年度は見通しである。
注2) 財政赤字の計数は，国および地方の財政収支の赤字であり，一時的な特殊要因を除いた数値。

図 3 - 4　国民負担率と潜在的国民負担率の推移

出典) 財務省 HP：日本の財政関係資料，2023.

赤字を含む国民負担率）の推移である。

　各年度の国民負担率と潜在的国民負担率の差は，税収や社会保障給付費の動向などにより左右される。税収との関係では，とくに1991（平成 3）年以降と2008（平成20）年以降において，それらの差の拡大傾向がみられる。基本的理由は，1991（平成 3）年の「バブル経済の崩壊」*8，2008（平成20）年の「リーマンショック」それぞれの影響により景気が後退するなかで法人税と所得税が減少して，財政赤字が拡大したことにある。

　社会保障の財源問題について議論する際には，現代では，財政の実態や経済の動向を踏まえることが重要になっている。

（2）社会保障と税の一体改革

　社会保障給付費が増加するなかで（**図 3 - 1**），近年では社会保障関係費は国の一般会計予算の約32.3％を占め，最大の歳出項目になっている（**図 3 - 3**）。

---

*8　資産価格の高騰とそれに伴う好景気がバブル経済（景気）であり，これが一転して資産価格の下落に転じた現象がバブル経済の崩壊といわれる。

基本財源の一つとして，税収の安定確保が求められる一方，財政赤字に伴う不足財源は公債金により賄われてきた（**表3-5，図3-4**）。慢性的な財政赤字（長期債務残高の増加）は，将来世代の負担増につながるだけではなく，社会保障各制度の維持・安定を困難にする要因にもなる*9。

　「社会保障と税の一体改革」はこれらの対応策の一つとされ，基本目標は「社会保障財源の安定確保」と「財政の健全化」にある*10。社会保障の主な財源は社会保険料と租税収入であるが，前者よりも後者，とりわけ消費税による財源調達が選択・重視されている。この理由として，次のことが指摘される。

　社会保険料に関しては賦課ベースの基本は所得であり，負担者・負担世代の中心は（年金受給者などの高齢者・高齢世代ではなく）給与などの稼得者・勤労世代である。また，所得税の課税ベースは所得，とりわけ給与所得であり，これも主な負担者は勤労・現役世代となる。

　このため，少子高齢化が進展する日本において，社会保障財源として保険料の引き上げが重視・継続された際には，その負担は勤労世代に偏ることになろう。保険料は，所得の変動に左右されるほかに未納問題が指摘され，また，これによる収入は，児童福祉や障害者福祉の財源に充当することができない。一方，租税（公費）の比重を高めるとした場合でも，所得税では現役世代の負担が重くなるとされ，所得税・法人税ともに景気動向によっては安定的な財源調達方法にはなり得ない。

　こうして「社会保障と税の一体改革」においては，消費税の増税（税率の段階的引き上げ）が大きな焦点になっている。社会保障財源の一つとして消費税が選択された主な理由は，第一に消費（支出）は景気動向に大きな影響を受けないため，税収の安定確保が期待され，第二に高齢世代と現役世代間の負担の偏り（とりわけ，後者の世代における負担増）を抑制し得ることにある。

　消費税は1989（平成元）年に3％の税率で導入された税制であり，1997（同

---

*9　このほかの問題として，公債の信用低下に伴う長期金利の上昇，利払費の増加や景気への悪影響および財政の硬直化が指摘される。

*10　政府・与党社会保障改革本部決定資料「社会保障・税一体改革素案」（2012（平成24）年1月），内閣官房社会保障改革担当資料「社会保障と税の一体改革」（2015（平成27）年5月）などより。

9）年に5％，2014（同26）年に8％に引き上げられ，2019（令和元）年10月に10％[11]となった。これによる税収は，年金，医療，介護および少子化対策（社会保障4経費）を中心に使われることになっており[12]，また，財政（社会保障財源）の安定化にも活用される予定である。

　社会保障と税の一体改革は財政を踏まえた施策の一つとして有用と考えられているが，少なくとも次の三つの課題が残されている。第一は財源の使途に関する課題であり，増税により確保される財源は社会保障給付費に重点的に配分される必要がある。第二は消費税率に関する課題であり，1％当たりの税収は2.8兆円（2020（令和2）年の社会保障給付費（約132兆円）の2.1％）程度とされるため，10%の消費税率の妥当性が問われることになろう。第三は租税の負担率に関する課題であり，消費税中心税制に移行する場合には，高額所得に対する一定の累進性確保や資産課税（とくに相続税）の強化を含めた税制改正が必要になる。

　社会保障の財政安定化策として，税制だけではなく社会保険料と自己（利用者）負担それぞれの検討が行われ，段階的に引き上げられている。これらの負担増を可能な限り抑制するうえでは，社会保障各制度の見直し，とりわけ給付の適正化・効率化も必要になろう[13]。

　以上が，社会保障と税の一体改革の基本的な目的と方法，課題であり，これに続く施策の一つとして「全世代型社会保障」が提唱されている[14]。全世代型社会保障は，高齢化の進展により年金と医療，介護の社会保険を中心に給付費が増加するなかで，少子化に伴って勤労世代・労働者がさらに減少する2040年を見据えた施策とされる。基本目的は，労働者の過重な負担に偏ることなく各人の経済力に応じた負担としたうえで，国民一人ひとりの生涯にわたる給付

---

*11　10%の内訳は消費税（国税）が7.8％，地方消費税が2.2％である。

*12　少子化対策は，子ども・子育て支援ともいわれる。

*13　具体的には，年金のマクロ経済スライド制や賦課方式から積立方式への移行，診療報酬や薬価基準の見直し，かかりつけ医制度の導入・拡充，医療と介護の連携があげられる。

*14　全世代型社会保障構築会議「全世代型社会保障構築会議 報告書－全世代で支え合い，人口減少・超高齢社会の課題を克服する」（2022（令和4）年12月），内閣官房「全世代型社会保障構築会議 議論の中間整理」（2022（令和4）年5月）などより。

の安定化を図ることにある。

　具体的課題として，租税（主に消費税）と社会保険料（高齢世代の保険料を含む）の引き上げ，社会保障各分野への財源の配分それぞれの方法があげられる。財源と給付に直接関係するこうした課題のほかに，「健康寿命の延伸」につなげたうえで，長期就労を望む者（主に企業や公的機関における60歳あるいは65歳以上の被用者）の継続雇用や定年延長により，就労機会を確保することも重要である*15。そのためには，予防医療や介護予防の促進により，各人の心身の健康が長期的に維持されることが基本的要件になる。これは，労働力の確保と労働生産性の維持，年金財源の負担者の増加，年金給付費と医療・介護費の増加率の抑制それぞれにつなげる施策の一つとして有用と考えられている。

　一般に「社会保障の拡充（給付面での充実）」は好意的に評価される一方，「租税や社会保険料負担の増加」は批判的にとらえられる。日本では，社会保障給付費が増加するなかで財源問題が深刻化しており，後者（国民負担の増加）を踏まえた制度改革の必要性が増している。こうした改革について，少子高齢化が急速に進展する現代では，健康寿命の延伸と併せた施策を検討・実行することが重要になっている。

■参考文献

1）小塩隆士：社会保障の経済学　第4版，日本評論社，2013.
2）小西砂千夫：社会保障の財政学　改訂版，日本経済評論社，2019.
3）椋野美智子・田中耕太郎：はじめての社会保障　第20版，有斐閣アルマ，2023.
4）森田稔編著：図説 日本の財政　令和4年度版，財経詳報社，2022.
（その他，国立社会保障・人口問題研究所，厚生労働省，財務省等の関係資料）

---

*15　健康寿命は，一般に「健康上の問題で日常生活が制限されることなく自立した生活ができる期間」を指している（2019（令和元）年の健康寿命は，p.1参照）。こうした寿命の延伸により，平均寿命との差を縮めることは，各人のQOL（生活の質）と社会全体の活力それぞれの維持・向上にとって望ましいとされる。2019（令和元）年における平均寿命と健康寿命との差は，男性約9年，女性約12年になっている。

実習対策

□マクロ視点の実践理解として，給付やサービスのあり方は財政構造により制約されるため，費用負担の検討が不可欠である。実践と制度を規定する枠組みとしての財政論・財源論が重要であり，事前と事後の学習が必要になる。

□第3章は，社会保障の財政（財源と給付費）を広く考察・検討するものであり，これを基本に各制度における財源の調達と配分を把握することが有用である。また，医療と介護の報酬制度や各施設の運営・管理（＝経営）の内容と課題を整理・理解するうえでも，財政論は必要な知識である。

レポート・卒論対策

□社会保障の基本構造は，国民のニーズと国家の判断，人口構造の変化の他に，経済と財政の動向により規定される。専門書や新聞，インターネットにおいてこれらの情報を整理して，社会保障の実態と課題を複眼的に捉える必要がある。

□「社会保障と税の一体改革」，「全世代型社会保障」は，社会保障財政に関連する新しい施策の一つになっている。基本的方向は望ましいといえるが，具体策（提言の内容）に関する詳細な検討が必要になろう。税制や保険制度についても，広い視野で学ぶことが重要である。

受験対策

〈要点整理〉

□社会保障の財源としては社会保険料，公費負担および他の収入があげられ，このなかでも社会保険料が中心になっている。

□社会保障の給付費を「部門別」にみた場合には，年金，医療，福祉その他に分類される。社会保険としての介護は，福祉その他に含まれる。

□社会保障の給付費を「機能別」にみた場合には，高齢，保健医療，家族，遺族，障害，生活保護その他等の9項目に分類される。

□国の一般会計の歳出において社会保障費，国債費および地方交付税交付金等が大きくなっており，2023（令和5）年度ではこれら3項目が全体の68.7％を占める。

□歳出のなかで国債費や地方交付税交付金等を除いたものが「政策的経費」であり，社会保障や防衛，公共事業，文教及び科学振興等の各経費を指している。

□租税（公費）の財源として，景気動向の影響が少ないことが望ましいとされ，所得税や法人税よりも消費税の税収が安定的とされる。

□社会保障財源の実態を把握する指標の一つとして，国民負担と国民負担率があげられる。国民負担は社会保障負担と租税負担を合わせたものであり，国民負

担率は国民所得に占める国民負担の割合を指している。

☐財政赤字を含む国民負担率は「潜在的国民負担率」といわれる。財政赤字（長期債務残高）の拡大は社会保障などの政策的経費を制約する大きな要因になる。

☐「社会保障と税の一体改革」の基本的な目的は「社会保障財源の安定確保」と「財政の健全化」にある。こうした改革案においては，消費税の増税（税率の段階的引き上げ）が焦点になっている。

☐「社会保障と税の一体改革」においては，年金，医療，介護および少子化対策（社会保障4経費）が制度内容の充実あるいは給付費増の主な対象である。

〈過去問〉

☐高齢，保健医療，家族，失業等の「機能別」の社会保障給付費に分類した場合，割合としては「失業」が最も大きくなっている。（28回51-3改題）

　⇨×　表3-3，表3-4にみたように，機能別の給付費の構成割合としては，高齢と保健医療が大きくなっている。

☐社会保障給付費の対国内総生産比は20％を超過している。（34回50-1改題）

　⇨○　表3-2にみたように，社会保障給付費の対GDP比は24.69％であり，20％を超えている。なお，給付費のなかで決算額，構成割合，対GDP比をみた場合，年金が最も高く，次に医療が高いことを押さえておく必要がある。

☐社会保障財源をみると，公費負担の内訳は国（国庫負担）より地方自治体の方が多い。（34回50-5改題）

　⇨×　表3-1にみたように，2020（令和2）年度の決算では，公費負担の割合として国（国庫負担）が22.2％，地方自治体（他の公費負担）が9.7％である。

就活対策

☐社会福祉士や精神保健福祉士の国家試験では，社会保障の財源と給付費に関する問題が必ず出題される。勉強の範囲は必ずしも広くないので，要点を押えながら学習することが望ましい。

☐公務員試験では，財政や経済を踏まえた問題は頻繁（ひんぱん）に出題される。近年では，社会保障給付費が増加するなかで財政の役割が重要になっており，歳入と歳出の内容（国と地方の財政関係を含む）を整理しておく必要がある。

☐社会保障の主な財源は租税と社会保険料であり，企業（雇用主）の負担にも関係する。これらの学習は企業に就職する際の「社会・経済の基礎知識」として有用である。

社会保険と社会扶助

1 社会保険の概念と範囲

（1）社会保険とは

　私たちの人生には予期しないことが起こり得る。例えば，自ら病気やけが，介護が必要になる状態になりたいと思い，なる者はいないであろう。あるいは明日，勤め先が倒産して食べるのに困るかもしれないと思っていたら，とても安心して働けないであろう。さらに，定年退職ののち，収入のあてがないとしたら，心穏やかな老後を営むことは困難であろう。

　このような疾病や介護，失業や労働市場から退出したあとの所得などについて，その発生の原因を自らの責任に帰すことができず，自力だけでは対処が困難なものに対応するのが社会保険である。

　その世界的な嚆矢は，19世紀のプロイセン（現ドイツ）において「鉄血宰相」と呼ばれたビスマルクの「飴と鞭」政策の一貫として展開されたものである。

　具体的には，反社会主義政策を展開し，労働者に対する階級融和策の一環として，①疾病保険法（1883年），②災害保険法（1884年），③老齢保険法（1889年）といった社会保険制度を整備した。資本主義の進展に伴う労働者階級の生活の不安定化およびその不満緩和策としてのこれらの政策は時代的な制約はあったものの，労使と国庫の負担により所得保障を展開したという点で画期的であった。20世紀に入ると，イギリスにおいて④老齢保険法（1906年），さらに，⑤健康保険法と失業保険法を含んだ国民保険法（1911年）が実施された。

　このような動向の背景には政府の国民生活への関与の必要性が増加したことがある。松井二郎によれば，第一に経済の生産面のみを重視する考え方から分配面も重視する考え方への変化，第二に所得の分配を非市場的なルートを通しても行う考え方の是認，第三にレッセ・フェール（自由放任主義）の考え方を放棄する特徴があるという[*1]。やがて，第二次世界大戦中，イギリスでベヴァ

リッジを長とする「ベヴァリッジ委員会」が発足し，「社会保険および関連諸
サービス（ベヴァリッジ報告）」（1942～1943年）が公表された。この報告では，
撲滅すべき「五大悪」として，①窮乏，②疾病，③無知，④不潔（不衛生），
⑤怠惰をあげ，社会保険制度と完全雇用を両輪とした福祉国家体制を築いた。
この根底には，第一に被保険者を包括的に位置づけ，行政責任を統一して実施
すること（包括性），第二に均一拠出・均一給付の原則を採用すること（形式的
平等性），第三にナショナル・ミニマムを確保（最低生活費保障）することの三
つの理念があった。

　イギリスの社会政策学者であるスピッカーによれば，ベヴァリッジ型システ
ムとビスマルク型システムの比較をすれば，ベヴァリッジ型システムの特徴は
普遍主義的なものであるという[2]（表4-1）。

表4-1　「ベヴァリッジかビスマルクか」

ベヴァリッジ型	ビスマルク型
1．すべての成員に対する社会的保護	1．職業上の地位にもとづく保険
2．国家による運営	2．独立・自律的運営
3．税による拠出	3．給与に応じた上限のある拠出
4．均一給付	4．拠出に応じた上限のある給付
5．すべての成員の義務	5．一定以下の所得者のみを対象

出典）Spicker, P. : "How Social Security Works" Policy Press, UK, 2011, p.68. 翻訳筆者.

　一方，日本における社会保険の展開は第二次世界大戦前において健康保険法
（1922（大正11）年制定，1927（昭和2）年施行），国民健康保険法（1938（昭和
13）年），労働者年金保険法（1941（昭和16）年）がみられたが，本格的になっ
たのは戦後においてであった。

　1950（昭和25）年，社会保障制度審議会（現社会保障審議会）は「社会保障制

＊1　　松井二郎『社会福祉理論の再検討』ミネルヴァ書房，1992，p.86.

＊2　　Spicker, P. "How Social Security Works" Policy Press, UK, 2011, p.69.

度に関する勧告（50年勧告）」を出し，「貧と病はぜひとも克服されねばならぬ」
とし，日本国憲法第25条にもとづく国家責任を強調しつつ，「社会保障の中心
は…（略）…社会保険制度でなければならない」とした。その目的は第一に国
民の労働力の維持，第二に全国民の健康の保持，第三に給付の拡充と負担の公
平化であった。

　具体的には，①医療，出産および葬祭に関する保険，②老齢，遺族および廃
疾に関する保険，③失業に関する保険，④業務災害に関する保険が論じられ
た。これらの論点は当時からすべての国民を対象としつつも，被用者と一般国
民とに分けられている点に特徴がある。

　以上から，社会保険とは，第一にその出自が資本主義の進展に伴う生活の不
安定化にある。第二にその目的はだれもがその対象となり得るような幅広い生
活上の危険に対応し，生活保障のためのものである。第三にその運営は公的責
任にもとづくものである。また，第四に拠出と給付が対である。そして，第五
にリスク分散，逆選択の防止の観点から強制加入となっているものである。

　以下では上述を踏まえ，日本における社会保険制度の範囲を述べる。

（2）社会保険の範囲

「50年勧告」で示された社会保険の枠組みは現代においても引き継がれてい
るが，2000（平成12）年に介護保険が新たに加わるなどして，日本における社
会保険は以下のようになっている。

① 　**医療保険**：健康保険（協会けんぽ，組合健保），国民健康保険，共済組合，
　　後期高齢者医療制度
② 　**介護保険**：介護保険
③ 　**年金保険**：国民年金，厚生年金，共済年金（給付のみ），確定拠出型企
　　業年金
④ 　**労働保険**：雇用保険，労働者災害補償保険，育児・介護休業制度

1）医療保険

　医療保険は1961（昭和36）年，国民皆保険体制となってから，業務上の災害
による場合と自由診療となる美容整形などを除き，医療を受けた場合，医療保
険制度が適用される。大別すると，職域保険（代表的にはサラリーマンの場合健

康保険，船員の場合船員保険，公務員などの場合共済組合）と地域保険（市町村を単位とする国民健康保険，都道府県ごとの後期高齢者医療制度，特定の自営業者などが都道府県別に組織する国民健康保険組合）に分けられる。

　受診した際，被保険者証（保険証）などを提示することにより，一部負担金で医療を受けられる現物給付が中心である。また，傷病手当金や出産育児一時金などの現金給付もある。一部負担金は加入している組織を問わず，就学後から70歳未満は３割，就学前および70〜74歳は２割，75歳以上では１割となっている。ただし，70歳以上で，現役並みの所得（2023（令和５）年現在，夫婦世帯で年収520万円以上）があれば３割負担となる。

　なお，医療の高度化に伴い，医療費は膨張の傾向にあるが，その際でも一部負担が過重なものとならないよう，その限度額を設ける高額療養費制度がある。

２）介護保険

　介護保険は高齢者福祉と高齢者医療の介護の部分を一本化し，介護サービスの利用・提供を社会保険方式で行うもので，2000（平成12）年度より施行されている。高齢者福祉の部分に着目すると，措置から契約へともいわれている。

　具体的には，40歳以上のすべての国民が被保険者となり，保険者は市町村である。財源は保険料と公費（税）からなっている。65歳以上で要支援・要介護状態，また，40歳以上で老化に伴う疾病で要介護状態などになった場合，保険給付の対象となり，原則１割の自己負担で介護サービスを利用できる（ただし，一定以上所得者の場合，２割ないしは３割）。食費や光熱水費，家賃相当部分のホテルコストは全額自己負担となる。

　介護保険によるサービスの利用に当たっては市町村が実施する要介護認定調査を受け，要支援・要介護状態に該当することが認められる必要がある。その後，それぞれの要介護度などに応じて定められた給付上限の範囲内で，介護サービス計画（ケアプラン）を作成することとなる。

　介護サービスの種類には居宅介護サービス，施設サービス，地域密着型介護サービスの三種類があるが，詳細は第６章(p.123〜)で述べる。

３）年金保険

　年金保険は基本的に１階部分と２階部分からなる。このような構造になった

のは1985（昭和60）年であり，「一人一年金」の体制となった。

　1 階部分は20歳以上60歳未満の国民が必ず加入する国民年金で，高齢期に老齢基礎年金を受けられる（2023（令和 5 ）年度で満額66,250円/月）。2 階部分は被用者を対象として，報酬に比例して拠出・給付が行われる厚生年金がある。

　なお，3 階部分に相当する任意保険として国民年金基金や厚生年金基金，確定拠出年金などの企業年金，個人年金などがある。また，支払われる保険料は高齢世代の生活を終身にわたって支えるものとなる「世代間扶養」の考え方に立っている。さらに，年金額の実質価値を維持するための「マクロ経済スライド」が導入されているほか，老齢（退職）のみならず，障害を負ったり，死亡したりした場合遺族にも給付があることも特徴である。

　なお，国民年金（基礎年金）の給付費のうち，2 分の 1 は国庫負担（および積立金運用収入など）が投入されており，その任に年金積立金管理運用独立行政法人（GPIF）が当たっている。確定拠出型企業年金については第 6 章（p.153）で述べる。

4 ）労 働 保 険

　労働保険は雇用保険と労働者災害補償保険（労災保険）がある。

　雇用保険は1974（昭和49）年に，雇用情勢の悪化を受け，制定されたものであるが，その前身は戦後混乱期に制定された失業保険法である。目的は労働者が失業した場合（会社都合，自己都合）の給付，自ら職業訓練を受けた場合の給付がある。労働者を雇用していれば適用事業となり，雇用されている労働者が被保険者，保険者は政府である。保険料は労使折半である。取り扱いの窓口は公共職業安定所（ハローワーク）である。

　なお，介護休業給付も失業等給付のうちの雇用継続給付として給付される。

　労災保険は1947（昭和22）年に施行されたもので，業務災害や通勤災害に対し，治療費や生活費などを補償することが目的である。労働者を使用する事業が適用事業で，そこで使用されている労働者はすべて適用労働者になる。また，手続きを行うことにより自営業者なども加入することができる。

　雇用保険と異なるのは事業主が保険料を負担する点である。このほか，業務災害の発生状況によって保険料率が変動するメリット制を採用している。労働

災害の認定は労働基準監督署が行う。

　近年，過労死の問題が再びクローズアップされているが，「過労死等」は「業務における過重な負荷による脳血管疾患若しくは心臓疾患を原因とする死亡若しくは業務における強い心理的負荷による精神障害を原因とする自殺による死亡又はこれらの脳血管疾患若しくは心臓疾患若しくは精神障害をいう」と定義され（過労死等防止対策推進法第2条），2022（令和4）年度での請求件数は3,486件，認定件数は904件となっており，認定率は25.9％である。

　以上，日本における社会保険は老齢や疾病，介護といった普遍的なリスクに備えるものだけでなく，失業や労働災害などの労働者に降りかかる不意の事故までもその範囲としている。

2 社会扶助の概念と範囲

（1）社会扶助の概念

　社会扶助は，社会保険とは対照的に税を原資とし，現金給付や現物給付を行うものである。「50年勧告」でいう「直接公の負担において経済保障の途を講じ」るものである。例えば，最低限度の生活を保障（ナショナル・ミニマムの確保）するものとしての公的扶助制度，多子，障害児などを持つ世帯や障害者への手当制度，対人援助活動を伴う社会福祉がある。

　では，なぜ，これらは社会保険方式ではなく，税を財源として行われるのか。

　伊藤恭彦は，税の倫理的根拠を従来の租税根拠論における義務説（国家はその活動のために徴税権を持つので納税の義務が生じる）でもなく，利益説（国民は受け取ったサービスに応じ，税を負担する）でもなく，「お互いの尊厳を守るという，私たちが相互に負っている義務を政府を介した活動に転換したために発生した費用が租税」であるとしている[3]。互いの尊厳を守る手段としての税として理解すれば，上述の各制度の趣旨もおのずと明らかである。「社会保障体制の再構築」（「95年勧告」社会保障制度審議会，1995（平成7）年）でも「取り残

＊3　伊藤恭彦『タックス・ジャスティス　税の政治哲学』風行社，2017，pp.62-66．

されてきた大きな問題」として社会福祉をあげ，「今後は人間の尊厳の理念に立つ社会保障の体系の中に明確に位置づけられ，対応が講じられなければならない」とされている。

（2）社会扶助の範囲

社会扶助は公的扶助，社会手当，社会福祉から構成されている。

1）公的扶助

日本における公的扶助は生活保護制度（1950（昭和25）年）である。日本国憲法第25条に規定される生存権規定（ナショナル・ミニマム）にもとづき，具現化されたものである。すなわち，健康で文化的な最低限度の生活を国民に対し，保障する制度である。

生活保護法第1条では，「国が生活に困窮するすべての国民に対し，その困窮の程度に応じ，必要な保護を行い，その最低限度の生活を保障するとともに，その自立を助長すること」が目的とされている。金銭的な貧困状態に対応するだけでなく，いわゆるケースワークを通じた自立助長が図られている点に特徴がある。

生活保護制度における基本原理および実施上の原則には次のものがある。

① 基本原理
・国家責任の原理：実施に対する究極的な責任は国にある。
・無差別平等の原理：国民の保護請求権は無差別平等にある。
・最低生活保障の原理：健康で文化的な生活が保障される。
・補足性の原理：あらゆるものを活用してもなお不足する分について行う。

② 実施上の原則
・申請保護の原則：保護は原則として要保護者などの申請にもとづき開始する。
・基準および程度の原則：厚生労働大臣が定める基準により過不足なく行う。
・必要即応の原則：個人または世帯の実際の必要を考慮して行う。
・世帯単位の原則：要否および程度は世帯を単位として定める。

保護の種類は生活扶助（衣食など），教育扶助（義務教育など），住宅扶助（家賃など），医療扶助（診察，薬剤など），介護扶助（介護サービスなど），出産扶助

（分娩など），生業扶助（生業資金，技能修得費など），葬祭扶助（検案，火葬など）の8種類がある。

　保護の対象は生活に困窮する日本国民および永住・定住外国人などで，利用し得る現金を含む資産，稼働能力，その他，あらゆるものを活用してもなお困窮である場合，実施されるため，「最後の切り札（セーフティネット）」とも呼ばれる。

　実施機関は居住地または現在地の知事，もしくは市町村長だが，実際には福祉事務所が行う。社会福祉主事がケースワーカーと呼ばれる現業職に就くことが多い。

2）社会手当

　社会手当の主要なものには児童手当，児童扶養手当，特別児童扶養手当，特別障害者手当などがある。

① 児童手当

　子ども・子育て支援法（2015（平成27）年）にもとづく給付である。

　児童手当は0歳から中学校修了までの児童を持つ者を対象に家庭生活の安定と児童の健全育成に資するため，支給されるものである。所得制限があり，夫婦と子ども2人世帯で年収960万円以下でなければ対象とならない（合算はしない）。

　支給月額は3歳未満で15,000円，3歳から小学生の第1子，第2子は10,000円，第3子以降は15,000円，中学生で10,000円である。所得制限を超えた場合であっても，1か月当たり5,000円の特例給付が設けられている（2023（令和5）年現在）。なお，年収1,200万円以上の場合は特例給付はない。

② 児童扶養手当

　児童扶養手当法（1961（昭和36）年）にもとづく給付である。

　18歳未満，または20歳未満で一定の障害のある児童を持ち，離婚などにより父，もしくは母のいない単親家庭の生活保障の助けを目的とする。所得制限があり，前年の年収が扶養人数1人の場合，所得額が87万円未満であれば後述の満額が支給される。

　支給月額の満額は，児童1人の場合，44,140円，2人目は10,420円の加算が，

３人以上だと6,250円の加算措置が設けられている（2023（令和 5 ）年現在）。

受給世帯のうち，母子世帯が約 9 割を占めており，理由は離婚が最も多い。

③　特別児童扶養手当

「特別児童扶養手当等の支給に関する法律」（1964（昭和39）年）にもとづく給付である。

20歳未満の重度または中度の精神障害児（知的障害児を含む）・身体障害児を監護養育している者に対し，その福祉の増進を図るために支給される。扶養親族数などにもよるが所得制限がある。所得制限を超えた場合，支給されない。

支給月額は重度の場合，53,700円，中度の場合，35,760円である（2023（令和 5 ）年現在）。

対象児童数は2021（令和 3 ）年度では約25万人で，重度児が約10万人であるのに対し，中度児が約15万人となっており，障害種類は 6 割以上が知的障害である。

④　特別障害者手当

これも「特別児童扶養手当等の支給に関する法律」にもとづく給付である。

20歳以上の在宅の重度（日常生活において常時特別の介護を必要とする）の障害者が対象である。扶養親族数などにもよるが，所得制限がある。所得制限を超えた場合，支給されない。支給額は月額27,980円である（2023（令和 5 ）年現在）。

上記のほか，障害児福祉手当（所得制限あり。月額15,220円，2023（令和 5 ）年現在），福祉手当（経過措置）がある。

3 ）社 会 福 祉

社会福祉は個別具体的に提供される対人援助サービスを中心とする分野で，生活保護を除く福祉六法に分類される領域のものを指す。日本では第二次世界大戦後の混乱を契機に，高度成長期を経て整備されてきた経緯がある。近年においては制度ごとの“縦割り”が問題視されるようになり，地域包括ケアシステムの構築や地域共生社会の実現に代表されるような横断的な施策の展開が模索されているが，これらについては第 6 章脚注＊9 ，＊10（p.119），および p.220 に譲るとし，ここでは各領域の概要について述べる。

①　児童福祉

近年における少子化の加速とあいまって，被虐待児を含む要保護児童に対する施策のほか，保育に関する規定も整備されている。

児童福祉法（1947（昭和22）年）では児童には適切に養育され，愛され，保護されること，そして，心身の成長と発達，自立が図られる権利があるとうたわれている（第1条）。その第一義的責任は保護者が負うことになっている（第2条）。同法では児童を乳児（1歳未満），幼児（満1歳から小学校就学前），少年（小学校就学後から18歳未満）としている。児童相談所に関する規定，児童委員，保育士の規定のほか，福祉の保障として療育指導，医療費の支給，療育の給付，居宅生活支援，施設（助産施設，母子生活支援施設，児童養護施設，児童自立支援施設など）への入所，保育の実施に関する規定がおかれている。また，要保護児童の保護措置，被虐待児の保護，里親などの定めもおかれている。さらに，児童に対する禁止行為が定められている。

なお，子ども・子育て支援法（2012（平成24）年）では「子どものための教育・保育給付」，地域子ども・子育て支援事業についても定められている。

②　母子および父子ならびに寡婦福祉

1964（昭和39）年に制定された母子及び父子並びに寡婦福祉法でそれぞれの定義がされているほか，児童は20歳未満であることの規定がある。母子・父子・寡婦福祉資金の貸付，就業支援，自立支援員による相談事業などについて規定されている。

③　障害者福祉

障害者に対する福祉は2005（平成17）年の障害者自立支援法の制定まで各障害種別に応じ，サービスが整備されてきた（身体障害者福祉，知的障害者福祉，精神障害者福祉）。同法の制定によってこれらの実施を一本化し，共通の制度のもとで提供するようになった。もっとも，同法は1割の定率応益負担制を採用したため，問題が生じ，2010（平成22）年，応能負担制に改正されたと同時に発達障害を含むものとなり，2013（平成25）年より「障害者の日常生活及び社会生活を総合的に支援するための法律（障害者総合支援法）」としてさらに難病も含めた支援体制が整えられた。

　大別すると，全国統一的に実施される自立支援給付と都道府県および市町村単位で実施される地域生活支援事業がある。

　自立支援給付には介護給付，訓練等給付，計画相談支援給付，地域相談支援給付，自立支援医療，補装具費の購入がある。介護給付は障害の程度に応じ，利用できるサービスが限定される。地域生活支援事業には相談支援やコミュニケーション支援，移動支援などが含まれる。

　④　高齢者福祉

　高齢者に対する福祉は従来，老人福祉法（1963（昭和38）年）によってサービス体系が整えられてきたが，2000（平成12）年の介護保険法の制定，施行によって介護サービスに関する部分は同制度へ移行した。老人福祉法では「老人」について特段，年齢を定めていない。これは加齢に個人差があることにもよるが，一般的には65歳以上の者を指す。養護老人ホームなどへの入所，やむを得ない場合の介護保険制度外の措置による施設入所措置，有料老人ホームに関する定めがある。

3　社会保険と社会扶助

　今までみてきたように，社会保険制度は社会生活上，普遍的に予想される所得の低下の危険を現金給付を中心とする保険方式によって回避するものである。その理念は社会連帯の精神にあり，相互に保険料を拠出し，給付されるものである。

　一方，社会扶助は稼得能力にかかわらず，生存を保障するという点で現代社会におけるその重要性は変わらない。なぜなら，人生はまったく個人の選択によることができないからである。このような意味で，近年にみられる安易な自立の強調や惰民観は厳しく退けられる必要がある。サービスを利用することは依存ではなく，望ましい自己を実現するうえで「必要」なことなのである。

　したがって，人間にふさわしい生活，すなわち，ナショナル・ミニマムを保障する社会扶助，および生涯を通じた危険への備えとしての社会保険の役割分担と関係の適切な理解が求められる。

■参考文献

1）小塩隆士・田近栄治・府川哲夫：日本の社会保障政策　課題と改革，東京大学出版会，2014.
2）小幡　績：GPIF　世界最大の機関投資家，東洋経済新報社，2014.
3）権丈善一：ちょっと気になる社会保障　増補版，勁草書房，2017.
4）社会福祉の動向編集委員会：社会福祉の動向2023，中央法規出版，2023.

実習対策

☐ナショナル・ミニマムを確保するものとしての生活保護制度は，文字どおり，最後の切り札である。貧困であることについての理解も当然に重要であるが，その申請に至るまでの経緯や思いを理解し，受容することが効果的なケースワークに求められる。「指示」ではなく，「支持」できる能力を高めよう。

☐社会保険の仕組みは原則的には単純明快であるが，実務的にはさまざまなルールがある。瑣末なルールにみえても重要な場合があるため，積極的に情報収集するとよい。また，毎年刊行される『社会保障の手引き』は実務者にとって必携であるため，慣れ親しんでおくとよい。

☐福祉サービスは大別すると施設サービスと在宅サービスに分けられるが，近年は後者の比重が高まっている。実習先の地域でどのようなサービスがあるか，あるいは利用可能な社会資源にはどのようなものがあるか，調べておくとよい。

レポート・卒論対策

☐近年では制度横断的な施策の取り組みが高まっている。生活保護と生活困窮者自立支援制度，児童福祉と子ども・子育て支援制度，障害者福祉各法と障害者総合支援法，高齢者福祉と介護保険の関係などを整理しておこう。

☐最近，「子どもの貧困」の問題が注目を集めている．まず「相対的貧困率」の概念を調べたうえで，子どもの貧困対策の推進に関する法律（2013（平成25）年）でいう「生まれ育った環境によって左右されることのない」社会の実現にはどのような手段が有効だろうか，考えてみよう。例えば，幼児教育の無償化についてはその意見が分かれてもいる。また，スクールソーシャルワーカーの配置状況などを調べ，その果たすべき役割と課題を考えてみよう。

☐近年，「地域共生社会」の実現が注目を集めている。そこで，社会福祉協議会（社協）や地域包括ケアシステムの理解や先進的な事例について調べてみよう。

受験対策

〈要点整理〉

☐年金保険は基本的に2階建ての設計で，基礎的な部分は国民年金によって賄われる。

☐医療保険の自己負担割合は年齢で異なり，制度間で統一されている。

☐国民健康保険は市町村が単位として運営される地域保険であるが，近年，高齢化の進展や医療の高度化などに伴い，財政状況が逼迫している。

☐介護保険は高齢者介護，高齢者医療を統一したもので，40歳以上の国民が加入する社会保険である。

☐雇用保険の被保険者は公務員を除く適用事業の労働者である。

☐労働者災害補償保険は業務災害だけでなく，通勤災害も対象となる。

☐日本の生活保護はナショナル・ミニマムを確保している。

☐各種社会手当には所得制限があるが，減額（支給停止）の措置があるのは児童手当で，ほかは所得制限があると不支給となる。

☐障害者総合支援法における介護給付は障害の度合いに応じ，施設入所できないなどの制限がある。

☐老人福祉法には措置の枠組みが残されているほか，有料老人ホームの規定がおかれている。

〈過去問〉

☐医療保険制度について，後期高齢者医療制度には，75歳以上の国民が加入する。（32回53-1（改題））

⇨○　正しい。75歳以上の国民を他の医療保険加入者と区別し，独立させて保険集団を構成し運営されている（ただし，生活保護受給者などの適用除外の要件がある。また，65〜74歳の一定の障害のある者も対象となる）。

☐老齢基礎年金の給付に要する費用は，その4割が国庫負担で賄われている。（34回52-3）

⇨×　国庫負担は2009（平成21）年度以後の加入期間について，これまでの3分の1から2分の1に引き上げられている。なお，この背景に2001（平成13）年からのGPIFによる資金運用があげられる。

☐厚生年金保険の保険料は，所得にかかわらず定額となっている。（35回55-3）

⇨×　厚生年金の保険料は総報酬制であり，所得にある一定の割合を乗じて計算される。したがって，定額ではなく所得に比例する。定額なのは国民年金の保険料である。

就活対策

☐公務員を志望する場合，行政法や地方自治法の考え方に慣れておくとよい。住民サービスの公平な提供にあたっては制度の詳細も重要であるが，その趣旨についての正確な理解がより一層必要だからである。

☐求人票の「社会保障完備」を確認し，どのような保険に加入することになるか，把握しておこう。また，福利厚生や退職金制度の有無なども注意したい。

第5章

公的保険制度と民間保険制度の関係

1 保険の機能と構造

　私たちは長い人生のなかで病気やけが，障害，要介護，死亡や身内との死別，失業，労働災害，貧困など，さまざまな不安や危険（リスク）を抱えている。これらの予測はつかないが，実際に起こると生活が不安定になり，生活困窮に陥る可能性が高くなる。そこで，私たちは万一の生活事故に備え，互いに保険料を出し合う「保険」制度で助け合っている。

　保険とは，ある共通の偶発的な事故のリスクにさらされている者が集まって一つの団体（保険集団）をつくり，各自があらかじめ保険料を出し合って金を集積しておき，事故が起きた場合そこから保険金を支払うことにより，事故に遭った人の経済的損失を補填する仕組み[1]である。この保険の機能にはリスク負担，分担機能（保障・補償機能）のほか，金融仲介機能や再分配機能がある。

　この保険の構造は数理的，技術的な基礎理論のうえに成立している。大数の法則，給付・反対給付均等の原則[2]，収支相等の原則がそれで，これらは保険制度を支えている理論的，かつ基本的な原則である。すなわち，大数の法則が適用され，給付・反対給付均等の原則，収支相等の原則のもとで保険制度が運営されるためには技術性，団体性，公共性，倫理性という特質がある[3]。

　また，保険は個人の貯蓄とは異なり，保険事故が起こらなければ保険給付を受けることはできない。この貯蓄の現状について，厚生労働省は「2022（令和4）年国民生活基礎調査の概況：各種世帯の貯蓄額階級別・借入金額階級別世帯数の構成割合」を公表している（表5-1）。それによると，高齢者世帯の

---

[1]　河野正輝・中島　誠・西田和弘編『社会保障論（第3版）』法律文化社，2015.
[2]　保険料公平（公正）の原則ともいわれる。
[3]　それぞれの特質についての詳細は，近見正彦・堀田一吉・江澤雅彦編『保険学（補訂版）』有斐閣，2016を参照。

表5-1　各種世帯の貯蓄額階級別・借入金額階級別世帯数の構成割合

(単位：%)　　　　　　　　　　　　　　　　　　　　　　　　　　　2022（令和4）年調査

貯蓄・借入金額階級－ 平均貯蓄・借入金額	全世帯	高齢者世帯	高齢者世帯 以外の世帯	児童のいる世帯	母子世帯
貯蓄額階級					
総数	100.0	100.0	100.0	100.0	100.0
貯蓄がない	11.0	11.3	10.8	9.2	22.5
貯蓄がある	82.4	80.7	83.3	85.5	74.4
50万円未満	4.3	3.4	4.8	3.5	12.1
50〜100	3.4	3.0	3.6	3.8	7.0
100〜200	6.8	6.1	7.1	7.8	11.8
200〜300	5.3	4.4	5.7	6.8	9.4
300〜400	5.8	5.3	6.1	7.4	6.2
400〜500	3.2	3.0	3.3	3.1	1.3
500〜700	9.1	7.6	9.9	12.5	6.1
700〜1000	6.5	6.1	6.6	8.0	4.0
1000〜1500	9.7	9.2	9.9	10.7	7.9
1500〜2000	5.1	5.3	4.9	5.1	1.7
2000〜3000	7.4	8.7	6.7	5.7	0.9
3000万円以上	11.8	14.0	10.7	7.3	3.1
貯蓄額不詳	4.1	4.6	3.9	3.8	2.8
貯蓄の有無不詳	6.6	8.0	5.9	5.3	3.2
1世帯当たり 平均貯蓄額（万円）	1368.3	1603.9	1248.4	1029.2	422.5
借入金額階級					
総数	100.0	100.0	100.0	100.0	100.0
借入金がない	65.4	79.6	58.0	37.5	60.1
借入金がある	24.7	6.8	34.2	55.7	36.3
50万円未満	1.3	1.0	1.4	0.9	2.5
50〜100	1.2	0.9	1.4	1.3	2.6
100〜200	1.8	1.0	2.3	1.9	8.1
200〜300	1.6	0.6	2.1	1.9	3.9
300〜400	1.3	0.4	1.7	1.5	3.5
400〜500	0.9	0.4	1.2	1.2	0.8
500〜700	1.7	0.5	2.3	2.0	2.3
700〜1000	1.7	0.3	2.3	2.7	1.7
1000〜1500	3.1	0.4	4.4	6.5	4.6
1500〜2000	2.6	0.3	3.9	7.5	0.4
2000〜3000	3.9	0.3	5.8	15.3	2.7
3000万円以上	3.3	0.3	4.8	11.9	1.5
借入金額不詳	0.5	0.3	0.5	1.1	1.6
借入金の有無不詳	9.8	13.6	7.9	6.8	3.6
1世帯当たり 平均借入金額（万円）	390.6	52.9	556.9	1185.1	246.6

注：1）「1世帯当たり平均貯蓄額」には，貯蓄の有無不詳及び貯蓄の有無が「あり」で貯蓄額不詳の
　　　　世帯は含まない。
　　2）「1世帯当たり平均借入金額」には，借入金の有無不詳及び借入金の有無が「あり」で借入金
　　　　額不詳の世帯は含まない。
　　　　　　　　出典）厚生労働省：2022（令和4）年国民生活基礎調査の概況，2023，p.12.

「1 世帯当たり平均貯蓄額」は1,603万 9 千円となっている。

2 民間保険

（1）民間保険とは

　民間保険は個人の自由意思にもとづき，選択・契約・加入する保険である。もっとも，契約自由の原則を前提とするため，保険加入は任意である。このため，病気になっている（持病がある），保険料の負担能力がないなど，保険に加入を希望する者のリスクが高いときには，民間保険に加入できない場合がある[4]。たとえ民間保険に加入ができたとしても，リスクが高い者には高い保険料が設定される。その結果，民間保険に加入できない，すなわち，保険を購入できない者が生じてしまう。

　例えば，アメリカは全国民を対象とした公的医療保険制度はなく，国民は病気やけがに備え，民間の医療保険に加入している。民間保険の役割が大きいため，アメリカには多数の無保険者がいる[5]。公的な医療保険制度としては，65歳以上の社会保障年金の受給者と65歳未満の障害者，特定終末期疾患患者を対象としたメディケア（Medicare），および一定の条件を満たす低所得者を対象としたメディケイド（Medicaid）だけである[6]。つまり，アメリカは民間保険が中心で，公的保険はその補完的役割を果たしている。2010年 3 月，医療保険改革法（The Patient Protection and Affordable Care Act）が成立し，2014年 1 月より施行された。

　当時のオバマ政権のもと，民間保険会社などは反対しつつも，民間保険を活用し，国民皆保険をめざす方向で医療保険制度改革が行われ，無保険者の減少に一定の成果を出してきた。しかし，2017年に誕生したトランプ政権はこれらの見直しを表明した。今後もバイデン政権下でどのような医療保険改革が進められるのか，関心は高い。

＊4　利用可能性（availability）の問題という。
＊5　アメリカの無保険者数は国民の15.4％に相当する4,795万人（2012年）に上っていたが，医療保険改革法施行後減少し，2016年には約2,800万人，8.8％まで低下した。
＊6　無保険の子どもを減らすため，創設された児童医療保険プログラム（Children's Health Insurance Program：CHIP）もある。

（2）民間保険の原理

　民間保険には三つの法則・原則がある。まず大数の法則とは加入者が多くなればなるほど保険事故の発生確率が一定の数値に近づく，という法則である。つまり，加入者が多いほど保険が有効に機能するということである。

　また，給付・反対給付均等の原則とは事故発生の確率が高いほど保険料が高くなる，という原則である。例えば，25歳で健康な若者と75歳で持病のある高齢者では後者の方が病気や死亡の可能性が高いため，保険料が高く加入できる商品も制限されるということである。民間保険はリスクの高い者は高い保険料を支払い，低い者は低い保険料を支払うことで成り立っている。リスクに応じた保険料の決定や加入制限を設けることは，利潤を追求する民間金融機関では当然のことである。

　一方，収支相等の原則とは保険料等の収入の合計が給付費等の支出と等しくなるような保険制度を設計しなければならない，という原則である。

（3）民間保険の種類

　民間保険は，保険業法第3条により，第一分野（生命保険の分野），第二分野（損害保険の分野），第三分野（民間医療保険，がん保険，民間介護保険などの分野）に分類されるが，近年では，第三分野の動向が注目されている。

　第一分野（生命保険）は，生命や傷病に関わる損失を補償することを目的とし，死亡保険や生存保険，養老保険などがある。「2021（令和3）年度生命保険に関する全国実態調査（速報版）」（生命保険文化センター）によると，生命保険の世帯加入率は全生保で89.8％（前回88.7％），民保で80.3％（前回79.1％）となっている（図5-1）。今後，増やしたい生活保障準備項目に関しては「世帯主の老後の生活資金の準備」が32.4％（前回27.1％），次いで「配偶者の老後の生活資金の準備」が27.2％（前回25.1％）となっている（表5-2）。

　第二分野（損害保険）は，自動車事故や自然災害など偶然な事故により生じた損害を補償することを目的とするもので，自動車保険や地震保険*7，傷害保険などがある。損害保険は短期保険で，保険金支払いの原則は実損填補，そし

＊7　　地震保険は国と民間の保険会社が共同で運営している。

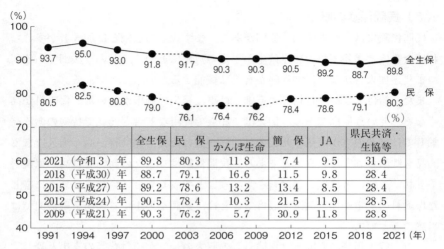

	全生保	民　保	かんぽ生命	簡　保	JA	県民共済・生協等
2021（令和3）年	89.8	80.3	11.8	7.4	9.5	31.6
2018（平成30）年	88.7	79.1	16.6	11.5	9.8	28.4
2015（平成27）年	89.2	78.6	13.2	13.4	8.5	28.4
2012（平成24）年	90.5	78.4	10.3	21.5	11.9	28.5
2009（平成21）年	90.3	76.2	5.7	30.9	11.8	28.8

＊全生保は民保（かんぽ生命を含む），簡保，JA，県民共済・生協等を含む

＊全生保の2000（平成12）年以前は民保，簡保，JA の計

$$世帯加入率 = \frac{世帯員の少なくとも一人以上が加入している世帯数}{全回答世帯数} \times 100$$

図5-1　生命保険の世帯加入率の推移

出典）生命保険文化センター：2021（令和3）年度生命保険に関する全国実態調査（速報版），2022, p.11.

表5-2　今後増やしたい生活保障準備項目（複数回答）

（%）

	世帯主が万一の場合の資金準備	世帯主の病気やけがの治療や入院した場合の医療費の準備	世帯主の老後の生活資金の準備	世帯主が要介護状態となった場合の介護資金の準備	世帯主が病気やけがのため長期間働くことができなくなった場合の生活資金の準備	配偶者が万一の場合の資金準備	配偶者の病気やけがの治療や入院した場合の医療費の準備	配偶者の老後の生活資金の準備	配偶者が要介護状態となった場合の介護資金の準備	配偶者が病気やけがのため長期間働くことができなくなった場合の生活資金の準備	子どもが万一の場合の資金準備	子どもの病気やけがの治療や入院した場合の医療費の準備	子どもの教育、結婚への資金準備	子どもの老後の生活資金の準備	子どもが要介護状態となった場合の介護資金の準備	特にない	その他（上）不明（下）
2021年	22.7	16.6	32.4	25.6	21.7	18.0	15.0	27.2	21.0	15.5	13.4	11.9	18.6	10.5	9.2	10.6	34.5	0.4 / 11.7
2018年	18.7	13.0	27.1	21.0	17.3	16.4	13.6	25.1	19.1	13.2	10.3	9.4	14.8	7.2	6.6	7.8	34.4	0.2 / 19.0

出典）生命保険文化センター：2021（令和3）年度生命保険に関する全国実態調査（速報版），2022, p.77.

て，家計分野から企業分野まで幅広いリスクをカバーしている。

　第三分野は，第一分野と第二分野の保険のどちらにも属さない保険で，民間医療保険やがん保険，民間介護保険などがある。生命保険と損害保険各社がともに扱う分野で契約が増加している*8。

　具体的には，公的医療保険で賄うことができない入院時における多額の経済的な負担（入院患者の保険外負担など）や公的介護保険における給付のサービスを補完している（現物給付ではなく，現金給付）。がん保険や三大疾病保険（がん，急性心筋梗塞，脳卒中）は特定の病気だけを対象とする民間医療保険である。これらは単独販売をされる場合，および特約として他の保険に付加されている場合がある。民間介護保険は保険会社によって内容が多様で，要介護状態の判定も独自の基準を設けている。

3　公的保険（社会保険）制度と民間保険制度

（1）公的保険（社会保険）とは

　社会保障の機能は主として，①生活安定・向上機能，②所得再分配機能，③経済安定機能の三つに分けられる（第2章，p.26参照）。社会保障制度の中核である社会保険は一定の保険集団のなかで保険という手法を用い，被保険者間でリスクの分散を図ろうとする強制保険である。

　例えば，高所得者から低所得者，現役世代から高齢世代などへ所得を再分配することで，国民一人ひとりの生活の安定に資するとともに，社会全体の安定も図っている。

　日本の社会保険の始まりは1922（大正11）年に制定された健康保険法である。当時の適用対象者は労働者本人だけで，家族にまで拡大されたのは1942（昭和17）年になってからである。1938（昭和13）年には地域住民を対象とした国民健康保険法が制定され（ただし，任意加入），雇用労働者を適用対象とする厚生年金保険法は1944（昭和19）年に制定された。この国民健康保険法は1958（昭和33）年に改正され，現在のように市町村を保険者とする強制加入の制度と

---

*8　2001（平成13）年7月から生命保険会社と損害保険会社の相互参入が可能となった。

なった。この改正により全国民が何らかの公的医療保険に加入することになり，国民皆保険が実現した。また，年金は1959（昭和34）年，農林漁業者，自営業者，地域住民などを対象とした国民年金法が成立したことにより，国民皆年金が実現した。国民皆保険・皆年金の全面施行は1961（昭和36）年である。

　これらの社会保険は主として保険料を財源とし，保険の技術を用いて，生活事故に対する一定の補償的機能を果たす制度である。このため，社会保険は公的扶助と比べ，法的権利性，対価性などいくつかの有利な点を持っている[9]。保険料の拠出義務の履行が受給の前提とされつつも，実際には保険料を免除されている者も受給している（扶養原理の優越）。

　社会保険の保険料は，被保険者および使用者によって拠出される。厚生年金や健康保険など被用者を対象とする社会保険については，保険料は原則として被保険者と使用者（事業主）が折半して負担するが，雇用保険は使用者（事業主）の負担割合が被保険者よりも高い。労働者災害補償保険は使用者（事業主）のみが保険料を負担する。

　被保険者の保険料負担については国民年金のように定額の保険料を納付するもの，健康保険や厚生年金のように保険料が所得に比例して定められるもの，国民健康保険のように応益負担と応能負担を組み合わせ，保険料を定めるものなど，制度によって多様である。

　なお，介護保険の介護給付および予防給付に要する費用の公費（税）と保険料の割合はそれぞれ50％である。社会保険をめぐる最近の動向として社会保険のはたらく余地が狭くなっていること，つまり，財源として社会保険よりも公費の投入が増加しているという現象があげられる。

（2）社会保険と民間保険の役割

　社会保険と民間保険は目的や原理，機能，加入要件，加入対象，運営主体，保険料の算出基準などが異なる。「2021（令和3）年度生命保険に関する全国実態調査（速報版）」（生命保険文化センター）によると，生活保障における公的

---

[9]　その他，屈辱感（スティグマ）からの解放，所得の再分配，強制保険による逆選択の防止などが考えられる。なお，対価性については社会保険と民間保険の間に大きな違いはない。

保障と私的保障の考え方については「公的保障と私的保障の両方が必要」が
81.4％（前回79.8％），「公的保障だけで十分」15.9％（前回16.1％）となって
いる（図5−2）。

　利益を追求する企業の商品である民間保険は市場原理や社会的な需要に伴い，
ますますその競争は激化している。このため，実際に低所得者や高齢者，持病
がある者など，リスクを抱えている者や社会的弱者が加入することは厳しい。
民間保険は社会保険の上乗せ給付や一部代替給付という補完的な役割を担って
いるため，これらの者が民間保険によるリスクに備えた準備ができないことは
格差社会につながる可能性も高い。また，民間の保険会社は説明書類（ディス
クロージャー書類)*10を法令にもとづいて作成，公表しているが，保険約款*11

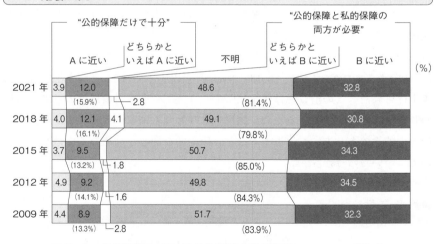

図5−2　生活保障における公的保障と私的保障についての考え方

出典）生命保険文化センター：2021（令和3）年度生命保険に関する全国実態調査（速報版），2022，
　　　p.108.

---

*10　事業年度ごとに，業務および財産の状況に関する事項を記載した説明書類。
*11　保険契約者と保険会社の間で締結する保険契約の文書。

に書かれている保障の内容が複雑でわかりにくい，理解が難しいなどの問題点も指摘されている。前出の「2021（令和3）年度生命保険に関する全国実態調査（速報版）」によると，生命保険や個人年金保険に関する知識全般についての自己評価は「ほとんど知識がない」とした割合が67.2％（前回66.6％）である。

　また，グローバル化のなか，国内に限らず，各国における保険規制の運用についても監督官庁間の情報交換が必要となった。このため，1994（平成6）年，①効果的，かつ国際的に整合的な保険監督の促進，②世界の金融安定への貢献，③国際保険監督基準の策定およびその実施の促進，④保険監督者間の協調の促進，⑤他の金融分野の監督機関との連携という五つの目的のもと，IAIS（International Association of Insurance Supervisors, 保険監督者国際機構）が設立されている。

　これまで日本の社会保障は社会保険を中心に民間保険はこれを補完する役割を担ってきたが，今後，少子高齢化や人口減少，女性の社会進出とともに民間保険の果たす役割も大きくなるであろう。社会保障を持続可能とするための「持続可能な社会保障制度の確立を図るための改革の推進に関する法律（社会保障制度改革プログラム法）」（2013（平成25）年12月公布）にもとづき消費税が引き上げられた。この消費税は年金，医療，介護，少子化対策以外の予算には使われないことになっているため，国民一人ひとりも国家予算の歳入，歳出およびその使途のあり方にも注視するなど，政治的な関心を高めなくてはならないのではないだろうか。

■参考文献

1）下和田功編：はじめて学ぶリスクと保険　第4版，有斐閣，2014.
2）河野正輝・中島　誠・西田和弘編：社会保障論　第3版，法律文化社，2015.
3）土田武史編：社会保障論，成文堂，2015.
4）今井伸編：新わかる・みえる社会保障論―事例でつかむ社会保障入門―，みらい，2021.
5）椋野美智子・田中耕太郎：はじめての社会保障　第20版，有斐閣，2023.

実習対策

□入院・入所者の生活は年金保険の現金給付，老後の蓄えや家族からの援助，また，医療保険や介護保険の現物給付に支えられている。入院・入所者の生活実態から，社会保険と民間保険（民間医療保険，民間介護保険など）の意義と役割を考えよう。

□低所得者対策の一つである生活福祉資金貸付制度の窓口業務は，市町村社会福祉協議会（社協）が実施している（実施主体は都道府県社協）。この制度と民間保険で必要となる手続きの相違点を確認しよう。

□施設，社協，福祉事務所，病院に勤務する社会福祉の専門職は利用者・入所者に対し，社会保障制度をどのように活用・運用しているか，確認しよう。

レポート・卒論対策

□社会保障は法律学や財政学など単独の学問分野だけでは解決できない。このため，行政の実態や社会福祉の現場（実践），地域の現実に直に触れ，理論と実務の乖離（ギャップ）や矛盾点を見いだし，実際の社会保障政策につなぐことが大切である。私たちの生活と関わりの深い社会保障の諸問題について講義や演習・実習を通し，教員と学生，学生同士で積極的に議論して学び合おう。

□卒論の場合，社会保険と民間保険の関係，民間保険の限界，少子高齢社会と人口減少，民間保険（第三分野の成長）などをテーマとして考えよう。

受験対策

〈要点整理〉

□私たちは生活事故に備え，互いに保険料を出し合う社会保険で助け合っている。

□民間保険は個人の自由意思にもとづき選択・契約・加入する保険である。日本の民間保険は社会保険の上乗せ給付，一部代替給付という補完的な役割を担っている。

□民間保険には大数の法則，給付・反対給付均等の原則，収支相等の原則がある。

□民間保険は，第一分野（生命保険の分野），第二分野（損害保険の分野），第三分野（民間医療保険，民間介護保険，がん保険など）に分類されており，最近では第三分野の動向が注目されている。

□民間保険は保険約款に書かれている保障内容が複雑でわかりにくい，理解が難しいなどの問題点があげられている。

□社会保険は一定の保険集団のなかで保険という手法を用い，被保険者間にリスクの分散を図ろうとする強制保険である。社会保険の保険料は被保険者，使用者（事業主）によって拠出される。

□厚生年金や健康保険など被用者を対象とする社会保険については，保険料は原則として被保険者と使用者（事業主）が折半して負担する。

□雇用保険は使用者（事業主）の負担割合が被保険者より高く，労働者災害補償保険は使用者（事業主）のみが保険料を負担する。

□公的介護保険の介護給付および予防給付に要する費用の公費と保険料の割合はそれぞれ50％である。

□国民一人ひとりが社会保障制度改革プログラム法（2013（平成25）年12月公布）にもとづき引き上げられた消費税について，国家予算の歳入，歳出およびその使途のあり方にも注視するなど，政治的関心を高めなくてはならない。

〈過去問〉

□社会保険は特定の保険事故に対して給付を行い，公的扶助は貧困の原因を問わず，困窮の程度に応じた給付が行われる。（34回51-1）　⇨○　正しい。

□公的扶助は社会保険よりも給付の権利性が強く，その受給にスティグマが伴わない点が長所とされる。（34回51-5）
　　⇨×　社会保険は公的扶助と比べ，法的権利性，対価性，スティグマからの解放などの有利な点を持っている。

□民間保険の原理の一つである給付・反対給付均等の原則は，社会保険においても必ず成立する。（35回50-4）　⇨×　社会保険では成立しない。

就活対策

□日本の社会保障は社会保険や公的扶助，社会福祉，公衆衛生を中心に発展してきた。今日の社会情勢の変化や民間保険の現状を把握すると，社会保障をより総合的，多角的に理解することができる。社会人になる前に民間保険の具体的な内容を確認し，将来のライフプランを考えてみよう。

□日本の金融庁と保険業について調べてみよう。企業への就職を希望する学生は求人票などで確定給付年金や確定拠出年金，個人年金について確認してみよう。

□アメリカは民間保険主導型で，公的保険がその補完的な役割を果たしている。全国民を対象とした公的医療保険がないため，民間医療保険に加入できない多数の無保険者がいる。今後，アメリカはどのようにして医療保険改革を進めていくか，注目していきたい。

社会保障制度の体系

1 医療保険制度

（1）日本における医療保険制度の体制

　医療保険制度は，国民の健康や福祉の向上のため，病気やけがをした場合，医療費を全額は自己負担することなく，少ない負担で医療サービスを利用することができるように公的機関を保険者として運営される社会保険である。医療保険にはこのほか，企業による商品として提供される民間医療保険があるが，本項で医療保険という場合は，すべて公的医療保険のことを指す。

　日本における医療保険の特徴は，すべての国民がいずれかの医療保険に加入する国民皆保険にある。世界各国のなかで医療保険によって医療サービスの保障を行う国は多いが，日本のように全国民を包括している国は少ない。また，①全国民を包括する場合，一般に単一の制度であることが多いのに対し，日本ではいくつかの制度に分立している，②一般開業医の医療と病院など医療機関を区分することが多いのに対し，日本では同じ保険給付および診療報酬を基本としていることが特徴である。

　日本の医療保険の全体像は**表6-1**および**図6-1**のとおりである。歴史的には健康保険（全国健康保険協会管掌，組合管掌），船員保険，各種共済組合（公務員，私学教職員）といった職域保険が先に発達した。これらは働く仕事（職域）によって加入する医療保険が決まる。これに対し，農林漁業者や自営業者などが加入する国民健康保険は1961（昭和36）年に被用者ではないすべての国民に対し，住んでいる地域によって加入することが決まる地域保険として発達した。

　なお，**表6-1**では国民健康保険の保険者が市町村となっているが，2018（平成30）年4月からは都道府県が加わっている。また，2008（平成20）年4月からは75歳以上の後期高齢者（65歳以上の一定の障害があり，かつ認定を受けた者

表6-1　医療保険制度の概要

(2023（令和5）年4月時点)

制度名	保険者（令和4年3月末）	加入者数（令和4年3月末）[本人/家族]千人	保険給付：医療給付 一部負担	高額療養費制度, 高額医療・介護合算制度	入院時食事療養費	入院時生活療養費	現金給付	財源：保険料率	国庫負担・補助
健康保険 一般被用者 協会けんぽ	全国健康保険協会	40,265 [25,072 / 15,193]	義務教育就学後から70歳未満の者 3割　義務教育就学前 2割	（高額療養費制度）・自己負担限度額（70歳未満の者）（年収約1,160万円〜）252,600円+（医療費-842,000円）×1％（年収約770〜約1,160万円）167,400円+（医療費-558,000円）×1％（年収約370〜約770万円）80,100円+（医療費-267,000円）×1％（〜年収約370万円）57,600円（住民税非課税）35,400円（70歳以上75歳未満の者）（年収約370万〜）70歳未満の者に同じ（〜年収約370万円）57,600円、外来（個人ごと）18,000円（年144,000円）（住民税非課税世帯）24,600円、外来（個人ごと）8,000円（住民税非課税世帯のうち特に所得の低い者）15,000円、外来（個人ごと）8,000円・世帯合算基準額70歳未満の者については、同一月における21,000円以上の負担が複数の場合は、これを合算して支給・多数該当の負担軽減12月以内に3回以上該当の場合の4回目からの自己負担限度額（年収約1,160万円〜）140,100円（年収約770〜約1,160万円）93,000円（年収約370〜約770万円）44,400円（〜年収約370万円）44,400円（住民税非課税）24,600円（70歳以上75歳未満の者で住民税非課税世帯のうち特に所得の低い者）15,000円	（食事療養標準負担額）・住民税課税世帯 1食につき460円・住民税非課税世帯 90日目まで 1食につき210円 91日目から 1食につき160円・特に所得の低い住民税非課税世帯 1食につき100円	（生活療養標準負担額）・住民税課税世帯 1食につき460円 +1日につき370円・住民税非課税世帯 1食につき210円 +1日につき370円・特に所得の低い住民税非課税世帯 1食につき130円 +1日につき370円 ※療養病床に入院する65歳以上の者が対象 ※指定難病の患者や医療の必要性の高い者には、更なる負担軽減を行っている	・傷病手当金・出産育児一時金 等	10.00%（全国平均）	給付費等の16.4%
組合	健康保険組合 1,388	28,381 [16,410 / 11,971]					同上（附加給付あり）	各健康保険組合によって異なる	定額（予算補助）
健康保険法第3条第2項被保険者	全国健康保険協会	16 [11 / 5]					・傷病手当金・出産育児一時金 等	1級日額390円 11級3,230円	給付費等の16.4%
船員保険	全国健康保険協会	113 [57 / 56]	70歳以上75歳未満 2割（現役並み所得者3割）				同上（附加給付あり）	9.80%（疾病保険料率）	定額
各種共済 国家公務員	20共済組合	8,690 [4,767 / 3,923]		・自己負担限度額 上限額70歳以上75歳未満の者に同じ・多数該当の負担軽減 上限額に同じ	同上		同上（附加給付あり）	—	なし
地方公務員等	64共済組合							—	
私学教職員	1事業団							—	
国民健康保険 農業者・自営業者等	市町村 1,716 国保組合 160	28,051 市町村 25,369 国保組合 2,683		・長期高額疾病患者の負担軽減 血友病、人工透析を行う慢性腎不全の患者等の自己負担限度額10,000円（ただし、年収約770万円超の区分で人工透析を行う70歳未満の患者の自己負担限度額20,000円）（高額医療・高額介護合算制度）1年間（毎年8月〜翌年7月）の医療保険と介護保険における自己負担の合算額が著しく高額になる場合に、負担を軽減する仕組み。自己負担限度額は、所得と年齢に応じきめ細かく設定。			・出産育児一時金・葬祭費	世帯毎に応益割（定額）と応能割（負担能力に応じて）を賦課	給付費等の41% 給付費等の28.4〜47.4%
被用者保険の退職者	市町村 1,716							保険者によって賦課算定方式は多少異なる	なし
後期高齢者医療制度	[運営主体]後期高齢者医療広域連合 47	18,434	1割（現役並み所得者3割）	・自己負担限度額 上限額70歳以上75歳未満の者に同じ・多数該当の負担軽減 上限額に同じ ※2割負担対象者についての自己負担限度額は、令和4年10月1日から3年間、1月分の負担増加額が3,000円以内となる。	同上	同上 ただし、・老齢福祉年金受給者 1食につき100円 +1日につき0円	葬祭費 等	各広域連合によって定めた被保険者均等割額と所得割率によって算定 給付費等の約10%を保険料として負担	給付費等の約50%を公費で負担（公費の内訳）国：都道府県：市町村 4:1:1 さらに、給付費等の約40%を後期高齢者支援金として現役世代が負担

注：1. 後期高齢者医療制度の被保険者は、75歳以上の者及び65歳以上75歳未満の者で一定の障害にある旨の広域連合の認定を受けた者。　2. 現役並み所得者は、住民税課税所得145万円（月収28万円以上）以上または世帯に属する70〜74歳の被保険者の基礎控除後の総所得金額等の合計額が210万円以上の者。ただし、収入が高齢者複数世帯で520万円未満もしくは高齢者単身世帯で383万円未満の者、及び旧ただし書所得の合計額が210万円以下の者は除く。特に所得の低い住民税非課税世帯とは、年金収入80万円以下の者等。　3. 国保組合の定率国庫補助については、健保の適用除外承認を受けて、平成9年9月1日以降新規に加入する者及びその家族については協会けんぽ並とする。　4. 加入者数は四捨五入により、合計と内訳の和とが一致しない場合がある。　5. 船員保険の保険料率は、被保険者保険料負担軽減措置（0.30%）による控除後の率。

出典）厚生労働省：令和5年版厚生労働白書資料編，2023，p.27より一部改変.

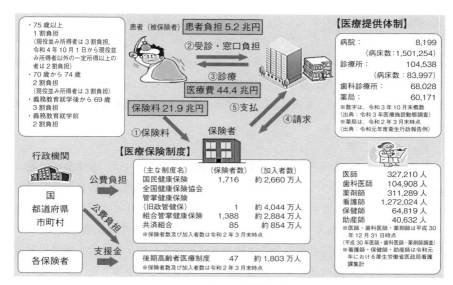

図6-1　日本の医療制度の概要

出典）厚生労働省HP：我が国の医療保険制度について，2023.

を含む）を対象とした後期高齢者医療制度が老人保健制度に代わって施行され，今日に至っている。

（2）健康保険

1）概要と目的

健康保険は主に民間被用者が加入する医療保険である。歴史的には1922（大正11）年，健康保険法が成立し，1924（大正13）年に施行される予定だったが，関東大震災（1923（大正12）年9月）の影響を受け，1927（昭和2）年1月に施行が延期された。当初，いわゆる肉体労働者を対象とした保険としてスタートしたが，その後の幾度となく行われた改正を経て現在の仕組みになっている。

健康保険法は，「労働者又はその被扶養者の業務災害（労働者災害補償保険法第7条第1項第1号に規定する業務災害をいう。）以外の疾病，負傷若しくは死亡又は出産に関して保険給付を行い，もって国民の生活の安定と福祉の向上に寄与することを目的」としている（健康保険法第1条）。その基本理念は医療保険の基本となるものであることにかんがみ，高齢化の進展や疾病構造の変

化，社会・経済情勢の変化などに対応し，その他の医療保険や後期高齢者医療制度ならびにこれらに密接に関連する制度と併せ，そのあり方に関して検討が行われてきた。その結果，「医療保険の運営の効率化，給付の内容及び費用の負担の適正化並びに国民が受ける医療の質の向上を総合的に図りつつ，実施されなければならない」（同法第2条）とされ，常に動向を踏まえたあり方の検討が加えられている。

2）保　険　者

健康保険における保険者は全国健康保険協会（協会けんぽ）と健康保険組合の2種類がある。このうち，全国健康保険協会は健康保険組合の組合員ではない被保険者の保険を管掌することとなっている。元来，中小企業の被用者（従業員）とその家族が加入していた政府管掌健康保険は政府が保険者であったが，国から切り離した全国単位の公的団体である組織として，この全国健康保険協会が設立された。財政運営は都道府県単位を基本としている。

これに対し，健康保険組合は適用事業所の事業主，その適用事業所に使用される被保険者，任意継続被保険者の三者で構成され，設立には任意設立と強制設立がある。任意設立は1または2以上の適用事業所で常時700人以上の被保険者を使用する事業主（単独設立），2以上の適用事業の事業主で合算して常時3,000人以上の被保険者を使用している場合（共同設立）の二つがあり，適用事業所に使用される被保険者の2分の1以上の同意によって規約を作成し，厚生労働大臣の認可を受けることになっている。

なお，強制設立については厚生労働大臣が政令によって定めた事業主が適用されることとなっている。これを設立する理由としては，組合ごとに独自の給付を行ったり，組合員の福祉の向上（福利厚生）を目的とした事業などを行うことが可能となるためである。

3）被　保　険　者

健康保険の被保険者は，任意継続被保険者を除き，事業所単位で適用されることになっている。事業所は図6-2のように三つに分かれている。

強制適用事業所はさらに二つに分かれており，①常時5人以上の従業員を使用する個人経営（自営業者）の適用業種（製造業，土木・建築業など）の事業所，

図6-2　健康保険における適用事業所

出典）筆者作成.

②国，地方公共団体または法人の事業所で，常時従業員を使用するもの（従業員が常時1人でもいれば強制適用事業所）となっている。常時5人以上の従業員を使用する個人経営（自営業）の事業所であっても①第一次産業，②サービス業，③法務業，④宗教業は強制適用事業所にはならない。

　擬制的任意適用は，適用事業所が従業員数の減少などにより該当しなくなったときでもその事業所については加入の認可があったものとみなし，保険関係を継続することをいう。

　任意適用事業所は，強制適用事業所以外の事業所でも健康保険に加入することができる。加入要件としては①事業所の従業員の2分の1以上の同意，②厚生労働大臣の認可が必要となっている。また，脱退も可能となっており，その際の要件としては①事業所の従業員の4分の3以上の同意，②厚生労働大臣の認可が必要となっている。加入・脱退に対して反対した者であっても被保険者の資格取得・喪失の対象となる。

　被保険者については**表6-2**のとおりである。任意継続被保険者については，退職する前日までに継続して2か月以上加入していた場合，退職から原則として20日以内に保険者に申し出ることで2年間加入することができる。また，短時間労働者に対しても，通常の労働者の所定労働時間および労働日数の4分の3以上である短時間労働者，あるいは4分の3未満であっても1週間の所定労働時間が20時間以上，学生でない，常時500人を超える被保険者を雇用する企業であるなどの条件が該当する短時間労働者は被保険者となることができる。

表6-2　健康保険における被保険者の種類

強制被保険者	適用事業所の従業員
任意継続被保険者	退職による資格喪失後，個人で任意に継続する者
特例退職被保険者	特定健康保険組合の退職者で任意継続被保険者以外の者
適用除外 （法第3条第1項ただし書き）	船員保険の被保険者，臨時雇用者，日雇い労働者，国民健康保険組合の事業所の従業員等

出典）筆者作成.

表6-3　健康保険における保険給付

被保険者に関する保険給付	被扶養者に関する保険給付
1．療養の給付	1．家族療養費
2．入院時食事療養費	
3．入院時生活療養費	
4．保険外併用療養費	
5．療養費	
6．訪問看護療養費	2．家族訪問看護療養費
7．移送費	3．家族移送費
8．傷病手当金	
9．埋葬料	4．家族埋葬料
10．出産育児一時金	5．家族出産育児一時金
11．出産手当金	
12．高額療養費	6．高額療養費
13．高額介護合算療養費	7．高額介護合算療養費

出典）筆者作成.

4）保険給付と費用負担

①　保険給付

　健康保険における保険給付については**表6-1**（p.90）および**表6-3**のとおりである。健康保険の場合，事業所に使用されている従業員本人が被保険者であり，その家族は被扶養者として扱われるため，その保険給付の内容もそれぞれ分けられている。大きな違いは，被保険者本人には傷病手当金と出産手当金

の給付があるのに対し，被扶養者に対してはこの二つの給付が設けられていないことである。これは，これら手当金は就業できなくなって給料が支払われない，あるいは減額されるといった場合に給付されるもので，被扶養者本人が病気などで就業できなくなるということは制度上あり得ないからである。

　なお，保険給付にあたっては，故意に犯罪行為を起こしてけがをしたり，自殺未遂や道路交通法違反などのように故意に給付事由を生じさせり，自己の故意の犯罪行為によって被扶養者にけがをさせた，あるいは不正によって給付を受けようとしたりした場合などにはさまざまな給付制限が設けられている。

②　費用負担

　健康保険の財源は被保険者による保険料と国庫負担金によって確保されている。これを被保険者に焦点化して費用負担をみていくと，保険料と医療サービスを利用する際の窓口負担の二つがある。

　保険料は被保険者と事業主が半分ずつ保険料を負担することになっている（労使折半）。保険料額は月々の給料（標準報酬月額）とボーナス（標準賞与額）に各医療保険の保険料率を乗じ計算される。標準報酬月額については１等級（標準報酬月額58,000円）から50等級（同1,390,000円）まで定められている。賞与は実際の賞与の1,000円未満を切り捨て，年間で573万円を超えるときは573万円とすることになっている。

　全国健康保険協会管掌健康保険の保険料率は都道府県ごとに保険料率が適用される。全国平均は10.00％であるが，都道府県単位でみると最も低い新潟県の9.33％から，最も高い佐賀県の10.51％（2023（令和5）年度）までの幅がある[1]。組合管掌健康保険は厚生労働大臣の認可を得ることで保険料率を3〜12％の範囲で定めることができる。

　被保険者には被保険者証（保険証）が発行され，病気やけがのため保険医療機関で医療サービスを利用する。保険給付を受けた際の窓口負担（一部負担）については，小学校入学後から70歳未満までが3割負担，小学校入学前が2割負担，70〜75歳未満が2割負担（現役並み所得者については3割負担）となって

＊1　都道府県単位の保険料率については，全国健康保険協会 HP 参照。

いる。また，同じ月のなかで同じ医療機関へ高額の自己負担をした場合，自己
負担限度額が設定されており，その額を超えた部分については高額療養費が支
給される。ちなみに主治医の紹介状を持たずに大病院を受診した場合，7,000
円以上の特別料金が必要である。

　なお，被保険者証は2024（令和6）年12月にマイナンバーカードと一体化した
「マイナ保険証」に切り替えられることとなっている（1年間は従来の保険証と併用可）。

5）動向と課題

　健康保険においては，高齢者医療を支えるための負担などから財政が悪化す
る健康保険組合が出てきている。なかには健康保険組合を解散し，全国健康保
険協会管掌へと切り替えるケースも出てきている。

　今後の課題としては，持続可能な医療保険とするため，"注射漬け"，"検査
漬け"，"薬漬け"，「社会的入院」などによる医療・薬剤費の増大による高齢者
医療費の抑制や地域医療の充実，短時間労働者に対する適用拡大などによる被
保険者数の拡大，窓口の自己負担割合の検討，後発医薬品（ジェネリック医薬
品）などの活用による保険支出の抑制，さらには保険料率の引き上げなど，さ
まざまな制度改革が継続的に求められるであろう。

（3）国民健康保険

1）概要と目的

　歴史的には，健康保険に加入することができなかった農林漁業者や自営業者
など，また，その家族などのための医療保険として，1938（昭和13）年，国民
健康保険が創設された。その後，1958（昭和33）年に国民健康保険法は全面改
正され，それまで任意設立であった国民健康保険の実施を全市町村に義務づ
け，被用者保険（健康保険，各種共済組合など）に加入できなかったすべての国
民が強制適用とされ，国民皆保険が達成された（全面施行は1961（昭和36）年）。
国民健康保険は日本の国民皆保険の"最後の砦"といわれており，持続可能
な社会保障の確立のためにはそのあり方が重要と考えられている。

　国民健康保険は「被保険者の疾病，負傷，出産又は死亡に関して必要な保険
給付を行うもの」（国民健康保険法第2条）とされており，その事業を安定的に
運営することを通し，社会保障と国民の健康の向上に寄与することを目的とし

ている（同法第1条）。

2）保　険　者

　国民健康保険の保険者はこれまで市町村と国民健康保険組合が担うことになっていたが，2018（平成30）年4月から市町村による保険については都道府県とその都道府県内の市町村がともに担うよう制度改正が行われた。この背景には，市町村が担ってきた国民健康保険制度が構造的な課題を抱えており，その対応に迫られたことがある（表6-4）。具体的には，財政支援の拡充を行う

表6-4　市町村による国民健康保険の構造的な課題

年齢構成	・年齢構成が高く，医療費水準が高い
財政基盤	・所得水準が低い ・保険料負担が重い ・保険料（税）の収納率 ・一般会計繰り入れ・繰り上げ充用
財政の安定性・市町村格差	・財政運営が不安定になるリスクの高い　小規模保険者の存在 ・市町村間の格差

出典）厚生労働省HP：国民健康保険制度における改革について　資料2　参考資料，2018より一部改変.

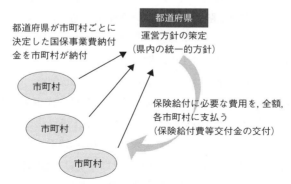

図6-3　国民健康保険の被保険者とその役割

出典）厚生労働省HP：平成30年4月から国民健康保険制度が変わります，2018.

表6-5　国民健康保険制度における都道府県と市町村の役割

	都道府県の主な役割	市町村の主な役割
財政運営	財政運営の責任主体 ・市町村ごとの国保事業費納付金を決定 ・財政安定化基金の設置・運営	国保事業費納付金を都道府県に納付
資格管理	・国保運営方針にもとづき事務の効率化，標準化，広域化を推進	・地域住民と身近な関係のなか，資格を管理（被保険者証などの発行）
保険料の決定 賦課・徴収	・標準的な算定方法等により，市町村ごとの標準保険料率を算定・公表	・標準保険料率を参考に保険料率を決定 ・個々の事情に応じた賦課・徴収
保険給付	・給付に必要な費用を全額，市町村に対して支払い ・市町村が行った保険給付の点検	・保険給付の決定 ・個々の事情に応じた窓口負担減免など
保健事業	・市町村に対し，必要な助言・支援	・被保険者の特性に応じ，きめ細かい保健事業を実施（データヘルス事業）

出典）厚生労働省HP：国民健康保険制度における改革について　資料2　参考資料，2018より一部改変.

とともに，都道府県と市町村の適切な役割分担（図6-3，表6-5）を行うことで，その構造的な課題を解決しようという改正であった。これらの制度改正により，都道府県内の保険料負担の公平な支え合いおよびサービスの拡充と保険者機能の強化といった効果が今後，期待される。

　なお，国民健康保険組合については継続されている。

　この国民健康保険組合は，同種の事業，または業務に従事する者で，その組合の地区内に住所を有するものを組合員として組織することができる。組合を設立しようとするときは15人以上の発起人が規約を作成し，組合員となるべき者300人以上の同意を得て，都道府県知事の認可を受けなければならない。

　国民健康保険組合の業種は，医師や歯科医師，薬剤師，税理士，美容師，食品業，卸売業，芸術家，建設業など多様である。

表6-6　国民健康保険における適用除外項目

1．健康保険法の規定による被保険者。ただし，同法第3条第2項の規定による日雇特例被保険者を除く
2．船員保険法の規定による被保険者
3．国家公務員共済組合法または地方公務員等共済組合法にもとづく共済組合の組合員
4．私立学校教職員共済法の規定による私立学校教職員共済制度の加入者
5．健康保険法の規定による被扶養者。ただし，同法第3条第2項の規定による日雇特例被保険者の同法の規定による被扶養者を除く
6．船員保険法，国家公務員共済組合法（他の法律において準用する場合を含む）または地方公務員等共済組合法の規定による被扶養者
7．健康保険法第126条の規定により日雇特例被保険者手帳の交付を受け，その手帳に健康保険印紙を貼り付けるべき余白がなくなるに至るまでの間にある者および同法の規定によるその者の被扶養者。ただし，同法第3条第2項ただし書の規定による承認を受けて同項の規定による日雇特例被保険者とならない期間内にある者および同法第126条第3項の規定により当該日雇特例被保険者手帳を返納した者ならびに同法の規定によるその者の被扶養者を除く
8．高齢者の医療の確保に関する法律の規定による被保険者
9．生活保護法による保護を受けている世帯（その保護を停止されている世帯を除く）に属する者
10．国民健康保険組合の被保険者
11．その他特別の理由がある者で厚生労働省令で定めるもの

出典）国民健康保険法第6条より筆者作成.

3）被保険者

　都道府県の区域内に住所を有する者は，その都道府県がその都道府県内の市町村とともに行う国民健康保険の被保険者となっている[*2]。もっとも，この規定にかかわらず，**表6-6**にまとめた項目のいずれかに該当する者は国民健康保険の被保険者とはならないことになっている。このような規定方法をとることにより，国民はいずれかの医療保険制度に加入することになっており，国民皆保険制度を達成することが可能となっている。
　国民健康保険組合の被保険者は，各組合を構成する同業者などの組合員とそ

[*2]　国民健康保険には原則として被扶養者という概念がない点に留意が必要である。

の世帯に属する者（健康保険，各種共済組合などの被保険者およびその被扶養者などを除く）で構成される。

4）保険給付と保険財政

①　保険給付と一部負担

国民健康保険には必ず行わなければならない法定必須給付，特別な理由があるときは全部またはその一部を行わないことができる法定任意給付，法律には定められていないものの，条例もしくは規約で定めることでできるようになる任意給付の三つがある（**表 6 - 7**）。

なお，健康保険と同様，自己の故意の犯罪行為や闘争などによる病気やけがなどの場合，給付が制限される。

②　保険財政と保険料

国民健康保険全体の財政については**図 6 - 4**のとおりである。65～75歳未満の前期高齢者については，交付金という形で前期高齢者の偏在による保険者間の負担のバランスをとるようにしている。また，健康保険と異なり，労使折半

表 6 - 7　国民健康保険の保険給付

法定必須給付	療養の給付 入院時食事療養費 入院時生活療養費 保険外併用療養費 療養費 訪問看護療養費 特別療養費 移送費 高額療養費 高額介護合算療養費
法定任意給付	出産育児一時金 葬祭費 葬祭の給付
任意給付	傷病手当金 出産手当金

出典）筆者作成．

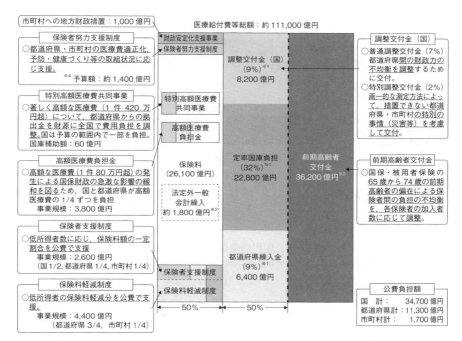

※1　それぞれ保険給付費等の9％，32％，9％の割合を基本とするが，定率国庫負担等のうち一定
　　額について，財政調整機能を強化する観点から国の調整交付金に振りかえる等の法律上の措置
　　がある
※2　平成29年度決算における決算補填等の目的の一般会計繰入の額
※3　退職被保険者を除いて算定した前期高齢者交付金額であり，実際の交付額とは異なる
※4　令和2年度は，平成29年度に特例基金に措置した500億円のうち残330億円は取り崩ししない

図6-4　2020（令和2）年度の国民健康保険財政（令和2年度予算ベース）

出典）厚生労働省HP：保険局国民健康保険課資料，2020.

による保険料の負担ではないが，国庫負担が行われている。

　都道府県と市町村によって保険者が構成される国民健康保険の財政の仕組み
は図6-5のとおりである。市町村は被保険者の保険料を徴収し，一度，都道
府県の国保特別会計へ納付金として納める。その後，都道府県は各市町村に対
し，保険給付に必要な費用を全額交付する。これを受け，市町村は保険給付費
として保険支出を行う。これにより，従来の市町村単位での保険運営よりもそ
の都道府県内における市町村間でバランスをとりながら，より安定した保険運

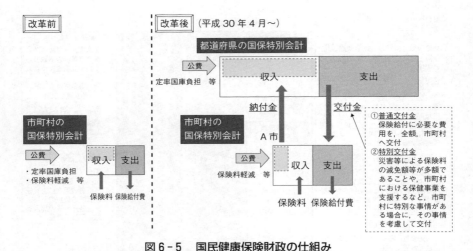

図 6-5　国民健康保険財政の仕組み

出典）厚生労働省 HP：国民健康保険制度における改革について　資料 2　参考資料，2018.

営が可能になることが意図されている。

　国民健康保険の保険料については，2018（平成30）年以降も市町村が保険料（保険税*3）を決定することになっている。具体的には，まず都道府県が各市町村の保険給付費の支出から国民健康保険財政の見込みを立て，それにもとづいて各市町村が県に支払う納付金と，そのための標準保険料率を設定する。市町村はその標準保険料率をもとに保険料を決定し，徴収をする。

　国民健康保険料は医療サービスに関わる医療分，75歳以上の後期高齢者のための医療制度を支えるなどのための後期高齢者支援金等分，40〜65歳未満の介護保険第 2 号被保険者の介護保険料にあたる介護納付金分の三つから構成されている。各区分には所得に比例する所得割，資産に比例する資産割，被保険者

---

*3　国民健康保険の保険料は保険税とされる場合もある。どちらも徴収金額・方法は同じで，一般的には保険料と呼ばれているが，根拠法が保険料の場合は国民健康保険法と国税徴収法，保険税の場合は地方税法によるため，滞納した際の時効期間などに違いがある。どちらを採用するかは各国保運用者（市町村）の任意で，保険税とした方が徴収権の消滅時効期間が長いなど，徴収側に有利となっており，保険税として徴収する市町村が多い。

一人ひとりに均等に割り当てられる被保険者均等割，被保険者の世帯ごとに割り当てられる世帯別平等割の四つがあり，各市町村によってこの四つのなかから二つから四つを組み合わせ，被保険者の保険料が決まる。また，この保険料には上限額が設けられるとともに，低所得者に対する軽減措置が設けられている。

　国民健康保険組合の保険料については各組合によって設定されており，金額で決めている組合もあれば，保険料率で決めている組合もあるなど各組合によって異なる。

　③　保険料滞納時の処分

　保険料を滞納した際にはその期間の長さに応じ，一定の処分を行うことになっている。滞納期間が長くなると被保険者証（保険証）の返還のうえ，被保険者資格証明書を交付，保険給付の支払いの差し止め，保険給付の額から滞納保険料を引いて給付するといったように段階的に処分が重くなる。もっとも，被保険者資格証明書を交付する場合，その世帯に18歳に達する日以後の最初の３月31日までの間にある被保険者（18歳年度末を迎えていない子ども）がいる場合，その者に対して有効期間が６か月の被保険者証を交付する。

　5）動向と課題

　国民健康保険は日本における国民皆保険の重要な位置づけがあるにもかかわらず，構造的に課題を抱えてきたことから（p.97，**表6-4**参照），持続可能とするため制度改革が行われている。これらの改革を通じ，保険料の収納率の改善や健康・予防対策，地域包括ケアの推進，後発医薬品の使用や給付の適正化，地域格差などの取り組みの指標にもとづいた財政的インセンティブ（保険者努力支援制度）が導入されるなど，場合によっては給付抑制になる可能性を含んだ制度の導入は，今後も継続的に検討され続けるのではないかとみられている。社会福祉の側から考えれば，経済的困窮を抱えたクライエント（利用者），あるいは障害を抱えて生活をしているクライエントといったバルネラブル（弱い，傷つきやすい，脆い）な存在が保険的に排除されていないかを視野に入れた制度への理解が求められる。

（4）各種共済組合の概要

　公務員や私立学校教職員を対象とした共済組合は国家公務員共済組合，地方公務員共済組合，私立学校教職員共済の大きくみて3種類がある。元々は明治期における官業現業共済組合として発足したものが始まりで，その後，現業官庁で組織化され，恩給制度の適用されない職員を対象として発展してきた。年金保険（長期給付）を兼ねた総合保険的性格も持っていたが，年金保険部分については2015（平成27）年10月1日，厚生年金に統合された。

　健康保険にあたる短期給付についてはいずれの共済組合においてもほぼ同じで，保険給付についても健康保険制度とほぼ同じ給付内容となっている。

（5）高齢者医療（主に後期高齢者医療制度）

1）概要とその目的

　だれでも年齢を重なることにより，病気やけがによって医療が必要となることは自然の摂理である。若者と高齢者で比較すると，現在でも患者率は3〜5倍ほどの開きがある。このような高齢者に対し，医療を保障することを目的として，1973（昭和48）年，老人医療費の無料化が行われた。もっとも，その結果，高齢者の医療費の増大を招き，若い現役世代が多く加入する健康保険や共済組合においても財政的な影響を与えるようになった。

　このような社会状況を踏まえ，1983（昭和58）年，「高齢者の医療の確保に関する法律（高齢者医療確保法）」の前身になる老人保健法が創設された。しかし，それでも高齢者の医療をどのように確保していくべきか，という課題は続いた。このため，図6-6のように高齢者に対し，持続可能な医療を確保するため，さらに現役世代と高齢者の負担の公平化を目的として，主に75歳以上高齢者を被保険者とする独立した後期高齢者医療制度が2008（平成20）年に創設された。また，65〜75歳未満の前期高齢者についてはその多くが国民健康保険に加入していることから，その偏りによる保険者間の負担の不均衡を調整するための制度も創設された。

2）保　険　者

　75歳以上の高齢者を対象とした後期高齢者医療制度の保険者からの保険料徴収については市町村，財政運営は都道府県単位で設置された広域連合がそれぞ

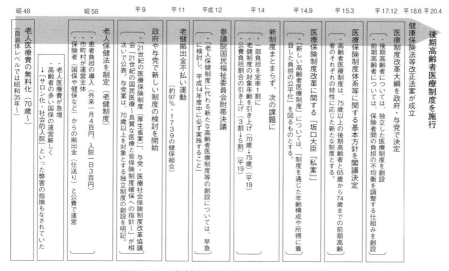

図6-6　高齢者医療制度創設までの歩み

出典）厚生労働省HP：後期高齢者医療制度について，2015.

れ担当する。広域連合は市町村の連合体で，都道府県とは別である。もっとも，保険料の割当については都道府県単位で行われるため，同一都道府県内であれば市町村が違っても所得が同じ水準であれば保険料も同じになる。

　なお，75歳未満の高齢者を対象とした前期高齢者については，原則としてそれぞれが健康保険や国民健康保険に加入することとなるため，保険者は各保険のとおりである。

3）後期高齢者医療制度の被保険者と保険料

　後期高齢者医療制度の被保険者は①75歳以上の者，②65歳以上75歳未満で一定の障害の状態にあると広域連合から認定を受けた者である。この場合の一定の障害とは身体障害者手帳の1〜3級および4級の一部の障害，療育手帳のA判定，精神障害者保健福祉手帳の1〜2級などとなっており，これらの認定申請は任意となっている。また，75歳になるまではいつでも申請をすることができ，かつ，いつでも将来に向け撤回することもできることになっている。

　制度の導入前では，例えば，高齢者は自らの子ども世帯の被扶養者扱いとし

て健康保険に加入し，保険料負担をすることなく医療サービスを利用すること
ができた。このような不均衡を是正する意味も込め，保険料については被保険
者一人ひとりに設定されることになっている。保険料は，被保険者全員が負担
する被保険者均等割，被保険者の所得に応じて負担する所得割の二つの合計額
となる。また，世帯単位で一定の所得金額以下，あるいは災害や急激な所得の
減少などの場合には軽減・減免措置が行われる。

4）保険給付と費用負担

　後期高齢者医療制度で行われる保険給付は，**表6-8**のように高額介護合算
療養費を除き，従前の老人保健制度と同様になっている。後期高齢者医療制度
の被保険者が医療サービスを利用した際の自己負担は医療費の1割である。
もっとも，現役並み所得者は3割負担，また，2022（令和4）年10月からはそ
れ以外でも一定所得以上の者は2割負担となっている。この自己負担について
は高額療養費制度によって月ごとの自己負担限度額が設けられており，これを
超えて支払った部分はあとで償還払いされる。

5）財源構成

　前期高齢者と後期高齢者では保険の加入の仕方が異なるため，その財源構成
も異なる。具体的には**図6-7**のように，前期高齢者については国民健康保険

表6-8　後期高齢者医療制度の保険給付

1．療養の給付（病気やけがの治療）
2．入院時食事療養費（入院時の食費）
3．入院時生活療養費（療養病床に入院したときの食費・居住費）
4．保険外併用療養費（先進医療等や特別なサービスを受けたとき）
5．療養費（やむを得ず全額自己負担したとき）
6．訪問看護療養費（訪問看護サービス）
7．特別療養費（被保険者資格証明書を受けている者の病気やけがの治療）
8．移送費（緊急の入院や転院などによる移送）
9．高額療養費（1か月または年間の自己負担額が一定額を超えたとき）
10．高額介護合算療養費（高齢者医療と介護保険の自己負担の合計額が高額のとき）
11．後期高齢者医療広域連合の条例で定めるところにより行う給付

出典）筆者作成.

と健康保険の間で前期高齢者の加入者数に応じ，前期高齢者の医療費を負担する財政調整方式がとられている。

　これに対し，後期高齢者医療制度の財源は全体の約５割が国・都道府県・市町村による公費負担，約４割が国民健康保険および健康保険からの支援金，残りの約１割が後期高齢者による保険料によって構成されている。これによって

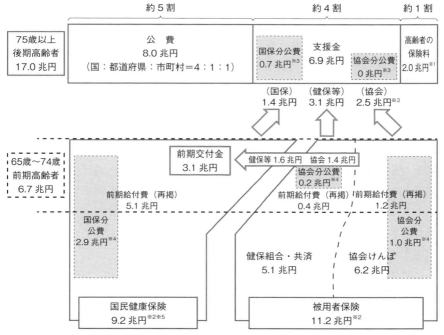

※１　後期高齢者の保険料は，低所得者等に係る軽減分を考慮していない（保険料軽減措置や高額医療費の支援等の公費0.5兆円を含む）。
※２　国民健康保険（9.2兆円）および被用者保険（11.2兆円）は，各制度の給付費を示しており，他制度への納付金や支援金を含まない。
※３　各医療保険者が負担する後期支援金および当該支援金に係る公費は，後期支援金に係る前期財政調整を含む。
※４　国保分公費は，保険料軽減措置等に係る公費を除き，協会分公費は減額特例措置（▲611億円）を除く。
※５　上記の他，国民健康保険に経過措置である退職者医療に係る退職者交付金がある。

図６-７　財源構成（医療給付費・令和４年度予算ベース）

出典）厚生労働省ＨＰ：我が国の医療保険について，2023.

高齢者の医療を国・自治体，現役世代，そして，高齢者のすべてが力を合わせて支えていくことになっている点は老人保健制度とは大きく異なる点である。

6）動向と課題

　今後の高齢化率の上昇と出生数の低下による少子化のため，社会全体のなかで医療サービスを必要とする者は増えるのに対し，それを保険財政的に支える現役世代の減少が進む。このようななかでは，高齢者にあっても自らが高齢者医療の支え手となることが求められる。一方，年金保険の支給額は減少，あるいは現状維持の傾向にあり，高齢者の収入に占める医療費負担割合が上昇することを意味し，生活自体に影響を及ぼす。また，2020（令和 2）年からの新型コロナウイルス感染症拡大では"医療崩壊"を招くことも危惧されたが，今後も公衆衛生の充実や予防，医療の適正化の推進による財政的インセンティブの結果，必要な医療が必要な人へいきわたるよう望まれる。

　いずれにしても，今後，医療保険制度という枠組みを維持しながらも，高齢者を対象とする社会保障制度全体の課題として，地方の無医地区や都市部の医師過剰なども含め，総合的にとらえたうえでの方向性が打ち出されることが求められるであろう。そこでは，医療情報の開示，セカンドオピニオン，国民医療体制の再構築など医療全体の課題も包括した議論を期待したい。

（6）公費負担医療

　ここまで社会保険制度としての医療保険制度を中心として，医療の保障の仕方をみてきた。これ以外にも公費負担によって提供される医療がある。主なものとしては戦傷病者特別援護法による給付，「感染症の予防及び感染症の患者に対する医療に関する法律（感染症法）」による感染症や結核に対する医療費負担，「精神保健及び精神障害者福祉に関する法律（精神保健福祉法）」による措置入院，児童福祉法による育成医療，そして，難病対策など幅広く行われている。

　このなかでも難病対策については，「難病の患者に対する医療等に関する法律（難病法）」によってさまざまな取り組みが行われており，その対策の概要は図 6-8 のとおりである。難病のうち，一定の要件を満たしたものについては厚生労働大臣が指定難病として338（2021（令和 3）年11月現在）の疾病を指定している。

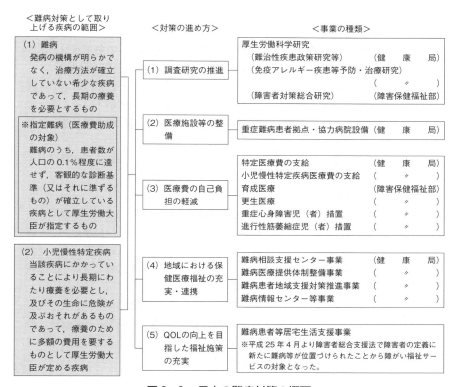

図6-8　日本の難病対策の概要

出典）厚生労働省：令和5年版厚生労働白書資料編，2023，p.75.

■**参 考 文 献**

1）秋保雅男監修：2023年版　ごうかく社労士　基本テキスト，中央経済グループパブリッシング，2022.

2）厚生労働統計協会編：保険と年金の動向　2022/2023，厚生労働統計協会，2022.

3）週刊社会保障編集部編：平成31年版　社会保障便利事典，法研，2019.

4）成清美治・真鍋顕久編著：社会保障，学文社，2011.

5）社会保障の手引き2023年版　施策の概要と基礎資料，中央法規出版，2023.

実習対策

☐相談援助実習へ行く前に，施設見学だけでなく，アルバイトでもボランティアでも何でもよいので，興味・関心のある福祉の領域で経験を積みたい。

☐近年，地域を基盤としたソーシャルワークが重視されている。多様な地域住民とコミュニケーションを図れるようになることが求められている。そこで，まずは自分の住んでいる地域にある近所の公園の掃除や，地域のお祭りなどのイベントに参加することから始めてみたい。

☐実習中，実習指導者や職員ばかりを見ている学生がよくいるが，まずはクライエント（利用者）としっかりと向かい合うよう心がけたい。

レポート・卒論対策

☐医療保険について考えるとき，社会との関連性という全体的な広がりを持った視野が必要となる。しかし，全体性や制度の持続可能性ばかりに目を向けていると，人間の生活にどのような影響を与えるかという点が欠落することがある。法学や経済学からのアプローチも必要だが，まずは社会福祉学から医療保険を考えるとはどういうことか，常に考えるようにしたい。

☐医療保険に関する卒論のテーマを考えるのであれば，国民健康保険の保険者に都道府県が加わる制度改正に伴う保険料負担への影響，経済的な困窮状態にあるクライエント（利用者）への医療保障，医療保険における社会保険方式の社会的意義などをテーマとして考えてみたい。

受験対策

〈要点整理〉

☐医療保険は医療費の全額は負担することなく，少ない負担で医療サービスを利用することができる保険である。

☐日本における医療保険の特徴として，すべての国民が何らかの医療保険に加入している国民皆保険をあげることができる。

☐医療保険には職域保険としての健康保険，船員保険，各種共済組合，地域保険としての国民健康保険，後期高齢者医療制度がある。

☐健康保険の保険者は全国健康保険協会と健康保険組合である。

☐国民健康保険の保険者は都道府県と市町村がともに担う保険者，独立開業する専門職業などによって構成される国民健康保険組合の2種類がある。

☐各種共済組合には国家公務員共済組合，地方公務員共済組合，私立学校教職員共済の3種類があるが，保険給付については健康保険とほぼ同じ給付内容であ

る。

□65〜75歳未満の前期高齢者の医療は，国民健康保険と被用者保険（各種共済・健康保険）の間で，加入している前期高齢者の数にもとづいた交付金によって，財政調整が行われる。

□75歳以上の後期高齢者と，65〜75歳未満で一定の障害があると広域連合に認定された者は後期高齢者医療制度へ個人単位で加入し，保険料を負担する。

□難病対策や感染症対策，戦傷病者や原爆被爆者等への援護医療，精神障害者等への医療など，医療保険以外にも公費負担医療制度がある。

〈過去問〉

□協会けんぽ（全国健康保険協会管掌健康保険）の保険料率は，全国一律である。（第33回51-3）

　⇨×　全国一律ではなく，都道府県ごとに料率が定められている（p.95参照）。

□国民健康保険組合の保険者は，市町村である。（30回51-3）

　⇨×　2018（平成30）年3月までは，市町村および国民健康保険組合が保険者であった。同年4月からは，これに市町村が保険者となっていた保険に**都道府県も加わった**。都道府県が財政運営を担い，市町村は保険料徴収や保険給付を担う。

□保険診療を受けたときの一部負担金の割合は，義務教育就学前の児童については1割となる。（35回52-5）

　⇨×　医療保険における義務教育就学前の児童の一部負担金の割合は2割である。年齢や所得で1〜3割負担の違いがある。

就活対策

□福祉の臨床現場での就職をめざすのであれば，その領域や施設・事業所でアルバイトやボランティアをすることをおすすめしたい。そのうえで，最初に就職する場所は給与などではなく，その職場が人を成長させ，人を大事にする場所であるか見きわめたい。求人票には決して載らないようなことかもしれないが，だからこそ早い段階から臨床現場へ入り込み，経験をしておきたい。

□一般企業に就職しても社会福祉学を学んで得たことは役に立つ。そればかりか，むしろそれをどう活かすかであろう。社会福祉学の知識や技術は一般企業に就職しても必要なことである。

2　介護保険制度

　介護保険は，「社会的入院」による高齢者医療費の増大，寝たきり高齢者の家族介護などの社会問題化により，1997（平成 9）年に介護保険法が成立し，2000（平成12）年に施行された。

（1）介護保険制度制定の経緯

1）高齢者保健福祉の流れ

　日本における高齢者保健福祉は1963（昭和38）年，老人福祉法が制定されたことに始まる。この老人福祉法のもとで特別養護老人ホームが創設され，老人家庭奉仕員（ホームヘルパー/訪問介護員）が法制化された。また，1973（昭和48）年，老人福祉法に老人医療費支給制度が創設された。

　その後，1982（昭和57）年に老人保健法が制定され，老人医療費の定額負担が導入された。1989（平成元）年には「高齢者保健福祉推進十か年戦略（ゴールドプラン）」が策定され，施設緊急整備と在宅福祉サービスの推進が行われた。また，1994（平成 6）年には「新・高齢者保健福祉推進十か年戦略（新・ゴールドプラン）」が策定され，施設の基盤整備や在宅介護サービスの充実を推進するため，すべての市町村に対し，老人保健福祉計画策定が義務づけられた。

　そして，1997（平成 9）年には前年の連立与党 3 党政策合意（介護保険制度に関する与党合意）にもとづき介護保険法が成立し，2000（平成12）年，介護保険法が施行された。

2）高齢者介護に関する介護保険導入前の問題点と介護保険の利便性

　以下に述べる①と②の内容から介護保険の導入前，従来の老人福祉法および老人医療では急激に増加する要介護者などへの対応が困難であった。このため，③に示す社会保険である介護保険制度が導入されたのである。

　①　老人福祉　　老人福祉法にもとづく特別養護老人ホーム，在宅福祉サービスなどでは市町村が介護サービスなどの種類や提供機関を決めるため，利用者が介護サービスなどの選択をすることができない。また，所得調査が必要なため，介護サービスなどの利用にあたって心理的抵抗感が伴う。しかも，市町村が直接，あるいは委託により提供する介護サービスなどが基本であるため，

競争原理がはたらかず，介護サービスなどの内容が画一的となりがちである。本人と扶養義務者の収入に応じた利用者負担（応能負担）となるため，中高所得層にとって重い負担となる。

　② **老人医療**　　老人医療にもとづく特例許可老人病院，療養型病床群，一般病院などでは介護サービスの基盤整備が不十分であったため，介護を理由とする一般病院などへの長期入院による「社会的入院」が発生した。このため老人医療費が増大した。また，治療を目的とする病院では，介護職員の配置などや生活環境（居室面積が狭い，食堂や浴室，談話室がないなど）の面で要介護者などが長期に療養する場としては不十分であった。

　③ **介護保険**　　利用者が自ら介護サービスの種類や介護事業者を選び利用できる。介護支援専門員（ケアマネジャー）が介護サービス計画（ケアプラン）を作成し，利用者ニーズにもとづき医療・保健・福祉サービスを利用できる。社会福祉法人，医療法人のみならず，企業，生活協同組合（生協），農業協同組合（農協），特定非営利活動法人（NPO法人）など多様な事業者による介護サービスを利用できる。現在は一部中・高所得負担が入っているものの，定率負担である。

3）介護保険制度導入の意義

　高齢者の介護を社会全体で支え合う仕組みである介護保険を創設したことが最大の意義であるといえよう。この介護保険の意義は次に掲げる三つの柱から構成される。

・自立支援：要介護高齢者の身の回りの世話を行うという単なる世話を超え，介護は高齢者の自立を支援することを理念とする。
・利用者本位：利用者の選択により，多様な介護サービス事業者などから保健・医療・福祉サービスを利用者のニーズに沿い，総合的に受けられる制度である。
・社会保険方式：給付と負担の関係が明確な社会保険方式を採用した（しかし，実際の介護保険の財源は税と社会保険方式の抱き合わせとなった）。

（2）後期高齢者の増大と要介護認定者の増加

　75歳以上の後期高齢者*4が全人口に占める割合が増加し，2055年には25％を超える勢いである。75歳以上の後期高齢者の人口割合は2020（令和2）年に1,860万人であったが，2040年に2,239万人（20.2％），2065年に2,248万人（25.5％）と急激に増大する（図6-9）。

　要介護（要支援）認定者数も2000（平成12）年の介護保険法の施行以来，急激に増大している。2000（平成12）年度末は256万人であった要介護（要支援）認定者数は2020（令和2）年度末には682万人となり，20年間で2.7倍の増加となっている。とくに要介護1および要支援認定者の増加が著しい（図6-10）。

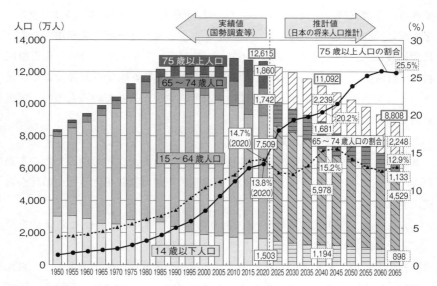

資料：2020年までは総務省統計局「国勢調査」および「人口推計」，2025年以降は国立社会保障・人口問題研究所「日本の将来推計人口（平成29年4月推計）中位推計」

図6-9　後期高齢者（75歳以上）の急激な増加

出典）厚生労働省：社会保障審議会介護保険部会（第105回）資料より，2022.

---

*4　高齢者は75歳以上になると治療の長期化，複数疾患の罹患，多く認知症の問題がみられることから，65〜74歳を前期高齢者，75歳以上を後期高齢者と区分けされた。

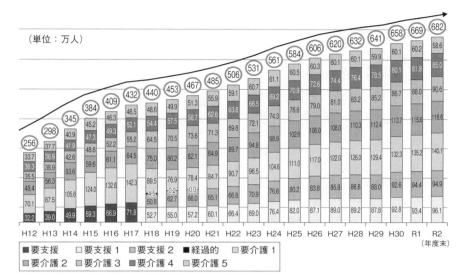

H12年度末〜R2年度末の比較：全体2.7倍，要介護5　1.7倍，同4　2.3倍，同3　2.6倍，同2　2.4倍，
同1・要支援1・2　3.2倍

注：H22年度末には，広野町，楢葉町，富岡町，川内村，双葉町，新地町は含まれていない。

(出典：介護保険事業状況報告)

図6-10　要介護（要支援）認定者数の推移

出典）厚生労働省：社会保障審議会介護給付費分科会（第217回）資料より，2023.

　また，介護保険に関わる費用は，2012（平成24）年に8.9兆円であったもの
が，2025（令和7）年には21兆円程度になると予測される。この金額は現在の
政府一般歳出の20％程度である。

（3）介護保険制度の基本的な仕組み

1）保険者と介護保険財政（図6-11）

　保険者は市町村および東京都特別区（渋谷区，新宿区ほか23区）である。地方
の過疎地域では市町村の連合体である広域連合*5も保険者となっている。

＊5　介護保険において過疎地などにある複数市町村が力を合わせ，介護保険に関する事務
　　などに取り組むことにより介護保険財源の安定化が図られる。

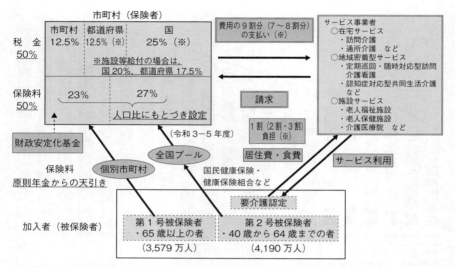

図6-11　介護保険制度の仕組み

出典）厚生労働省：社会保障審議会介護保険部会（第92回）資料より，2022.

注：第1号被保険者の数は，「令和3年3月介護保険事業状況報告月報」によるものであり，令和2年
　　度末の数である。
　　第2号被保険者の数は，社会保険診療報酬支払基金が介護給付費納付金額を確定するための医療
　　保険者からの報告によるものであり，令和2年度内の月平均値である。
※　一定以上所得者については費用の2割負担または3割負担。

　保険者である市町村の介護保険財政である介護保険事業会計（特別会計*6）
は，公費（税金）50％，保険料50％から構成されている。

　公費（税金）50％は国（25％），都道府県（12.5％），市町村（12.5％）から
構成されている。国25％のうち，5％分は調整交付金となっている。調整交
付金は，後期高齢者比率が高いことによる給付増，および被保険者の所得水準
が低いことによる収入減について，国庫負担金25％のうち，5％分を用いて
財政調整を行い，市町村間の財政力の格差を解消している。

　保険料は，加入者である被保険者が保険料として負担をする。被保険者の内

────────────

＊6　自治体には教育や福祉，土木など基本的な行政運営を賄う「一般会計」と，公共料金
　　や利用料など独自の収入がある「特別会計」がある。介護保険特別会計は介護保険事業
　　の収支を経理するため，市町村などが設けた会計である。

訳である第1号被保険者（65歳以上の高齢者）と第2号被保険者（40歳から64歳までの者で医療保険加入者）の人口比にもとづき負担されている。

　都道府県には市町村の介護保険財政が悪化した場合に備え，財政安定化基金が設けられている。この財政安定化基金の財源構成は国1/3，都道府県1/3，市町村1/3となっている。

2）保険者と介護サービス事業者（図6-11）

　保険者（市町村など）と介護サービス事業者の関係は，介護サービス事業者は利用者に対し，介護報酬[*7]にもとづき介護サービスを提供した費用を保険者に請求し，その費用の9割分（高所得者は7～8割分）を保険者はサービス事業者へ支払うことになっている。

　第1号被保険者（65歳以上の高齢者）および第2号被保険者（40歳から64歳までの者で医療保険加入者）において保険者が実施する要介護認定を受け，要介護者等として認められた介護サービス利用者は介護サービス事業者と契約して介護サービスを利用し，1割（高所得者は2～3割）の自己負担を支払う。施設サービス利用者は，それに居住費・食費負担をプラスして支払う。

　介護保険における利用者負担は2015（平成27）年以降，原則1割負担であるが，一定以上の所得者は2割負担，ないしは3割負担（2018（平成30）年8月から）となった。

3）保険料徴収の仕組み（図6-12）

　第1号被保険者（65歳以上の高齢者）の保険料は，一定以上の年金受給額がある者は老齢年金などから天引きされるが，一定以下の場合，市町村が個別徴収を行う。年金天引きされる場合は特別徴収，市町村から個別徴収される場合は普通徴収という。

　第2号被保険者（40歳から64歳までの者で医療保険加入者）の保険料は，各医療保険者は医療保険料と一緒に介護保険料を徴収，社会保険診療報酬支払基金[*8]に一括納付し，全国プールする。第2号被保険者の介護保険料について

＊7　介護保険制度で介護サービス事業者や介護保険施設が利用者に介護サービスを提供したとき，その対価として事業者や施設に支払われる報酬を介護報酬という。医療保険には診療報酬がある。

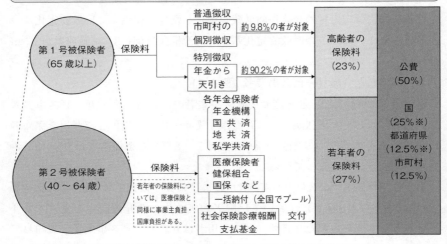

○介護保険の給付費の50％を65歳以上の高齢者（第1号被保険者）と40〜64歳（第2号被保険者）
　の人口比で按分し，保険料をそれぞれ賦課。

図6-12　保険料徴収の仕組み

出典）厚生労働省：社会保障審議会介護保険部会（第92回）資料より，2022.

※　国の負担分のうち5％は調整交付金であり，75歳以上の方の数や高齢者の方の所得の分布状況に
　応じて増減。
※　施設等給付費（都道府県が指定権限を有する介護老人福祉施設，介護老人保健施設，介護医療院，
　介護療養型医療施設，特定施設に係る給付費）は国15％，都道府県17.5％。

は，医療保険料と同様，事業主負担と国庫負担がある。

　2017（平成29）年の介護保険法の改正により，第2号被保険者は2017（平成
29）年8月から月額給与にプラスして賞与を含めた総収入に対し，医療保険料
の徴収と同様に報酬額に比例した負担とする総報酬制が実施された。

4）介護給付と保険料

　保険者（市町村など）は3年を1期とする介護保険事業計画を策定し，3年
ごとに見直しを行う。介護保険料は3年ごとに介護保険事業計画に定める介護
サービス費用見込額にもとづき3年間を通じて財政の均衡を保つよう，設定す

＊8　社会保険診療報酬支払基金法にもとづき，医療機関から提出された診療報酬請求書の
　　審査および保険者から医療機関への診療報酬の支払い仲介の目的として設立された特別
　　民間法人である。

ることになっている。2000（平成12）年，介護保険施行当初の全国平均におけ
る保険者（市町村など）の介護保険料は2,911円であった。その後，介護保険料
は３年ごとに改定されてきたが，全国平均では2018〜2020（平成30〜令和２）
年度は5,869円，2021〜2023（令和３〜５）年度は6,014円となっている。しか
し，今後，さらなる高齢化の進展により，2025（令和７）年度には8,200円程
度に上昇することが見込まれている。このため，介護保険の持続可能性のため
にも地域包括ケアシステム*9の確立，地域共生社会*10の実現などにより，介
護保険制度の重点化・効率化が望まれる。

　保険者（市町村など）は第１号被保険者（65歳以上の高齢者）に介護保険料と
して賦課（ふか）しているが，保険者ごとの介護サービス基盤整備の状況や介護サービ
ス利用の見込みに対応し，保険者ごとに設定している。低所得者に配慮し，負
担能力に応じた介護保険料負担を求めるところから市町村民税の課税状況に応
じ，2024（令和６）年度から保険者（市町村）は，第１号被保険者に対して，
９段階から13段階の所得段階別定額保険料に変更することとなっている（図
6-13）。

5）被保険者

　介護保険制度の被保険者は，第１号被保険者は65歳以上の高齢者，第２号被
保険者は40歳から64歳までの医療保険加入者となっている。介護保険サービス
の利用について，第１号被保険者は疾患・事故など原因を問わず要介護等の状
態になったとき，第２号被保険者は脳血管疾患，初老期認知症，関節リウマ
チ，末期がんなど加齢に起因する疾病（特定疾病16種類）が原因で要介護等の
状態になったとき，それぞれ介護保険サービスを利用することができる。

---

*9　地域包括ケアシステムとは，要介護状態になっても住み慣れた地域で自分らしい暮ら
　　しを人生の最後まで続けることができるよう，医療・介護・予防が一体的に提供される
　　仕組みである。
*10　地域共生社会とは，支え手と受け手側に分かれるのではなく，地域のあらゆる住民が
　　役割を持ち，支え合いながら，自分らしく活躍できる地域コミュニティを育成し，福祉
　　などの地域の公的サービスと協働して助け合いながら暮らすことのできる仕組みであ
　　る。

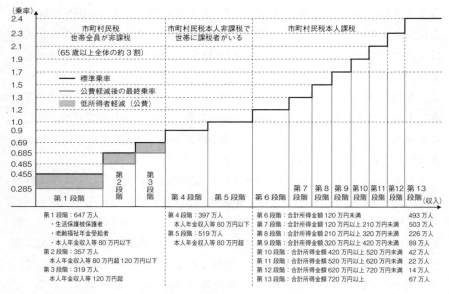

※被保険者数は，令和 5 年度厚生労働省老健局介護保険計画課調べ（令和 5 年 4 月 1 日現在）

図 6 -13　第 1 号被保険者の保険料（2024年度からの標準13段階）

出典）厚生労働省：社会保障審議会介護保険部会（第110回）資料より，2023.

（4）介護サービスの利用手続き

1）介護サービスの利用手続き（図 6 -14，図 6 -15）

　利用者および家族は保険者である市町村などの窓口に相談をする。利用者が身寄りもなく孤立無援の場合，居宅介護支援事業所や介護保険施設などが代行申請する場合もある。窓口では利用者の状態像をみて「基本チェックリスト」*11 を行う，あるいは要介護認定申請を受け付ける。基本チェックリストにおいて，介護が必要となる可能性が高い高齢者であると認められた場合，介護予

---

*11　介護予防が必要な高齢者を早期発見し，介護が必要な状態を未然に防ぐため，基本チェックリストを行う。基本チェックリストは運動・栄養・口腔などの項目から構成されている。

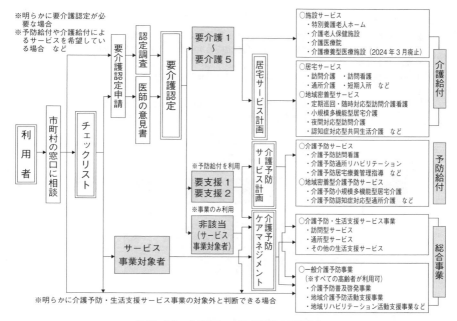

図6-14　介護サービス利用の手続き

出典）厚生労働省HP：平成30年度公的介護保険制度の現状と今後の役割，2018．一部改変

防・日常生活支援総合事業の対象となる。

　要介護認定は利用者にとって介護の必要量を全国一律の基準にもとづき客観的に判定する仕組みで，一次判定および二次判定の結果にもとづき市町村が申請者について要介護認定を行う。

　要介護認定の申請を市町村の窓口に行うと，市町村から認定調査員などが申請者宅などを訪問し，心身の状況に関する調査として基本調査74項目[*12]と特記事項の調査を行う。認定調査員などは基本調査74項目と主治医（かかりつけ医）意見書の一部について市町村にあるコンピュータを用い，推計として要介

---

*12　要介護認定における基本調査74項目は，身体機能・起居動作，生活機能，認知機能，精神・行動機能，社会生活への適応などの項目から構成される。

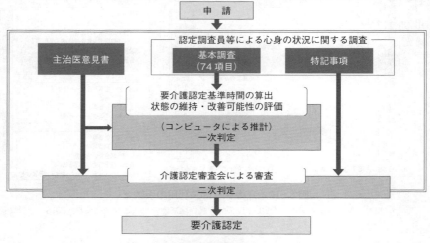

要介護認定の仕組み

○要介護認定（要支援認定を含む）は，介護の必要量を全国一律の基準にもとづき，客観的に判定する仕組みであり，一次判定および二次判定の結果にもとづき，市町村が申請者について要介護認定を行う。

①一次判定…市町村の認定調査員による心身の状況調査（認定調査）および主治医意見書にもとづくコンピュータ判定を行う。

②二次判定…保健・医療・福祉の学識経験者により構成される介護認定審査会により，一次判定結果，主治医意見書などにもとづき審査判定を行う。

図6-15　要介護認定制度について

出典）厚生労働省 HP：平成30年度公的介護保険制度の現状と今後の役割，2018.

護認定等基準時間の算出，状態の維持・改善可能性の評価を行い，これらを「一次判定」とする。

　次に，市町村が設置する介護認定審査会において「二次判定」が行われる。介護認定審査会は，市町村長が任命する医療・保健・福祉の学識経験者により構成される。介護認定審査会は一次判定結果，主治医意見書などにもとづき審査判定を行う。

　要介護認定を受けた後，在宅での介護サービス，介護予防サービスを利用するには，要介護認定の結果により次のような手続きが必要である。

　「要介護1～要介護5」の要介護認定を受けた場合，居宅介護支援事業所が

居宅サービス計画を作成する。「要支援1・2」の要支援認定を受けた場合，地域包括支援センター（介護予防支援事業者）*13などが介護予防サービス計画を作成する。非該当の場合，介護予防事業を受けることができる。

2）介護サービスの種類

介護サービスは，都道府県や政令市，中核市が指定・監督を行うサービスと市町村が指定・監督を行うサービスがある。また，要介護者を対象とする「介護給付」と要支援者を対象とする「予防給付」の二つがある（図6-16）。

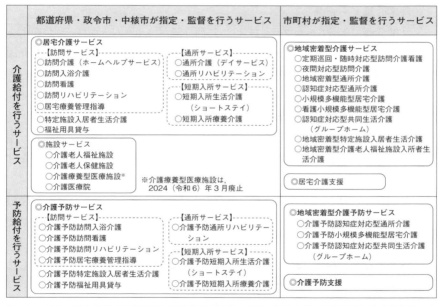

	都道府県・政令市・中核市が指定・監督を行うサービス	市町村が指定・監督を行うサービス
介護給付を行うサービス	◎居宅介護サービス 【訪問サービス】 ○訪問介護（ホームヘルプサービス） ○訪問入浴介護 ○訪問看護 ○訪問リハビリテーション ○居宅療養管理指導 ○特定施設入居者生活介護 ○福祉用具貸与 【通所サービス】 ○通所介護（デイサービス） ○通所リハビリテーション 【短期入所サービス】 ○短期入所生活介護（ショートステイ） ○短期入所療養介護 ◎施設サービス ○介護老人福祉施設 ○介護老人保健施設 ○介護療養型医療施設* ○介護医療院 ※介護療養型医療施設は，2024（令和6）年3月廃止	◎地域密着型介護サービス ○定期巡回・随時対応型訪問介護看護 ○夜間対応型訪問介護 ○地域密着型通所介護 ○認知症対応型通所介護 ○小規模多機能型居宅介護 ○看護小規模多機能型居宅介護 ○認知症対応型共同生活介護（グループホーム） ○地域密着型特定施設入居者生活介護 ○地域密着型介護老人福祉施設入所者生活介護 ◎居宅介護支援
予防給付を行うサービス	◎介護予防サービス 【訪問サービス】 ○介護予防訪問入浴介護 ○介護予防訪問看護 ○介護予防訪問リハビリテーション ○介護予防居宅療養管理指導 ○介護予防特定施設入居者生活介護 ○介護予防福祉用具貸与 【通所サービス】 ○介護予防通所リハビリテーション 【短期入所サービス】 ○介護予防短期入所生活介護（ショートステイ） ○介護予防短期入所療養介護	◎地域密着型介護予防サービス ○介護予防認知症対応型通所介護 ○介護予防小規模多機能型居宅介護 ○介護予防認知症対応型共同生活介護（グループホーム） ◎介護予防支援

注：このほか，居宅介護（介護予防）福祉用具購入費の支給，居宅介護（介護予防）住宅改修費の支給，市町村が行う介護予防・日常生活支援総合事業がある。

図6-16　介護サービスの種類（2023（令和5）年4月現在）

出典）厚生労働省HP：平成30年度公的介護保険制度の現状と今後の役割，2018．一部改変

---

*13　地域包括支援センターは，介護保険法で定められた地域住民の保健・福祉・医療の向上，虐待防止，介護予防マネジメントなどを総合的に行う機関である。地域包括支援センターには保健師，社会福祉士，主任介護支援専門員が配置され，専門性を活かし，かつ相互に連携しながら業務に当たる。

　要支援者を対象とした介護予防訪問介護と介護予防通所介護は，2015（平成27）年度から段階的に市町村などにおいて訪問型サービス・通所型サービスに変更され，「介護予防・日常生活支援総合事業」として実施されている。

　また，2017（平成29）年の介護保険法改正により，2018（平成30）年度から高齢者と障害児・者が同一の事業所でサービスを受けやすくするため，介護保険と障害者福祉の両方の制度に新たな「共生型サービス」が位置づけられた。

①　介 護 給 付

「介護給付」のサービスの種類と内容は次のとおりである。

○居宅介護サービス

・**訪問介護**（ホームヘルプサービス）：訪問介護員（ホームヘルパー）が在宅を訪問し，食事・入浴・排泄の介助（身体介護）や主に一人暮らしの要介護者の調理，清掃，洗濯といった家事（生活援助）など日常生活の支援を行う。

・**訪問入浴介護**：入浴が困難な寝たきり高齢者などの在宅に入浴設備や簡易浴槽を積んだ訪問入浴車などで訪問し，入浴の介護を行う。

・**訪問看護**：疾患等を抱えている要介護者の在宅に看護師などが訪問し，主治医と連携を図りながら病状を観察し，褥瘡（床ずれ）などの手当などを行う。

・**訪問リハビリテーション**：要介護者の生活機能を向上させるため，理学療法士や作業療法士などが在宅を訪問し，理学療法，作業療法，その他必要なリハビリテーションを行う。

・**居宅療養管理指導**：医師，歯科医師，薬剤師などが要介護者宅を訪問し，療養（医療や生活）上の管理や指導を行う。

・**通所介護**（デイサービス）：通所介護事業所で食事，入浴などの日常生活上の介護や生活機能向上のための支援を日帰りで行う。

・**通所リハビリテーション**：老人保健施設や医療機関などで食事，入浴などの日常生活上の介護や生活機能向上のリハビリテーションを日帰りで行う。

・**短期入所生活介護**（ショートステイ）：介護老人福祉施設などに短期間入所し，入浴・排泄・食事などの介護や日常生活上の支援が行われる。

・短期入所療養介護：介護老人保健施設などに短期間入所し，看護，医学的管理のもと，介護および機能訓練，必要な医療や日常生活上の支援を行う。

・特定施設入居者生活介護：ケアハウスや有料老人ホームなど，都道府県から特定施設入居者生活介護事業所の指定を受けた施設に入居している要介護者などに対し，施設がケアプランにもとづき食事，入浴，排泄などの介助や機能訓練，療養上の世話を行う。

・福祉用具貸与：要介護者が在宅で車いすや特殊ベッドなど日常生活の自立を助ける用具を必要とする場合，介護保険で福祉用具の貸与を受けることができる。

・特定福祉用具販売：要介護・要支援者が住まいで入浴や排泄に使用する福祉用具を購入した場合，単年度について10万円を上限とし，購入にかかった費用の9割（高所得者は7割または8割）を支給する。

・住宅改修：在宅の要介護・要支援者が住宅に手すりを取り付けるなど，小規模な住宅改修を行う場合，その費用の一部を支給する。

○居宅介護支援：在宅で生活している要介護者の心身の状況を踏まえ，居宅サービス計画（在宅ケアプラン）を作成するとともに，サービス提供機関との連絡調整を行う。

○施設サービス

・介護老人福祉施設：入所者に施設介護サービス計画にもとづき食事や入浴・排泄などの介護，日常生活上の支援，機能訓練，健康管理などのサービスを行う。

・介護老人保健施設：入所者に施設介護サービス計画にもとづき医療・看護・医学的管理下での介護・機能訓練や日常生活上の支援などのサービスを行う。

・介護療養型医療施設，介護医療院：介護療養型医療施設は急性期の治療を終え，長期の療養を必要とする要介護者に対し，施設介護サービス計画にもとづき医療・療養上の管理・看護・医学的管理下での介護・機能訓練などのサービスを行う。2012（平成24）年3月末で廃止とされていたが，介護療養型医療施設の制度上の存続は2023（令和5）年度まで経過措置が取

られた。2018（平成30）年4月，介護医療院*14が創設され，順次転換が行われた。

○地域密着型介護サービス

・定期巡回・随時対応型訪問介護看護：日中・夜間を通じ，定期的な巡回と随時の通報により在宅を訪問してもらい，入浴・排泄・食事の介護や日常生活上の緊急時の対応などを受けるサービスである。

・夜間対応型訪問介護：夜間，定期的に巡回する訪問介護に加え，必要なときに随時，訪問介護を利用することができるサービスである。

・認知症対応型通所介護：認知症の状態にある高齢者が日帰りでデイサービスセンターなどに通い，食事や入浴，排泄などの介護，その他の日常生活上の支援や機能訓練などを受けるサービスである。

・小規模多機能型居宅介護：「通い」を中心に心身の状態や希望に応じ，随時，「訪問」や「泊まり」を組み合わせてサービスを提供する。要介護者が中重度になっても在宅での生活が継続できるよう支援するサービスである。

・看護小規模多機能型居宅介護：小規模多機能型居宅介護と訪問看護を組み合わせることで，通所・訪問・短期間の宿泊で介護や医療・看護のケアが受けられるサービスである。従来，複合型サービスと呼ばれていた。

・認知症対応型共同生活介護（グループホーム）：認知症の状態にある高齢者が日帰りでデイサービスセンターなどに通い，食事や入浴，排泄などの介護，その他の日常生活上の支援や機能訓練を受けるサービスである。

・地域密着型特定施設入居者生活介護：入居定員が29人以下の介護専用型特定施設（有料老人ホームやケアハウス）に入居しながら，入浴や排泄，食事などの介護，その他日常生活上の支援や機能訓練などを受けるサービスである。

・地域密着型介護老人福祉施設入所者生活介護：入居定員が29人以下の小規

---

*14　介護医療院は，今後増加が見込まれる慢性期の医療・介護ニーズへの対応のため，「日常的な医学管理が必要な重介護者の受け入れ」や「看取り・ターミナル」などの機能，および「生活施設」としての機能を兼ね備えた新たな介護保険施設である。

模な特別養護老人ホームで，日常生活上の支援や機能訓練を受けるサービ
スである。
・**地域密着型通所介護**：利用定員が18人以下の老人デイサービスセンターな
どにおいて，入浴や排泄，食事などの介護，その他日常生活上の支援や機
能訓練などを受けるサービスである。

②　予 防 給 付
「予防給付」のサービスの種類と内容は次のとおりである。
　要支援者を対象とした介護予防訪問介護と介護予防通所介護は，2015（平成
27）年から訪問型サービス・通所型サービスに変更され，段階的に市町村など
で「介護予防・日常生活支援総合事業」として実施されている。

○介護予防サービス
・**介護予防訪問入浴介護**：在宅に浴室がない，あるいは感染症などの理由か
ら集団での浴室利用が困難な場合などに限定し，訪問による入浴の支援を
行う。
・**介護予防訪問看護**：疾患などを抱えている要支援者について看護師が在宅
を訪問し，介護予防を目的とした療養上の支援を行う。
・**介護予防訪問リハビリテーション**：在宅での生活機能を向上させる訓練が
必要な場合，理学療法士や作業療法士などが介護予防を目的としたリハビ
リテーションを行う。
・**介護予防居宅療養管理指導**：医師や歯科医師，管理栄養士などが在宅を訪
問し，介護予防を目的とした療養上の管理や指導を行う。
・**介護予防通所リハビリテーション**：介護老人保健施設や医療機関などで共
通のサービスとして日常生活上の支援やリハビリテーションを行うほか，
要支援者の目標に合わせた選択的サービス（運動器による機能改善，栄養改
善，口腔機能の向上）を行う。
・**介護予防短期入所生活介護**（ショートステイ）：在宅にいる要支援者が短期
間滞在し，食事や入浴，排泄，着替え，レクリエーションなどの日常生活
支援を受けるサービスである。
・**介護予防短期入所療養介護**：在宅の要支援者が介護老人保健施設や医療機

関などに短期間滞在し，医師や看護師，理学療法士などの医学的管理のも
と，機能訓練や日常生活上の支援を受けるサービスである。

・**介護予防特定施設入居者生活介護**：ケアハウスや有料老人ホームなど，都
道府県から特定入居者生活介護事業所の指定を受けた施設に入居している
要支援者に対し，介護予防を目的とした日常生活上の支援を行う。

・**介護予防福祉用具貸与**：要支援者が介護予防を目的として日常生活の自立
を助けるため，福祉用具を借りることができるサービスである。

○地域密着型介護予防サービス

・**介護予防認知症対応型通所介護**：在宅での要支援状態の認知症高齢者が状
態の維持・向上を図るため，日帰りで健康チェックや入浴，食事，リハビ
リテーションなどを受けるサービスである。

・**介護予防小規模多機能型居宅介護**：在宅で要支援状態の高齢者が家庭的な
雰囲気のなか，住み慣れた地域で通所を中心に訪問や泊まりで介護を受け
るサービスである。

・**介護予防認知症対応型共同生活介護**（グループホーム）：要支援状態の認知
症高齢者が家庭的な雰囲気のなかで 9 人以下の共同生活を送りながら，日
常生活の介護を受けるサービスである。

③　介護予防・日常生活支援総合事業

「介護予防・日常生活支援総合事業のガイドライン」（厚生労働省通知）の趣
旨には，市町村が中心となり，地域の実情に応じて住民などの多様な主体が参
画し，多様なサービスを充実することで，地域の支え合い体制づくりを推進
し，要支援者等[15]に対する効果的な支援をめざすものとされている。**図 6-17**
に介護予防・日常生活支援総合事業の構成を示す。

以下に訪問型サービスと通所型サービスについて概略を記す。

○訪問型サービス

・**訪問型サービス A**：要支援者等に対し，清掃や洗濯など日常生活上の支援

---

[15]　介護予防・日常生活支援総合事業における要支援者等とは，要支援者，市町村の窓口
　等で実施する基本チェックリスト該当者となっている。基本チェックリスト該当者とは，
　介護が必要となる可能性が高い高齢者である。

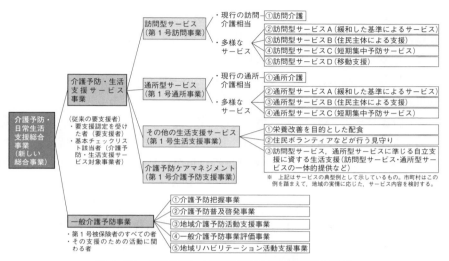

図6-17　介護予防・日常生活支援総合事業の構成

出典）厚生労働省老健局振興課：介護予防・日常生活支援総合事業ガイドライン（概要），2015.

を行う生活援助など。

・**訪問型サービスB**：住民主体の自主活動として行う生活援助など。

・**訪問型サービスC**：保健師等による在宅での相談指導など。

・**訪問型サービスD**：要支援者等移送（福祉有償運送などによる通院や買い物など）と前後の生活支援。

○通所型サービス

・**通所型サービスA**：ミニデイサービスによる運動やレクリエーションなど。

・**通所型サービスB**：体操や運動などの活動など，自主的な通いの場（地域カフェなど）。

・**通所型サービスC**：生活機能を改善するため，運動器による機能向上や栄養改善などプログラムによる予防サービス。

3）在宅サービスと区分支給限度基準額

居宅介護サービスや地域密着型サービスは要介護度別に「区分支給限度基準

額」を設定し，一定の制約範囲内で居宅介護サービスなどの選択を可能とする仕組みとなっている（図6-18）。この区分支給限度基準額を居宅介護サービスなどに創設した理由は，居宅介護サービスなどは生活に密接に関連しており，また，同じ要介護状態であっても利用者の生活ニーズが多様であることから，利用者のサービスの利用に歯止めがかからなくなるからである。

4）介護サービス費と高額介護サービス費

高額介護サービス費とは，介護サービス全体の1割（単身年収280万円，2人以上同346万円以上の場合，2割）の利用者負担が基準額を超えて高額になったとき，介護保険から差額を支給する制度で，個人，あるいは世帯所得の状況により，「高額介護サービス費」として支給（払い戻し）される制度である（図6-19）。もっとも，先の利用者負担には福祉用具購入費・住宅改修費や介護保険施設入所中の食費・居住費は含まれないため，高額介護サービス費の対象とはならない。

○在宅サービスについて，利用者の状況に応じた適正なサービスを提供する観点から，必要な居宅介護サービスのモデルを用いて，要介護度ごとに区分支給限度基準額を設定。
→　支給限度額を超えるサービスを受けた場合，超える分の費用は全額利用者負担

介護保険給付の対象（1割自己負担）／対象外（全額自己負担）

支給限度額

○要介護度別の支給限度額

	支給限度額（円）【2023年度】
要支援1	50,320
要支援2	105,310
要介護1	167,650
要介護2	197,050
要介護3	270,480
要介護4	309,380
要介護5	362,170

注：額は介護報酬の1単位を10円として計算。

図6-18　区分支給限度基準額について

出典）厚生労働省 HP：2019年度介護報酬改定について，2019．をもとに作成

月々の介護サービス費の自己負担額が世帯合計（個人）で上限額を超えた場合に，その超えた金額を支給し，自己負担を軽減する制度。

所得段階	所得区分	上限額
第1段階	①生活保護の被保護者 ②15,000円への減額により生活保護の被保護者とならない場合 ③市町村民税世帯非課税の老齢福祉年金受給者	①個人 15,000円 ②世帯 15,000円 ③世帯 24,600円 　個人 15,000円
第2段階	○市町村民税世帯非課税で［公的年金等収入金額＋合計所得金額］が80万円以下である場合	世帯 24,600円 個人 15,000円
第3段階	○市町村民税世帯非課税 ○24,600円への減額により生活保護の被保護者とならない場合	世帯 24,600円
第4段階	①市町村民税課税世帯〜課税所得約380万円（年収約770万円）未満 ②課税所得約380万円（年収約770万円）以上〜同約690万円（同約1,160万円）未満 ③課税所得約690万円（年収約1,160万円）以上	①世帯 44,400円 ②世帯 93,000円 ③世帯 140,100円

個人の高額介護（介護予防）サービス費の支給

（利用者負担世帯合算額－世帯の上限額）× $\dfrac{\text{個人の利用者負担合算額}}{\text{利用者負担世帯合算額}}$

高額介護サービス費の支給：保険給付の1割（または2割・3割）負担分の合計額が上限額を超えた場合，申請により超過分が払い戻される。

図6-19　高額介護（介護予防）サービス費について

出典）厚生労働省：社会保障審議会介護保険部会　介護保険制度の見直しに関する意見（参考資料），2022.

5）介護保険施設と補足給付

　特別養護老人ホームなどの介護保険施設に入所する際の居住費・食費は介護保険の給付外である。しかし，市町村民税非課税世帯である利用者には申請にもとづき負担軽減のため基準費用額との差額分は補足給付（特定入所者介護サービス費）として，介護保険制度から支給する仕組みとなっている。もっとも，多額な預貯金や不動産等資産を保有している利用者に対し，介護保険料を財源とした給付が行われることは不公平であるため，前年の所得が給付基準に該当しても補足給付の対象外となる（図6-20）。

（5）地域包括ケアシステムと地域包括支援センター

　厚生労働省は，団塊の世代が75歳以上（後期高齢者）となる2025（令和7）年をめどに，医療・介護・予防・住まい・生活支援が一体的に提供される地域

○食費・居住費について，利用者負担第1～第3段階②の者（生活保護受給者および世帯全員が市町村民税非課税で一定の預貯金額以下の低所得者）を対象に，所得に応じた負担限度額を設定。
○標準的な費用の額（基準費用額）と負担限度額との差額を介護保険から特定入所者介護（予防）サービス費として給付。

| | | | 基準費用額（日額(月額)） | 負担限度額（日額(月額)）※短期入所生活介護等（日額）【】はショートステイの場合 | | | |
				第1段階	第2段階	第3段階①	第3段階②
食費			1,445円 (4.4万円)	300円 (0.9万円) 【300円】	390円 (1.2万円) 【600円 (1.8万円)】	650円 (2.0万円) 【1,000円 (3.0万円)】	1,360円 (4.1万円) 【1,300円 (4.0万円)】
居住費	多床室	特養等	855円 (2.6万円)	0円 (0万円)	370円 (1.1万円)	370円 (1.1万円)	370円 (1.1万円)
		老健・療養等	377円 (1.1万円)	0円 (0万円)	370円 (1.1万円)	370円 (1.1万円)	370円 (1.1万円)
	従来型個室	特養等	1,171円 (3.6万円)	320円 (1.0万円)	420円 (1.3万円)	820円 (2.5万円)	820円 (2.5万円)
		老健・療養等	1,668円 (5.1万円)	490円 (1.5万円)	490円 (1.5万円)	1,310円 (4.0万円)	1,310円 (4.0万円)
	ユニット型個室的多床室		1,668円 (5.1万円)	490円 (1.5万円)	490円 (1.5万円)	1,310円 (4.0万円)	1,310円 (4.0万円)
	ユニット型個室		2,006円 (6.1万円)	820円 (2.5万円)	820円 (2.5万円)	1,310円 (4.0万円)	1,310円 (4.0万円)

図6-20　補足給付（特定入所者介護サービス費）について

出典）厚生労働省：社会保障審議会介護保険部会（第100回）資料より，2022.

包括ケアシステムの構築を推進している。これは高齢者の尊厳と自立生活支援の目的のもと，重度な要介護状態になっても可能な限り住み慣れた地域で自分らしい暮らしを人生の最後まで続けられるよう支援する，地域の包括的な支援・サービス提供体制の構築である（図6-21）。

　地域包括支援センターは市町村が設置主体となり，保健師や社会福祉士，主任介護支援専門員などを配置している。当該の専門職などの連携により，地域における高齢者の総合相談，権利擁護や地域の支援体制づくり，介護予防などの支援を行い，これらを実現していくところから「地域ケア会議」*16を行っている（図6-22）。

---

*16　地域ケア会議の目的は個別利用者の支援内容の検討を通じ，高齢者の自立支援に資するケアマネジメントの支援，高齢者の実態把握や課題解決のための地域包括支援ネットワークの構築などである。

○団塊の世代が 75 歳以上となる 2025 年を目途に，重度な要介護状態となっても住み慣れた地域で自分らしい暮らしを人生の最後まで続けることができるよう，医療・介護・予防・住まい・生活支援が一体的に提供される地域包括ケアシステムの構築を実現していく。
○今後，認知症高齢者の増加が見込まれることから，認知症高齢者の地域での生活を支えるためにも，地域包括ケアシステムの構築が重要である。
○人口が横ばいで 75 歳以上人口が急増する大都市部，75 歳以上人口の増加は緩やかだが人口は減少する町村部など，高齢化の進展状況には大きな地域差が生じている。
○地域包括ケアシステムは，保険者である市町村や都道府県が，地域の自主性や主体性にもとづき，地域の特性に応じて作り上げていくことが必要である。

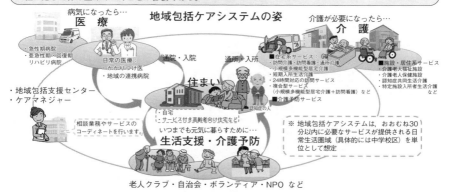

図 6-21　地域包括ケアシステム

出典）厚生労働省社会保障審議会介護保険部会：地域包括ケアシステムの構築に向けて，2013.

（6）介護保険制度の政策動向

　2017（平成29）年に成立し，2018（平成30）年に施行された介護保険法改正では次の内容をポイントにしている。

　・自立支援・重度化防止に向けた保険者（市町村など）機能の強化

　・医療・介護連携の推進

　・「地域共生社会の実現」に向けた取り組みの推進

　・利用者負担 2 割のうち，とくに所得の高い層の負担割合を 3 割とする

　・介護納付金への総報酬制の導入

　2015（平成27）年から段階的に市町村などにおいて「介護予防・日常生活支援総合事業」として実施され，「地域共生社会の実現」の観点から地域の実情に応じ，住民などの多様な主体が参画し，多様なサービスを充実することになっている。もっとも，特定非営利活動法人（NPO 法人）など住民の動きは一

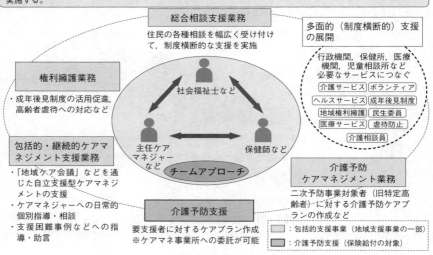

図6-22　地域包括支援センターの業務

出典）厚生労働省HP：地域包括支援センターの業務，2012.

部の市町村を除き，全国的に動きは鈍い。このため，厚生労働省や市町村など行政においては有効な政策を見いだせないでいる。

　近年，財務省は財政制度等審議会のなかで盛んに医療・年金等社会保障制度への提言とともに，介護保険について改革提言を細部にわたり行っている。厚生労働省は財務省に振り回されながら，将来「要介護1〜2」など軽度者への訪問介護や通所介護について介護予防・日常生活支援総合事業に組み入れられる可能性がある。「要介護1〜2」には日常生活に支障をきたす認知症の利用者もいるため，NPO・ボランティアが主体の介護予防・日常生活支援総合事業に組み入れられると専門職が関わりづらいということになるのではないか，という不安もある。

　いずれにしても，厚生労働省（旧厚生省）は1961（昭和36）年，国民皆保険・皆年金を実現し，国民生活に最も近いところに位置しているが，財務省が熱心に行う社会保障給付費の削減に強く対抗すべきではないか，と思われる。

　最後に，社会保障制度（介護保険）と「防衛力増強」について問題提起をしたい。

　2022（令和４）年２月に起きたロシアのウクライナ侵攻以降，多くの国が「軍拡」に乗り出した。北欧の福祉大国も地政学的に軍拡を余儀なくされている。日本は台湾有事への対応から防衛費をGDP１％から２％に拡大することが閣議決定され，５年以内に倍増する方針が政府によって示された。高齢者を取り巻く環境は，公助（生活保護等）や共助（社会保険）は制度としては後退し，自助（セルフケア）や互助（NPOなどによる助け合い）が強調されるだろうが，NPOなどからの生活支援が「互助」として機能する市町村は限られている。

　日本は1990年代に社会保障構造改革が提言され，2000年代に入り介護保険制度施行を皮切りに福祉国家を形成してきたが，政府が防衛力増強に向かうなか，この社会的な財産を未来に継承していく重要性を考えなければならない。

■参 考 文 献

1）川村匡由監修：改正介護保険がわかる本，自由国民社，2018.
2）川村匡由：介護保険再点検，ミネルヴァ書房，2014.
3）島津　淳：介護保険制度と政策形成過程，久美出版，2008.
4）結城康博：在宅介護—「自分で選ぶ」視点から，岩波新書，2015.
5）日本介護福祉学会事典編纂委員会編：介護福祉学事典，ミネルヴァ書房，2014.
6）白澤政和：介護保険制度とケアマネジメント，中央法規出版，2019.

実習対策

□社会福祉士実習では介護保険施設や介護事業所などで実習をする場合，基本的な介護保険に関する知識を実習指導担当職員から質問されるため，本項に記載された内容程度について事前に学習しておくことが必要である。

レポート・卒論対策

□ゼミ論などレポートや卒論では，介護保険に関連したテーマについて，本項に記載された内容程度は学習していないとテーマの内容は書けないと思われる。

□介護保険や介護福祉に関する専門用語を調べるのであれば，参考文献にあげた『介護福祉学事典』を勧める。また，介護保険の政策立案過程を調べるのであれば，参考文献にあげた『介護保険制度と政策形成過程』もその一つである。

受験対策

〈要点整理〉

□介護保険の導入の意義は，高齢者の介護を社会全体で支え合う仕組みを創設したことである。

□保険者は市町村および東京都特別区（23区）である。地方の過疎地域では市町村の連合体である広域連合も保険者となっている。

□被保険者は，第 1 号被保険者は65歳以上の高齢者，第 2 号被保険者は40歳から64歳までの者で医療保険加入者となっている。

□介護保険財政は公費（税金）50％，保険料50％から構成されている。

□介護保険料の利用者の負担は原則 1 割負担であるが，一定以上の所得者は 2 〜 3 割負担である。

□第 1 号被保険者の保険料は，老齢年金等受給額が一定以下の場合，市町村が個別徴収（普通徴収）を行う。一定以上の場合，年金から天引き（特別徴収）される。

□第 2 号被保険者の保険料は，各医療保険者は医療保険料と一緒に介護保険料を徴収し，社会保険診療報酬支払基金に一括納付する。

□保険者（市町村など）は 3 年を 1 期とする介護保険事業計画を策定し，3 年ごとに見直しを行う。

□介護保険サービスの利用について，第 1 号被保険者は疾病・事故など原因を問わず，要介護等の状態になったとき，第 2 号被保険者は加齢に起因する疾病（特定疾病）が原因で要介護等の状態になったとき，それぞれ利用することができる。

□介護サービスの利用手続きは，利用者および家族は保険者である市町村などの

　窓口に相談をする。

□要介護認定等は利用者にとって介護の必要量を全国一律の基準にもとづき客観的に判定を行う仕組みである。

□要介護認定申請を市町村窓口に行うと市町村から認定調査員が申請者宅などを訪問し，心身の状況に関する調査を行う。

□要介護認定は，市町村の認定調査員による心身の状況調査および主治医意見書にもとづくコンピュータ判定を一次判定，保健・医療・福祉の学識経験者で構成される介護認定審査会により，一次判定結果・主治医意見書にもとづく二次判定から行われる。

□介護サービスは，要介護者を対象とする介護給付と要支援者を対象とする予防給付の二つがある。要支援者の介護予防訪問介護と介護予防通所介護は介護予防・日常生活支援総合事業として実施される。

□居宅介護サービスや地域密着型サービスは要介護度別に区分支給限度基準額を設定し，一定の制約範囲内で居宅介護サービス等の選択を可能としている。

□高額介護サービス費とは，介護サービス全体の利用者負担が基準額を超えて高額になったとき，介護保険制度から差額を支給する制度である。

□地域包括ケアシステムとは，団塊の世代が75歳以上となる2025（令和7）年をめどに，医療・介護・予防・住まい・生活支援が一体的に日常生活圏域において提供される体制をいう。

□地域包括支援センターは地域における高齢者の総合相談，権利擁護や地域の支援体制づくり，介護予防などの支援を行い，これらを実現していくところから地域ケア会議を行う。

〈過去問〉

　例年の社会福祉士国家試験において，「社会保障」から出題される介護保険制度の問題はきわめて少ない。過去5年の国家試験においても選択肢として2問のみである。このため，「高齢者に対する支援と介護保険制度」の過去問を参照。

就活対策

□介護保険施設や病院等相談員・医療ソーシャルワーカーや介護保険施設・介護事業所介護員の就職試験では筆記試験はあまりなく，面接と小論文による選考が主流である。面接のなかで介護保険の基礎的知識が求められるところもある。

□介護保険に関する試験問題が出題される職種は都道府県・政令市等福祉職公務員採用試験である。とくに福祉職など専門職の試験において出題される。

3　年金保険制度

　年金保険は社会保険の一つで，老齢，障害，死亡という生活上の不安やリスク，つまり，生活事故に対する定期的，かつ長期的な所得保障である。もっとも，年金には個人や企業が任意に加入，設立する企業年金や個人年金などの私的年金もあるため，年金保険は公的年金ともいう。

　この年金保険，すなわち，公的年金は日本国内に住む20歳以上60歳未満の者に加入義務（強制加入）のある国民年金（基礎年金）と民間被用者を対象とした厚生年金，および公務員や私立学校教職員を対象とした共済組合年金（共済年金）があるが，共済年金は厚生年金とほぼ同様であるため，ここでは共済年金の説明はしない。

　ところで，厚生労働省は「2022（令和4）年国民生活基礎調査の概況：公的年金・恩給を受給している高齢者世帯における公的年金・恩給の総所得に占める割合別世帯数の構成割合」を公表している（図6-23）。それによると「公的年金・恩給の総所得に占める割合が100％の世帯」は44.0％，「80〜100％未満の世帯」16.5％と合わせて60.5％である。このように年金保険は老後の生活費の一部としての大きな役割を担っているが，現役時代からの個人の貯蓄と合わせ，老後の生活設計を組み立てていくことも重要である。

（1）年金保険の成立と改正の経緯

　民間被用者を対象とした最初の年金保険は1939（昭和14）年の船員保険法である。また，1942（昭和17）年に労働者年金保険法が発足，1944（昭和19）年に厚生年金保険法と改称，同法は1954（昭和29）年に全面改正され，今日に至っている。

　その後，1959（昭和34）年，農林漁業者や自営業者，地域住民を対象とした国民年金法の制定により，国民皆年金が成立した（全面施行は1961（昭和36）年）。ただ，被用者の被扶養配偶者（専業主婦・父）や学生は国民年金に任意加入であったが，高度経済成長に伴う産業・就業構造の変化や都市化，核家族化により，年金保険は社会全体で高齢者を支える公的年金として整備された。

　1986（昭和61）年，国民年金は全国民共通の基礎年金を支給する制度として

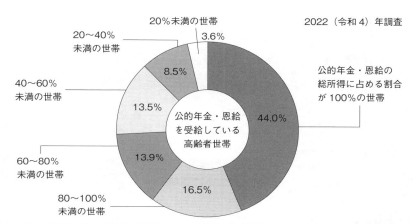

図 6 -23　公的年金・恩給を受給している高齢者世帯における公的年金・恩給の総所得に占める割合別世帯数の構成割合

出典）厚生労働省：2022（令和 4 ）年国民生活基礎調査の概況，2023，p.11.

大改革が行われ，農林漁業者や自営業者などだけでなく，民間被用者の被扶養配偶者（専業主婦など）も国民年金に強制加入となり，基礎年金を受給できることになった（年金権の確立）。その後，少子高齢化の進展と同時に，年金保険は20歳以上の学生の強制加入，基礎年金番号および育児休業中の保険料免除制度の導入と拡充，離婚時の年金分割などの改正が相次いで行われた（図 6 -24，表 6 - 9 ）。さらに，2012（平成24）年の国民年金法改正では父子家庭にも遺族基礎年金の受給資格が付与され，夫を亡くした子を持つ妻だけでなく，妻を亡くした子を持つ夫についても遺族基礎年金を支給するようになった[17]。

（2）年金保険の仕組み

　年金保険には 1 階部分の国民年金（基礎年金）と 2 階部分の厚生年金がある（図 6 -25）。国民年金（基礎年金），厚生年金ともに所得の喪失，または減退に対する老齢給付や障害給付，遺族給付がある。国民年金（老齢・障害・遺族）と厚生年金（老齢・障害・遺族）は高齢者だけではなく，現在，将来，老後とい

---

[17]　最近の社会保障関連立法における「性」の取り扱いについては急激な変化が起きている。児童扶養手当法の改正により「夫」や「父」にも受給資格が付与され，労働者災害補償保険法の障害補償給付における性差別的な障害等級も改正されている。

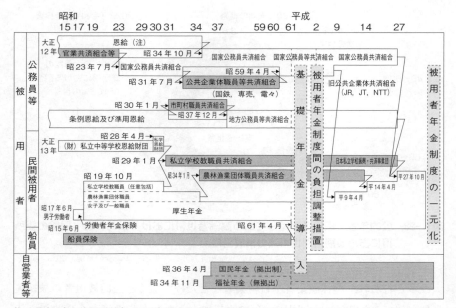

注：明治 8 年に海軍退隠令，同 9 年陸軍恩給令，同17年に官吏恩給令が公布され，これが明治23年，
　　軍人恩給法，官吏恩給法に集成され，これが大正12年，恩給法に統一された。

図 6 -24　公的年金制度の沿革

出典）厚生労働省：年金制度のポイント　2022年度版，p.49.

う生涯にわたるリスクに対する備えとして，政府が管掌し，保険者は国である。

　このうち，老齢基礎年金は保険料を納めた期間などに応じた額，障害基礎年金は障害等級*18に応じた額（子がいる場合，加算あり），遺族基礎年金は老齢基礎年金の満額に子の数に応じ，加算した額が保険給付となる。これに対し，老齢厚生年金は保険料を納付した期間や賃金*19に応じた額，障害厚生年金は賃金や加入期間，障害等級に応じた額，遺族厚生年金は死亡した者の老齢厚生年金の 4 分の 3 の額である。老齢基礎年金と老齢厚生年金は現役時代，自分のライフコースに応じた保険料を負担し，退職後，その負担に応じた年金を受給す

---

*18　障害等級は国民年金と厚生年金で共通。
*19　平均標準報酬額といい，厚生年金加入期間の給与と賞与（ボーナス）の平均額。

表6−9　主な年金制度改正の経緯

制度の創成	1942年	労働者年金保険法の発足
	1944年	厚生年金保険法に改称
	1954年	厚生年金保険法の全面改正
	1961年	国民年金法の全面施行（国民皆年金）
制度の充実	1965年	1万円年金
	1969年	2万円年金
	1973年	5万円年金，物価スライド制の導入，標準報酬の再評価等
高齢化への対応	1986年	基礎年金の導入，給付水準の適正化等
	1990年	被用者年金制度間の費用負担調整事業の開始
	1994年	厚生年金（定額部分）支給開始年齢の引上げ等
	1997年	三共済(JR共済・JT共済・NTT共済)を厚生年金に統合
	2000年	厚生年金の給付水準の5％適正化や裁定後の年金額の改定方法の見直し（賃金スライドから物価スライドへ），厚生年金（報酬比例部分）の支給開始年齢引上げ　等
	2002年	農林共済を厚生年金に統合
	2004年	有限均衡方式，上限を固定した上での保険料率の段階的引上げ，基礎年金の国庫負担割合の2分の1への引上げ，積立金の活用，マクロ経済スライドの導入　等
	2009年	基礎年金国庫負担割合2分の1の実現
	2012年	社会保障・税一体改革 基礎年金国庫負担割合の恒久化／被用者年金一元化　等
	2016年	マクロ経済スライドの見直し（未調整部分の繰越し），賃金・物価スライドの見直し（賃金変動に合わせた改定の徹底）　等
	2020年	厚生年金の適用拡大，在職中の年金受給の在り方の見直し（在職老齢年金制度の見直し，在職定時改定の導入），受給開始時期の選択肢拡大　等

出典）厚生労働省：年金制度のポイント　2022年度版，p.49.

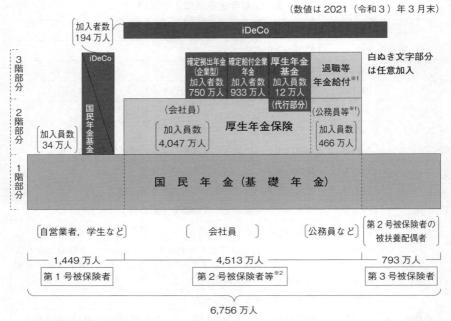

（数値は 2021（令和3）年3月末）

図6-25　年金制度の仕組み

出典）厚生労働省：年金制度のポイント　2022年度版, p.6.

※1　2015（平成27）年10月から，公務員や私立学校の教職員も厚生年金に加入。また，共済年金の職域加算部分は廃止され，新たに年金払い退職給付が創設。ただし，それまでの共済年金に加入していた期間分は，2015年10月以後においても，加入期間に応じた職域加算部分を支給。

※2　国民年金の第2号被保険者等とは，厚生年金被保険者をいう（国民年金の第2号被保険者のほか，65歳以上で老齢，または，退職を支給事由とする年金給付の受給権を有する者を含む）。

る（図6-26）。

　年金保険は，賦課（ふか）方式と積立方式を組み合わせた修正積立方式による世代間扶養および世代間の所得の移転である。自己および現役世代の保険料で年金給付を賄い，その不足分は国庫などが負担している（図6-27）。2009（平成21）年9月，民主党政権が誕生した際，年金改革案が示された。

　このようななか，この改革案は自営業者や民間被用者という区別を廃止して一元化し，かつ保険料と年金額ともに所得比例を基本とし，これに最低保障年金（月額70,000円以上。財源は消費税増額を見込んだ国庫負担）を加えるという内

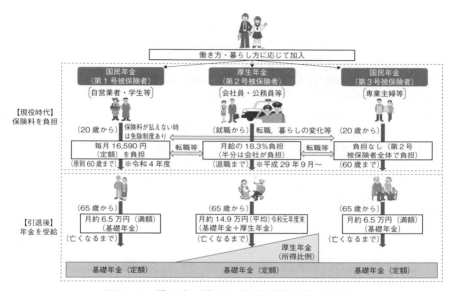

図6-26　働き方・暮らし方別の公的年金の保障

出典）厚生労働省：年金制度のポイント　2022年度版，p.7.

容であった。このため，事業主（使用者）の拠出部分はどうするか，最低保障年金をめぐるモラルハザードの問題などが取り上げられた[20]。急速な少子高齢化や人口減少を迎え，賃金や物価の変動が少ない現代社会では現役時代に積み立てた保険料を保険給付に反映する「積立方式」の方が適しているのではないか，という意見もある。

（3）国民年金の目的と対象

年金保険の１階部分は国民年金である。「国民年金制度は，日本国憲法第25条第２項に規定する理念に基き，老齢，障害又は死亡によつて国民生活の安定がそこなわれることを国民の共同連帯によつて防止し，もつて健全な国民生活の維持及び向上に寄与することを目的とする」（国民年金法第１条）。このため，「国民年金は，前条の目的を達成するため，国民の老齢，障害又は死亡に関し

---

*20　河野正輝・良永彌太郎・阿部和光・石橋敏郎編『社会保険改革の法理と将来像』法律文化社，2010.

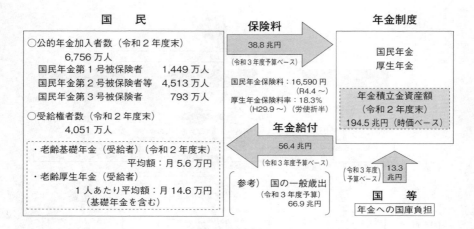

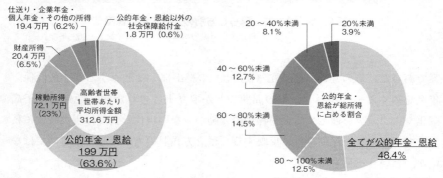

図 6 -27　公的年金の規模と役割

出典）厚生労働省 HP：年金制度の仕組みと考え方，2022.

て必要な給付を行うものとする」（同法第 2 条）。国民年金法による給付は老齢基礎年金，障害基礎年金，遺族基礎年金，付加年金，寡婦年金および死亡一時金とする（同法第15条）。付加年金，寡婦年金および死亡一時金は国民年金の独自給付である。

　農林漁業者や自営業者，学生などは国民年金の第 1 号被保険者，公務員や企

業，学校などに雇われている者は厚生年金に加入すると同時に第2号被保険者，厚生年金の加入者の配偶者で扶養されている専業主婦・父（年収130万円未満で，かつ配偶者の年収の2分の1未満）は第3号被保険者となる。第1号被保険者は毎月，一定の保険料（2022（令和4）年度は16,590円）を自ら納付するのに対し，第2号被保険者は給与や賞与に定められた保険料率（2022（令和4）年4月時点で18.3％，私立学校教職員は15.681％）で計算した額を労使折半で負担する。第3号被保険者は独自に保険料を負担せず，将来支払われる基礎年金の費用は厚生年金から拠出されている。

　国民年金の第1号被保険者には学生（20歳以上で本人の所得が一定額以下の場合），若年者（所得が一定額以下の場合），就職が困難，または失業して所得がない（無職）など，経済的な理由で保険料を納付できない者には国民年金の保険料の申請免除[21]・法定免除[22]，学生納付特例制度，若年者納付猶予制度が設けられている。保険料の免除により将来受け取る老齢基礎年金は減額されるが，10年以内に追納すると納めた期間として計算される。保険料を猶予された期間は受給資格期間には反映されるが，年金額には反映されない。これをカラ期間という。納付を猶予された保険料は10年以内であれば追納が可能である。

　このうち，若年者納付猶予制度の「若年者」は2016（平成28）年7月，30歳未満から50歳未満に拡大され，同居している世帯主の所得にかかわらず，本人と配偶者の所得が一定額以下の場合，保険料納付が猶予されることになった（2030年6月まで）。また，産休や育休期間中の厚生年金の特例措置が設けられ，2019（平成31）年4月からは国民年金の第1号被保険者の産前産後の期間の保険料も免除されている（免除期間は満額の基礎年金を保障）。

（4）厚生年金の目的と対象

　年金保険の2階部分は厚生年金である。厚生年金保険法第1条は「この法律は，労働者の老齢，障害又は死亡について保険給付を行い，労働者及びその遺族の生活の安定と福祉の向上に寄与することを目的とする」と規定している。厚生年金は政府が管掌し，保険給付は老齢厚生年金，障害厚生年金および障害

---

[21]　全額免除，4分の3免除，半額免除，4分の1免除がある。
[22]　障害基礎年金の受給権者，生活保護法の生活扶助の受給者など。

手当金，遺族厚生年金とし，政府および実施機関が行う（厚生年金保険法第2
条および第32条）。

　なお，2015（平成27）年10月，公務員や私学教職員が加入する共済年金は民
間被用者が加入する厚生年金に統合された（共済年金の3階部分（職域部分）は
廃止され，退職等年金給付に移行。p.156参照）。

（5）年金保険の給付と財源の構成

1）老齢基礎年金・老齢厚生年金

　老齢基礎年金の受給資格期間は，2017（平成29）年8月から保険料を納めた
期間と保険料を免除された期間を合わせ，10年以上に変更された。支給開始年
齢は65歳だが，60歳からの繰り上げ受給や66歳以降の繰り下げ受給も可能であ
る。老齢基礎年金の満額は2022（令和4）年度，777,800円である（表6-10）。

　老齢厚生年金の受給資格期間は老齢基礎年金の受給資格を満たし，厚生年金
の加入期間が1か月以上あることである。支給開始年齢は65歳だが，60歳から
の繰り上げ受給や，66歳以降の繰り下げ受給も可能である。2022（令和4）年
度の老齢厚生年金（報酬比例部分），加給年金，特別支給の老齢厚生年金，老齢
厚生年金の支給停止[23]（在職老齢年金制度）の年金額は表6-11のとおりである。

　なお，離婚時，当事者の合意や裁判所の決定があれば，第3号被保険者では
なかった共働き期間なども含む婚姻期間の厚生年金の分割が可能である。ま
た，それらの決定がない場合も，2008（平成20）年4月以降に扶養されていた
第3号被保険者の期間は配偶者の厚生年金を2分の1に分割できる。

2）障害基礎年金・障害厚生年金

　障害基礎年金は，①保険料納付，②初診日に被保険者，または被保険者で
あった者で，60歳以上65歳未満の国内居住者，③障害の状態の三つの支給要件
がある。2022（令和4）年度の年金額は1級777,800円×1.25＋子の加算，2
級777,800円＋子の加算である。子の加算は第1～2子は各223,800円，第3子
以降は各74,600円である（表6-12）。

　障害厚生年金は障害基礎年金と同じ保険料の納付要件があり，かつ初診日に

---

*23　基礎年金は支給停止の対象とはならない。

表6-10　老齢基礎年金

支給要件	①受給資格期間（年金を受け取るために必要な期間） 　保険料を納めた期間と保険料を免除された期間※1が合わせて10年以上あること ②支給開始年齢 　<u>65歳</u>（60歳からの繰上げ受給や，66歳以降の繰下げ受給も可能）
年金額（2022年度）	■年金額＝満額× $\dfrac{保険料を納めた月数＋[保険料を免除された月数×(1/2 \sim 7/8)]^{※2}}{480（40年^{※3}×12月）}$ ■満額＝777,800円（480月（40年×12月）保険料を納めた場合 　　　　　　　　物価や賃金に応じて毎年4月に改定） ■繰上げ受給・繰下げ受給（1941年4月2日以後生まれの人（月単位）） 　・繰上げ受給（60歳から65歳前までに受給を開始） 　　減額率＝0.4％×繰上げ請求月から65歳到達月の前月までの月数（最大24％減額） 　・繰下げ受給（65歳以降に受給を開始。75歳まで） 　　増額率＝0.7％×65歳到達月から繰下げ請求月の前月までの月数（最大84％増額）

※1　1966年3月31日以前に，強制加入期間とされていなかった期間などいわゆる「合算対象期間」を含む。
※2　保険料を免除された期間がある人は，免除の種類と基礎年金の国庫負担割合に応じて計算式が変わる。学生納付特例や納付猶予を利用した期間は，保険料を追納しないと年金額には反映されない。
　　・保険料全額免除月数×1/2（2009年3月以前の期間は1/3）
　　・保険料3/4免除月数×5/8（同1/2）
　　・保険料半額免除月数×3/4（同2/3）
　　・保険料1/4免除月数×7/8（同5/6）
　　例えば，2009年以降に20年間保険料を納付し，10年間全額免除，10年間半額免除を受けた人は，満額×（20年×12か月＋10年×12か月×1/2＋10年×12か月×3/4）/480月＝満額×390月/480月として計算。
※3　1941年4月1日以前生まれの人は，生年月日に応じて短縮。
出典）厚生労働省：年金制度のポイント　2022年度版，p.14.

被保険者で障害の状態にあることになっている。2022（令和4）年度の年金額は1級老齢厚生年金額×1.25＋配偶者の加算，2級老齢厚生年金額＋配偶者の加算，3級老齢厚生年金額（最低保障額583,400円），配偶者の加算は223,800円である。

　障害の状態について，障害基礎年金は障害認定日*24に障害の程度（障害等級）

---

*24　初診日から1年6か月経過した日。

表6-11　老齢厚生年金

支給要件	①受給資格期間（年金を受け取るのに必要な期間） 　老齢基礎年金の受給資格を満たしていて，厚生年金の加入期間が1か月以上あること（ただし，特別支給の老齢厚生年金は，厚生年金の加入期間が1年以上であることが必要） ②支給開始年齢 　65歳（60歳からの繰上げ受給や，66歳以降75歳までの繰下げ受給も可能） ※経過措置として，65歳前から特別支給の老齢厚生年金が支給される場合がある
年金額（2022年度）	■老齢厚生年金（報酬比例部分） 年金額[※1]＝平均標準報酬月額[※2]×（9.5/1,000～7.125/1,000）[※3]×2003.3以前の被保険者期間の月数＋平均標準報酬額[※2]×（7.308/1,000～5.481/1,000）[※3]×2003.4以降の被保険者期間の月数 ■加給年金（老齢基礎年金・特別支給の老齢厚生年金の定額部分を受け取る場合） 　○支給要件 　　1．本人の厚生年金加入期間が20年以上 　　2．配偶者が老齢厚生年金等（厚生年金加入期間が20年以上のもの）や障害厚生年金等を受けていない 　　3．配偶者が65歳未満で生計維持関係にある 　　4．配偶者の年収が850万円未満 　　　・子ども（18歳の誕生日の前日の属する年度の年度末を経過していない子，20歳未満で1級または2級の障害者）がいる場合，人数に応じて加算 　○支給額　・配偶者　223,800円　・第1子・第2子　223,800円　・第3子以降　各74,600円 ■特別支給の老齢厚生年金（特例に該当するものや生年月日によって受け取れる場合がある） 　○報酬比例部分　老齢厚生年金（報酬比例部分）と同じ計算方法 　○定額部分　1,628円×改定率（0.996）×生年月日に応じた率×被保険者期間の月数 ■老齢厚生年金の支給停止（在職老齢年金制度） 　　1．賃金（ボーナス込みの月収）と年金（月額）の合計額が47万円まで年金を全額支給 　　2．47万円を超えた場合，賃金の増加2に対して，年金1を停止

※1　下記計算式によって算出された年金額の方が高い場合は，その額を支給する。
　　年金額＝〔（平均標準報酬月額）[※4]×（10/1,000～7.5/1,000）[※3]×（2003.3以前の被保険者期間の月数）＋（平均標準報酬額）[※4]×（7.692/1,000～5.769/1,000）[※3]×（2003.4以降の被保険者期間の月数）〕×従前額改定率[※5]
※2　平均標準報酬（月）額は，被保険者が過去に得た標準報酬月額や標準賞与額に「再評価率」を乗じることで現在の価値に評価し直した額の平均を算出する（再評価率は，毎年度賃金・物価等の変動に応じて改定される）。
※3　給付乗率は，生年月日によって異なる。
※4　平均標準報酬（月）額を算出する際の再評価率は，1994年改正時（1993年度時点）の水準のものを用いる。
※5　従前額改定率は，1937年度以前生まれの場合は0.997，1938年度以降生まれの場合は0.995。
出典）厚生労働省：年金制度のポイント　2022年度版，p.16.

表6-12　障害年金

	障害基礎年金	障害厚生年金
支給要件	①保険料納付要件 　ア）初診日の前日において，初診日の月の前々月までに被保険者期間があり，かつ，被保険者期間のうち保険料納付済期間と保険料免除期間を合わせた期間が2/3以上である。 　イ）初診日の属する月の前々月までの1年間に保険料の滞納がない。（直近1年要件の特例） ②初診日に，被保険者であるか，または被保険者であった人で60歳以上65歳未満の国内居住者である ③障害の状態 　障害認定日※1に，障害の程度が1級・2級に該当する。 （障害認定日に該当しなかった場合でも，65歳に達する日の前日までの間に障害が重くなり，1級・2級に該当した時は，受給できる） ※20歳前傷病による障害基礎年金 　初診日に20歳未満であった人が，（ⅰ）20歳に達した日に1級・2級の障害の状態にあるとき，または，（ⅱ）20歳に達した後に1級・2級の障害の状態となったときは，障害基礎年金が支給される。ただし，所得制限※2がある。	①保険料納付要件 　障害基礎年金と同じ。 ②初診日に，被保険者である ③障害の状態 　障害認定日※1に，障害の程度が1級～3級に該当する。
年金額（2022年度）	1級　777,800円×1.25＋子の加算 2級　777,800円　　　＋子の加算 ※　子の加算 　第1子・第2子：各223,800円 　第3子以降　：各74,600円	1級　老齢厚生年金額×1.25＋配偶者の加算 2級　老齢厚生年金額＋配偶者の加算 3級　老齢厚生年金額 　　　（最低保障額583,400円） ※　配偶者の加算…223,800円 (注）障害厚生年金を計算する際，被保険者期間が300か月（＝25年）に満たないときは300か月（＝25年）として計算。

※1　障害認定日とは，初診日から1年6か月経過した日（その間に症状が固定した場合は，固定した日）をいう。

※2　所得制限の目安　　全額支給停止：472.1万円，2分の1支給停止：370.4万円

出典）厚生労働省：年金制度のポイント　2022年度版，pp.20-21.

障害の程度　1級の障害の状態
※国民年金法施行令別表

1. 次に掲げる視覚障害
   - イ　両眼の視力がそれぞれ0.03以下のもの
   - ロ　一眼の視力が0.04，他眼の視力が手動弁以下のもの
   - ハ　ゴールドマン型視野計による測定の結果，両眼のⅠ/4視標による周辺視野角度の和がそれぞれ80度以下かつⅠ/2視標による両眼中心視野角度が28度以下のもの
   - ニ　自動視野計による測定の結果，両眼開放視認点数が70点以下かつ両眼中心視野視認点数が20点以下のもの
2. 両耳の聴力レベルが100デシベル以上のもの
3. 両上肢の機能に著しい障害を有するもの
4. 両上肢の全ての指を欠くもの
5. 両上肢の全ての指の機能に著しい障害を有するもの
6. 両下肢の機能に著しい障害を有するもの
7. 両下肢を足関節以上で欠くもの
8. 体幹の機能に座っていることができない程度又は立ちあがることができない程度の障害を有するもの
9. 前各号に掲げるもののほか，身体の機能の障害又は長期にわたる安静を必要とする病状が前各号と同程度以上と認められる状態であって，日常生活の用を弁ずることを不能ならしめる程度のもの
10. 精神の障害であって，前各号と同程度以上と認められる程度のもの
11. 身体の機能の障害若しくは病状又は精神の障害が重複する場合であって，その状態が前各号と同程度以上と認められる程度のもの

障害の程度　2級の障害の状態
※国民年金法施行令別表

1. 次に掲げる視覚障害
   - イ　両眼の視力がそれぞれ0.07以下のもの
   - ロ　一眼の視力が0.08，他眼の視力が手動弁以下のもの
   - ハ　ゴールドマン型視野計による測定の結果，両眼のⅠ/4視標による周辺視野角度の和がそれぞれ80度以下かつⅠ/2視標による両眼中心視野角度が56度以下のもの
   - ニ　自動視野計による測定の結果，両眼開放視認点数が70点以下かつ両眼中心視野視認点数が40点以下のもの
2. 両耳の聴力レベルが90デシベル以上のもの
3. 平衡機能に著しい障害を有するもの
4. そしゃくの機能を欠くもの
5. 音声又は言語機能に著しい障害を有するもの
6. 両上肢のおや指及びひとさし指又は中指を欠くもの
7. 両上肢のおや指及びひとさし指又は中指の機能に著しい障害を有するもの
8. 一上肢の機能に著しい障害を有するもの
9. 一上肢の全ての指を欠くもの
10. 一上肢の全ての指の機能に著しい障害を有するもの
11. 両下肢の全ての指を欠くもの
12. 一下肢の機能に著しい障害を有するもの
13. 一下肢を足関節以上で欠くもの
14. 体幹の機能に歩くことができない程度の障害を有するもの
15. 前各号に掲げるもののほか，身体の機能の障害又は長期にわたる安静を必要とする病状が前各号と同程度以上と認められる状態であって，日常生活が著しい制限を受けるか，又は日常生活に著しい制限を加えることを必要とする程度のもの
16. 精神の障害であって，前各号と同程度以上と認められる程度のもの
17. 身体の機能の障害若しくは病状又は精神の障害が重複する場合であって，その状態が前各号と同程度以上と認められる程度のもの

障害の程度　3級の障害の状態
（厚生年金保険のみ）　※厚生年金保険法施行令別表第1

1. 次に掲げる視覚障害
   - イ　両眼の視力がそれぞれ0.1以下に減じたもの
   - ロ　ゴールドマン型視野計による測定の結果，両眼のⅠ/4視標による周辺視野角度の和がそれぞれ80度以下に減じたもの
   - ハ　自動視野計による測定の結果，両眼開放視認点数が70点以下に減じたもの
2. 両耳の聴力が，40センチメートル以上では通常の話声を解することができない程度に減じたもの
3. そしゃく又は言語の機能に相当程度の障害を残すもの
4. 脊柱（せきちゅう）の機能に著しい障害を残すもの
5. 一上肢の3大関節のうち，2関節の用を廃したもの
6. 一下肢の3大関節のうち，2関節の用を廃したもの
7. 長管状骨に偽関節を残し，運動機能に著しい障害を残すもの
8. 一上肢のおや指及びひとさし指を失ったもの又はおや指若しくはひとさし指を併せ一上肢の3指以上を失ったもの
9. おや指及びひとさし指を併せ一上肢の4指の用を廃したもの
10. 一下肢をリスフラン関節以上で失ったもの
11. 両下肢の10趾（し）の用を廃したもの
12. 前各号に掲げるもののほか，身体の機能に，労働が著しい制限を受けるか，又は労働に著しい制限を加えることを必要とする程度の障害を残すもの
13. 精神又は神経系統に，労働が著しい制限を受けるか，又は労働に著しい制限を加えることを必要とする程度の障害を残すもの
14. 傷病が治らないで，身体の機能又は精神若しくは神経系統に，労働が制限を受けるか，又は労働に制限を加えることを必要とする程度の障害を有するものであって，厚生労働大臣が定めるもの

障害の程度　障害手当金の障害の状態
（厚生年金保険のみ）　※厚生年金保険法施行令別表第2

1. 両眼の視力がそれぞれ0.6以下に減じたもの
2. 一眼の視力が0.1以下に減じたもの
3. 両眼のまぶたに著しい欠損を残すもの
4. 両眼による視野が2分の1以上欠損したもの，ゴールドマン型視野計による測定の結果，Ⅰ/2視標による両眼中心視野角度が56度以下に減じたもの又は自動視野計による測定の結果，両眼開放視認点数が100点以下若しくは両眼中心視野視認点数が40点以下に減じたもの
5. 両眼の調節機能及び輻輳（ふくそう）に著しい障害を残すもの
6. 一耳の聴力が，耳殻に接しなければ大声による話を解することができない程度に減じたもの
7. そしゃく又は言語の機能に障害を残すもの
8. 鼻を欠損し，その機能に著しい障害を残すもの
9. 脊柱の機能に障害を残すもの
10. 一上肢の3大関節のうち，1関節に著しい機能障害を残すもの
11. 一下肢の3大関節のうち，1関節に著しい機能障害を残すもの
12. 一下肢を3センチメートル以上短縮したもの
13. 長管状骨に著しい転位変形を残すもの
14. 一上肢の2指以上を失ったもの
15. 一上肢のひとさし指を失ったもの
16. 一上肢の3指以上の用を廃したもの
17. ひとさし指を併せ一上肢の2指の用を廃したもの
18. 一上肢のおや指の用を廃したもの
19. 一下肢の第1趾又は他の4趾以上を失ったもの
20. 一下肢の5趾の用を廃したもの
21. 前各号に掲げるもののほか，身体の機能に，労働が制限を受けるか，又は労働に制限を加えることを必要とする程度の障害を残すもの
22. 精神又は神経系統に，労働が制限を受けるか，又は労働に制限を加えることを必要とする程度の障害を残すもの

（備考）
視力の測定は，万国式試視力表によるものとし，屈折異常があるものについては，矯正視力によって測定する。

図6-28　障害等級表

出典）日本年金機構：障害年金ガイド　令和5年度版，p.8.

が1～2級に該当すること，障害厚生年金は障害の程度が1～3級に該当することになっている（図6-28）。

3）遺族基礎年金・遺族厚生年金

遺族基礎年金は，①短期要件，長期要件のいずれかに該当する，②保険料納付，③遺族の範囲という支給要件がある。遺族の範囲は子[25]のある配偶者，もしくは子である。遺族年金の受給資格として生計維持の要件がつけられるのは被保険者等の死亡によって生計の途を失う者，すなわち，生活保障の必要性がある者に限り，遺族年金を支給するからである。生計を維持されていた「子」がいない場合，遺族基礎年金は支給されない。2022（令和4）年度の年金額は777,800円＋子の加算である。子の加算は第1～2子は各223,800円，第3子以降は各74,800円である（表6-13）。

遺族厚生年金は，①短期要件，長期要件のいずれかに該当，②保険料納付，③遺族の範囲という支給要件がある。遺族の範囲については遺族基礎年金よりも広く，配偶者（夫は55歳以上，60歳から支給），子，父母（55歳以上，60歳から支給），孫（子と同じ年齢要件あり），祖父母（55歳以上，60歳から支給）である。2022（令和4）年度の年金額は死亡した者の老齢厚生年金額×3/4である。ほかに中高齢寡婦加算がある。

4）財源の構成

年金保険は被保険者が負担する保険料を主な財源とする社会保険で，保険料のほか，国庫負担および積立金[26]の運用収入で財源を賄っている。厚生労働省の公表によると，国民年金保険料の第1号被保険者の2022（令和4）年度最終納付率は80.7％であり，10年連続で上昇した。2023（令和5）年7月末現在では80.0％である。

また，2009（平成21）年度以降，基礎年金の給付費に対する国庫負担割合は2分の1である。国庫負担は事務費のほか，基礎年金の拠出金に要する費用に

---

[25]　子とは18歳到達年度の末日までの間にある子，20歳未満で1～2級の障害状態にある子。
[26]　国民年金と厚生年金の年金積立金額の検証と実績を比較すると，2017（平成29）年度は厚生年金＋国民年金での財政検証は178.0兆円，実績は210.7兆円であった。

表 6 -13　遺族年金

	遺族基礎年金	遺族厚生年金
支給要件	①次の要件のいずれかに該当すること 　ア）短期要件 　Ⓐ被保険者が死亡したとき 　Ⓑ被保険者であったことがある60歳以上65歳未満の人で国内に住所を有する人が死亡したとき 　イ）長期要件 　　老齢基礎年金（保険料納付済期間等が25年以上のものに限る）の受給権者または保険料納付済期間等が25年以上ある人が死亡したとき ②保険料納付要件 　　短期要件の場合は，死亡日前日において，死亡日の月の前々月までに被保険者期間があり，かつ被保険者期間のうち保険料納付済期間と保険料免除期間を合わせた期間が2/3以上であること（障害基礎年金と同様の直近 1 年要件の特例あり） ③遺族の範囲 　　死亡した人によって生計を維持されていた次の人に支給される※1。 　Ⓐ子※2のある配偶者 　Ⓑ子	①次の要件のいずれかに該当すること 　ア）短期要件 　Ⓐ被保険者が死亡したとき 　Ⓑ被保険者期間中に初診日のある傷病によって初診日から 5 年以内に死亡したとき 　Ⓒ 1 級または 2 級の障害厚生年金受給権者が死亡したとき 　イ）長期要件 　　老齢厚生年金（保険料納付済期間等が25年以上のものに限る）の受給権者または保険料納付済期間等が25年以上ある人が死亡したとき ②保険料納付要件 　　短期要件のⒶ・Ⓑの場合は，遺族基礎年金と同様の保険料納付要件を満たすことが必要 ③遺族の範囲 　　死亡した人によって生計を維持されていた次の人に支給される※1。ただし，ⒸⒹⒺは先順位の人が受給するときは遺族とはならない。 　Ⓐ配偶者※3（夫は55歳以上，60歳から支給） 　Ⓑ子※2 　Ⓒ父母（55歳以上，60歳から支給） 　Ⓓ孫※2 　Ⓔ祖父母（55歳以上，60歳から支給）
年金額（2022年度）	777,800円＋子の加算 ●子の加算 　第 1 子・第 2 子：各223,800円 　第 3 子以降　：各74,600円	死亡した者の老齢厚生年金額× 3/4 （注）短期要件の場合，死亡した人の老齢厚生年金の計算をする際，被保険者期間が300か月（25年）に満たないときは300か月（25年）。

※ 1　子に対する遺族基礎年金・遺族厚生年金は，配偶者が遺族基礎年金・遺族厚生年金の受給権を有する期間，支給を停止する。

※ 2　子は，18歳到達年度の末日（ 3 月31日）を経過していないか，または20歳未満で障害年金の障害等級 1 級または 2 級の状態にあり，かつ，現に婚姻をしていない子をいう。遺族厚生年金については，孫にも同じ要件がある。

※ 3　夫の死亡時に30歳未満で子のいない妻などに対して支給される遺族厚生年金は， 5 年間の有期給付。

出典）厚生労働省：年金制度のポイント　2022年度版，p.23.

限定し，報酬比例の厚生年金部分への負担はない。国民年金の第２号被保険者の保険料は所得に応じ，国民年金と厚生年金をまとめて労使折半で事業主（使用者）が支払う（**表6-14**）。

　年金保険の長期的な財政の枠組みとして，2017（平成29）年度以降の保険料水準の固定[*27]，積立金の活用，財源の範囲内で給付水準を自動調整する仕組み（マクロ経済スライド）が導入されている。

（6）私 的 年 金

　私的年金は年金保険（公的年金）の上乗せ給付を保障する制度で，３階部分といわれている。年金保険とは別に保険料を納め，個人や企業の自主的な努力により所得保障を充実させる役割を果たしている。このため，個人や企業は多様な制度からニーズに合った年金を選択することができる。

　この私的年金は企業年金と個人年金があり，このうち企業年金は主に確定給付型と確定拠出型の二つに大別できる。確定給付型は加入した期間などにもとづき，あらかじめ給付額が定められている。これに対し，確定拠出型は拠出した掛金額とその運用収益（加入者自らが運用）の合計額をもとに給付額が決定される年金である（**表6-15**）。このほか，厚生年金基金は国に代わり，厚生年金の給付の一部を代行して行うとともに，企業の実情などに応じ，独自の上乗せ給付を行うことができる。

　しかし，「公的年金制度の健全性及び信頼性の確保のための厚生年金保険法等の一部を改正する法律」（2014（平成26）年４月１日施行）により，厚生年金基金の新設は認められなくなり，５年間の時限措置として特例的な解散制度が導入され，他の企業年金への移行が推奨された。

　一方，国民年金基金は農林漁業者や自営業者など，国民年金の第１号被保険者が老後の所得保障の充実を図るため，任意で加入する制度である。地域型国民年金基金と職能型国民年金基金の二つがあるが，65歳から生涯受け取る終身保険が基本である。最近，確定給付型の企業年金を行うことが難しい中小企業の従業員や自営業者などのニーズに応え，確定拠出型がその規模を年々拡大し

＊27　国民年金は16,900円，厚生年金は18.30％（労使折半）に固定。

表6-14　令和5年3月分（4月納付分）からの健康保険・厚生年金保険の保険料額表

（福岡県）（単位：円）

標準報酬		報酬月額		全国健康保険協会管掌健康保険料				厚生年金保険料（厚生年金基金加入員を除く）	
				介護保険第2号被保険者に該当しない場合		介護保険第2号被保険者に該当する場合		一般，坑内員・船員	
				10.36%		12.18%		18.300%*	
等級	月額			全額	折半額	全額	折半額	全額	折半額
		円以上	円未満						
1	58,000		63,000	6,008.8	3,004.4	7,064.4	3,532.2		
2	68,000	63,000 ～	73,000	7,044.8	3,522.4	8,282.4	4,141.2		
3	78,000	73,000 ～	83,000	8,080.8	4,040.4	9,500.4	4,750.2		
4 (1)	88,000	83,000 ～	93,000	9,116.8	4,558.4	10,718.4	5,359.2	16,104.00	8,052.00
5 (2)	98,000	93,000 ～	101,000	10,152.8	5,076.4	11,936.4	5,968.2	17,934.00	8,967.00
6 (3)	104,000	101,000 ～	107,000	10,774.4	5,387.2	12,667.2	6,333.6	19,032.00	9,516.00
7 (4)	110,000	107,000 ～	114,000	11,396.0	5,698.0	13,398.0	6,699.0	20,130.00	10,065.00
8 (5)	118,000	114,000 ～	122,000	12,224.8	6,112.4	14,372.4	7,186.2	21,594.00	10,797.00
9 (6)	126,000	122,000 ～	130,000	13,053.6	6,526.8	15,346.8	7,673.4	23,058.00	11,529.00
10 (7)	134,000	130,000 ～	138,000	13,882.4	6,941.2	16,321.2	8,160.6	24,522.00	12,261.00
11 (8)	142,000	138,000 ～	146,000	14,711.2	7,355.6	17,295.6	8,647.8	25,986.00	12,993.00
12 (9)	150,000	146,000 ～	155,000	15,540.0	7,770.0	18,270.0	9,135.0	27,450.00	13,725.00
13 (10)	160,000	155,000 ～	165,000	16,576.0	8,288.0	19,488.0	9,744.0	29,280.00	14,640.00
14 (11)	170,000	165,000 ～	175,000	17,612.0	8,806.0	20,706.0	10,353.0	31,110.00	15,555.00
15 (12)	180,000	175,000 ～	185,000	18,648.0	9,324.0	21,924.0	10,962.0	32,940.00	16,470.00
16 (13)	190,000	185,000 ～	195,000	19,684.0	9,842.0	23,142.0	11,571.0	34,770.00	17,385.00
17 (14)	200,000	195,000 ～	210,000	20,720.0	10,360.0	24,360.0	12,180.0	36,600.00	18,300.00
18 (15)	220,000	210,000 ～	230,000	22,792.0	11,396.0	26,796.0	13,398.0	40,260.00	20,130.00
19 (16)	240,000	230,000 ～	250,000	24,864.0	12,432.0	29,232.0	14,616.0	43,920.00	21,960.00
20 (17)	260,000	250,000 ～	270,000	26,936.0	13,468.0	31,668.0	15,834.0	47,580.00	23,790.00
21 (18)	280,000	270,000 ～	290,000	29,008.0	14,504.0	34,104.0	17,052.0	51,240.00	25,620.00
22 (19)	300,000	290,000 ～	310,000	31,080.0	15,540.0	36,540.0	18,270.0	54,900.00	27,450.00
23 (20)	320,000	310,000 ～	330,000	33,152.0	16,576.0	38,976.0	19,488.0	58,560.00	29,280.00
24 (21)	340,000	330,000 ～	350,000	35,224.0	17,612.0	41,412.0	20,706.0	62,220.00	31,110.00
25 (22)	360,000	350,000 ～	370,000	37,296.0	18,648.0	43,848.0	21,924.0	65,880.00	32,940.00
26 (23)	380,000	370,000 ～	395,000	39,368.0	19,684.0	46,284.0	23,142.0	69,540.00	34,770.00
27 (24)	410,000	395,000 ～	425,000	42,476.0	21,238.0	49,938.0	24,969.0	75,030.00	37,515.00
28 (25)	440,000	425,000 ～	455,000	45,584.0	22,792.0	53,592.0	26,796.0	80,520.00	40,260.00
29 (26)	470,000	455,000 ～	485,000	48,692.0	24,346.0	57,246.0	28,623.0	86,010.00	43,005.00
30 (27)	500,000	485,000 ～	515,000	51,800.0	25,900.0	60,900.0	30,450.0	91,500.00	45,750.00
31 (28)	530,000	515,000 ～	545,000	54,908.0	27,454.0	64,554.0	32,277.0	96,990.00	48,495.00
32 (29)	560,000	545,000 ～	575,000	58,016.0	29,008.0	68,208.0	34,104.0	102,480.00	51,240.00
33 (30)	590,000	575,000 ～	605,000	61,124.0	30,562.0	71,862.0	35,931.0	107,970.00	53,985.00
34 (31)	620,000	605,000 ～	635,000	64,232.0	32,116.0	75,516.0	37,758.0	113,460.00	56,730.00
35 (32)	650,000	635,000 ～	665,000	67,340.0	33,670.0	79,170.0	39,585.0		
36	680,000	665,000 ～	695,000	70,448.0	35,224.0	82,824.0	41,412.0		
37	710,000	695,000 ～	730,000	73,556.0	36,778.0	86,478.0	43,239.0		
38	750,000	730,000 ～	770,000	77,700.0	38,850.0	91,350.0	45,675.0		
39	790,000	770,000 ～	810,000	81,844.0	40,922.0	96,222.0	48,111.0		
40	830,000	810,000 ～	855,000	85,988.0	42,994.0	101,094.0	50,547.0		
41	880,000	855,000 ～	905,000	91,168.0	45,584.0	107,184.0	53,592.0		
42	930,000	905,000 ～	955,000	96,348.0	48,174.0	113,274.0	56,637.0		
43	980,000	955,000 ～	1,005,000	101,528.0	50,764.0	119,364.0	59,682.0		
44	1,030,000	1,005,000 ～	1,055,000	106,708.0	53,354.0	125,454.0	62,727.0		
45	1,090,000	1,055,000 ～	1,115,000	112,924.0	56,462.0	132,762.0	66,381.0		
46	1,150,000	1,115,000 ～	1,175,000	119,140.0	59,570.0	140,070.0	70,035.0		
47	1,210,000	1,175,000 ～	1,235,000	125,356.0	62,678.0	147,378.0	73,689.0		
48	1,270,000	1,235,000 ～	1,295,000	131,572.0	65,786.0	154,686.0	77,343.0		
49	1,330,000	1,295,000 ～	1,355,000	137,788.0	68,894.0	161,994.0	80,997.0		
50	1,390,000	1,355,000 ～		144,004.0	72,002.0	169,302.0	84,651.0		

※厚生年金基金に加入している者の厚生年金保険料率は，基金ごとに定められている免除保険料率（2.4%～5.0%）を控除した率となる。加入する基金ごとに異なるので，免除保険料率および厚生年金基金の掛金については，加入する厚生年金基金に問い合わせが必要。

注：等級の（　）内は厚生年金保険の等級。

出典）全国健康保険協会 HP：令和5年度保険料額表.

表6-15　私的年金の種類

タイプ	種類	概要
確定給付型	確定給付企業年金（規約型）	労使が合意した年金規約に基づき，企業と信託会社・生命保険会社などが契約を結んで，母体企業の外で年金資金を管理・運用し，老齢厚生年金の上乗せ給付を行う。
	確定給付企業年金（基金型）	母体企業とは別の法人格を有する基金を設立した上で，その基金が年金資産を管理・運用し，老齢厚生年金の上乗せ給付を行う。
	厚生年金基金※	一企業単独，親企業と子企業が共同，または同種同業の多数企業が共同して，厚生年金基金を設立し，老齢厚生年金の一部を代行して給付を行うとともに，独自の上乗せ給付を行う。
確定拠出型	確定拠出年金（企業型）	企業がその従業員のために企業と契約した信託会社や生命保険会社などの資産管理機関に拠出した掛金を，従業員ごとに積み立て，従業員自らが企業と契約した運営管理業務を行う金融機関等を通じて資産管理機関に運用の指図を行い，老齢厚生年金等の上乗せ給付を行う。
	確定拠出年金（個人型）〈愛称：iDeCo〉	加入者が，自ら国民年金基金連合会に拠出した掛金を，加入者ごとに国民年金基金連合会と契約した信託会社や生命保険会社などの事務委託先金融機関に積み立て，加入者自らが運営管理業務を行う金融機関等を通じて事務委託金融機関に運用の指図を行い，老齢厚生年金等の上乗せ給付を行う。
確定給付型	国民年金基金	自営業者などが，地域型国民年金基金である全国国民年金基金や，同種の事業・業務に従事する人による職能型国民年金基金に掛金を拠出し，その基金が年金資金を管理・運用し，国民年金の上乗せ給付を行う。

※　公的年金制度の健全性及び信頼性の確保のための厚生年金保険法等の一部を改正する法律（平成25年法律第63号）により，2014年4月1日以降，厚生年金基金の新規設立は認められていない。

出典）厚生労働省：年金制度のポイント　2022年度版，p.36.

ている。2017（平成29）年1月，国民年金基金連合会を実施主体とする「iDe-Co（個人型確定拠出年金）」は，加入者の範囲を自営業者や厚生年金の被保険者，専業主婦（夫）など，基本的に年金保険に加入している60歳未満のすべての者が加入できることにした*28。加入者個人が拠出するため，企業は拠出できない。給付は老齢給付金，障害給付金，死亡一時金，脱退一時金である。

（7）年金保険の動向

　2012（平成24）年，「社会保障と税の一体改革」の一環として，年金関連四法（年金機能強化法，被用者年金一元化法，国民年金等一部改正法，年金生活者支援給付金法）が成立した。少子高齢化だけでなく，雇用環境の変化や経済の低迷など社会・経済情勢の変化を踏まえ，社会保障の機能を強化すべく，全世代を通じた国民の安心を確保する「全世代対応型」社会保障制度の構築をめざしたものである。このうち，被用者年金一元化法により2015（平成27）年10月，共済年金が厚生年金に統合，共済年金の3階部分（職域部分）は廃止され，新たな年金として退職等年金給付が創設された。この統合の目的は厚生年金と共済年金の公平性を確保することを通じ，国民の信頼を高めていくことにある。

　一方，世代間の格差については，給付は高齢世代中心，負担は現役世代中心という社会保障の構造や必要な給付の見直しに対する抵抗感の強さ，制度に対する信頼感の低下，不安感の増加があることも忘れてはならない*29（表6-16）。

　また，企業年金は広く導入されても年金資金の運用環境が低迷した場合，その財政が企業経営に対する大きな負担になることは否めない。もっとも，企業年金も被用者の老後の所得保障の一環を担っているため，企業年金の縮減に伴う老後の生活設計に向け，国は公的年金の給付水準の調整を補う私的年金への支援も検討しなくてはならない。

　このようななか，2016（平成28）年12月，「公的年金制度の持続可能性の向上を図るための国民年金法等の一部を改正する法律」が可決，成立した（表

---

*28　企業型確定拠出年金の加入者は勤務先の企業が規約でiDeCoへの加入を認めている場合のみ加入できる。

*29　詳細については厚生労働省「社会保障制度改革国民会議報告書～確かな社会保障を将来世代に伝えるための道筋～」（2013（平成25）年8月6日）を参照。

表6-16　世代ごとの給付と負担の関係について（経済：ケースC　人口：中位）

平成27 (2015) 年 (生年) における年齢	厚生年金（基礎年金を含む）					国民年金			（参考）高齢者のうち高齢者のみ世帯等に所属する人の割合（40歳時点）
	保険料負担額①	年金給付額②	倍率②/①	65歳以降給付分		保険料負担額①	年金給付額②	倍率②/①	
				年金給付額②'	倍率②'/①				
	万円	万円		万円		万円	万円		%
70歳　（1945年生）[2010年度時点で換算]	1,000	5,200	5.1	4,400	4.3	400	1,400	3.8	35.1
65歳　（1950年生）[2015年度時点で換算]	1,100	4,600	4.1	4,000	3.6	400	1,200	2.8	39.5
60歳　（1955年生）[2020年度時点で換算]	1,400	4,600	3.4	4,200	3.1	500	1,200	2.2	44.2
55歳　（1960年生）[2025年度時点で換算]	1,700	4,800	2.9	4,700	2.8	700	1,300	1.9	48.8
50歳　（1965年生）[2030年度時点で換算]	2,000	5,300	2.7	5,300	2.7	800	1,300	1.7	51.3
45歳　（1970年生）[2035年度時点で換算]	2,300	5,700	2.5	5,700	2.5	900	1,400	1.6	53.2
40歳　（1975年生）[2040年度時点で換算]	2,600	6,200	2.3	6,200	2.3	1,000	1,500	1.5	54.3
35歳　（1980年生）[2045年度時点で換算]	3,000	6,800	2.3	6,800	2.3	1,100	1,700	1.5	54.5
30歳　（1985年生）[2050年度時点で換算]	3,300	7,500	2.3	7,500	2.3	1,300	1,900	1.5	54.4
25歳　（1990年生）[2055年度時点で換算]	3,700	8,300	2.2	8,300	2.2	1,400	1,900	1.5	54.2
20歳　（1995年生）[2060年度時点で換算]	4,100	9,200	2.3	9,200	2.3	1,500	2,300	1.5	53.8

注：それぞれ保険料負担額および年金給付額を賃金上昇率を用いて65歳時点の価格に換算したものをさらに物価上昇率を用いて現在価値（平成26年度時点）に割り引いて表示したもの。

注：「高齢者のうち高齢者のみ世帯等に所属する人の割合」は，65歳以上人口に占める世帯主が65歳以上の単独世帯または夫婦のみ世帯人員数割合。（「国勢調査」，「日本の将来推計人口（平成24年1月推計）」，「日本の世帯数の将来推計（平成25年1月推計）」から算出）

出典）厚生労働省年金局数理課：平成26年財政検証結果レポート，2015，p.406.

表6-17　公的年金制度の持続可能性の向上を図るための国民年金法等の一部を改正する法律の概要

　公的年金制度について，制度の持続可能性を高め，将来の世代の給付水準の確保等を図るため，持続可能な社会保障制度の確立を図るための改革の推進に関する法律に基づく社会経済情勢の変化に対応した保障機能の強化，より安全で効率的な年金積立金の管理及び運用のための年金積立金管理運用独立行政法人の組織等の見直し等の所要の措置を講ずる。

〈概　要〉
1．短時間労働者への被用者保険の適用拡大の促進（平成29年4月施行）
　　500人以下の企業も，労使の合意に基づき，企業単位で短時間労働者への適用拡大を可能とする。
　　（国・地方公共団体は，規模にかかわらず適用とする。）
　※平成28年10月から，501人以上の企業等で働く短時間労働者への適用拡大を開始している。
2．国民年金第1号被保険者の産前産後期間の保険料の免除（平成31年4月施行）
　　次世代育成支援のため，国民年金第1号被保険者の産前産後期間の保険料を免除し，免除期間は満額の基礎年金を保障。この財源として，国民年金保険料を月額100円程度引上げ。
3．年金額の改定ルールの見直し（（1）は平成30年4月，（2）は令和3年4月施行）
　　公的年金制度の持続可能性を高め，将来世代の給付水準を確保するため，年金額の改定に際して，以下の措置を講じる。
　（1）マクロ経済スライドについて，年金の名目額が前年度を下回らない措置を維持しつつ，賃金・物価上昇の範囲内で前年度までの未調整分を含めて調整。
　（2）賃金変動が物価変動を下回る場合に賃金変動に合わせて年金額を改定する考え方を徹底。
4．年金積立金管理運用独立行政法人（GPIF）の組織等の見直し（平成29年10月（一部公布日から3月以内）施行）
　　合議制の経営委員会を設け，基本ポートフォリオ等の重要な方針に係る意思決定を行うとともに，執行機関の業務執行に対する監督を行うほか，年金積立金の運用に関し，リスク管理の方法の多様化など運用方法を追加する措置を講ずる。
5．日本年金機構の国庫納付規定の整備（公布日から3月以内施行）
　　日本年金機構に不要財産が生じた場合における国庫納付に係る規定を設ける。

出典）厚生労働省HP：年金改革法の概要，2020.

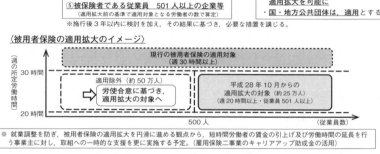

○ 労働参加の促進と年金水準の確保等のため，500 人以下の企業（※）について，労使の合意に基づき，企業単位で，短時間労働者への被用者保険の適用拡大を可能とする。【平成 29 年 4 月施行】
　（国・地方公共団体は，規模にかかわらず適用とする）
※平成 28 年 10 月から，501 人以上の企業等で働く短時間労働者への適用拡大を開始している。

現 行
○週 30 時間以上

501 人以上の企業等への適用拡大（平成 28 年 10 月～）
①週 20 時間以上
②月額賃金 8.8 万円以上（年収 106 万円以上）
③勤務期間 1 年以上見込み
④学生は適用除外
⑤被保険者である従業員　501 人以上の企業等
（適用拡大前の基準で適用対象となる労働者の数で算定）
※施行後 3 年以内に検討を加え，その結果に基づき，必要な措置を講じる。

500 人以下の企業等にも適用拡大
左記①～④の条件以下，500 人以下の企業等について，
・民間企業は，労使合意に基づき，適用拡大を可能に
・国・地方公共団体は，適用とする

〈被用者保険の適用拡大のイメージ〉

（週の所定労働時間）
現行の被用者保険の適用対象
（週 30 時間以上）

30 時間

適用除外（約 50 万人）
労使合意に基づき，適用拡大の対象へ

平成 28 年 10 月からの適用拡大の対象（約 25 万人）
（週 20 時間以上・従業員 501 人以上）

20 時間

500 人　　　　　　（従業員数）

※ 就業調整を防ぎ，被用者保険の適用拡大を円滑に進める観点から，短時間労働者の賃金の引上げ及び労働時間の延長を行う事業主に対し，取組への一時的な支援を更に実施する予定。（雇用保険二事業のキャリアアップ助成金の活用）

図 6-29　短時間労働者への被用者保険の適用拡大の促進

出典）厚生労働省 HP，2020．

6-17）。同法に伴い，「短時間労働者への被用者保険の適用拡大の促進」（2017（平成29）年 4 月施行）により，500人以下の企業も労使で合意[*30]がされれば社会保険に加入できるようになった（図 6-29）。この結果，被用者は年金の給付（障害厚生年金，遺族厚生年金）だけでなく，医療保険（健康保険）の給付（傷病手当金，出産手当金）も充実する。もっとも，社会保険の適用の拡大に伴う厚生年金の保険料の負担増に対しては反対する企業もある。

　一方，労使合意にもとづく社会保険の適用拡大が導入されたことに伴い，2017（平成29）年 4 月からキャリアアップ助成金が拡充された。これは短期間労働者に新たに社会保険を適用し，基本給を増額した事業主に対し，労働者 1 人当たり最大95,000円（14％増額した場合。一定規模以上の事業主については

＊30　厚生年金の被保険者と要件をすべて満たす対象者の 2 分の 1 以上の同意を得たうえで，事業主が管轄の年金事務所に申し出る。健康保険組合に加入している場合，健康保険組合に対しても申し出を行う。

71,250円）の助成を行うものである。このほか，短期間労働者の所定労働時間の延長や賃金の引き上げに対する助成コースもある。

　このような折，2019（令和元）年10月，消費税率が10％に引き上げられた。少子高齢化や人口減少，格差と貧困が拡大するなか，世代間の格差が生じないよう，老後の生活資金の確保について，公的年金を中心としながらも企業年金や生命保険会社など民間金融機関が商品化している個人年金も含め，考えていかざるを得ない時代になったといえよう。

　2023（令和 5 ）年10月末現在，個人型確定拠出年金（iDeCo）の加入者数は約312万人である[31]。個人年金は，個人の生活設計とともに社会全体における適正な税金の負担のあり方にも深く関連する。また，公的年金の上乗せにすぎないため，基礎年金や厚生年金などとどのように組み合わせるのか，退職金や退職後の雇用形態も含めて考えるべきである。

　なお，新型コロナウイルス感染症の影響により，2020（令和 2 ）年 5 月 1 日から国民年金保険料の臨時特例免除申請の受付手続きが実施された。同年 5 月29日には国民年金法等の一部改正法が成立し，6 月 5 日に公布された。その概要は，被用者保険の適用拡大，在職中の年金受給のあり方の見直し，受給開始時期の選択肢の拡大，確定拠出年金の加入可能要件の見直しなどである。

■参 考 文 献

1 ）川村匡由・亀井節子編著：とことんわかる年金パスポート，ミネルヴァ書房，2004.
2 ）河野正輝・中島　誠・西田和弘編：社会保障論　第 3 版，法律文化社，2015.
3 ）今井　伸編：新わかる・みえる社会保障論—事例でつかむ社会保障入門—，みらい，2021.
4 ）堀　勝洋：年金保険法　第 5 版—基本理論と解釈・判例，法律文化社，2022.
5 ）椋野美智子・田中耕太郎：はじめての社会保障　第20版，有斐閣，2023.
6 ）本澤巳代子・新田秀樹編：トピック社会保障法　2023　第17版，信山社，2023.

＊31　iDeCo 公式サイト（https://www.ideco-koushiki.jp），業務状況・加入者数等について。（2023年12月 6 日アクセス）

実習対策

☐年金保険は私たちの日常の暮らし・生活に直結している。このため，この目的や対象，給付内容，財源構成の基礎的な理解を踏まえたうえで，高齢者や障害者，遺族の生活保障という視点からも考えよう。

☐施設，社会福祉協議会（社協），福祉事務所，病院における社会福祉の専門職は，利用者に対し，公的年金をどのように説明・運用しているか確認しよう。

レポート・卒論対策

☐レポートや卒論は社会情勢や雇用形態の変化，少子高齢化，人口減少，財源問題と公的年金制度のあり方，女性と年金（女性の社会進出，ワーク・ライフ・バランス，第3号被保険者，年金分割，遺族年金），公的年金と私的年金の役割と機能をテーマとして考えよう。

受験対策

〈要点整理〉

☐年金保険は老齢，障害，死亡という生活上の不安やリスクに対する定期的，かつ長期的な所得保障である。

☐国民年金は原則として日本国内に住む20歳以上60歳未満の者は強制加入である（国民皆年金）。

☐年金保険は1階部分の国民年金と2階部分の厚生年金で，それぞれ老齢給付・障害給付・遺族給付がある。私的年金は年金保険（公的年金）の上乗せ給付を保障する制度で3階部分といわれる。

☐公的年金は，賦課方式と積立方式を組み合わせた修正積立方式による世代間扶養および世代間の所得移転である。

☐年金保険の財源は被保険者が負担する保険料，国庫負担および積立金の運用収入である。2009（平成21）年度以降，基礎年金給付費に対する国庫負担の割合は2分の1である。

☐老齢基礎年金の受給資格期間は2017（平成29）年8月から保険料を納めた期間と保険料を免除された期間を合わせ，10年以上となった。

☐障害基礎年金の支給要件は，障害認定日に障害の程度が1〜2級に該当すること，また，障害厚生年金は障害の程度が1〜3級に該当することである。

☐遺族年金の受給資格として生計維持の要件が付けられるのは被保険者などの死亡によって生計の途を失う者，すなわち，生活保障の必要性がある者に限り，遺族年金を支給するためである。

□短時間労働者への被用者保険の適用拡大の促進（2017（平成29）年4月施行）により，500人以下の企業も労使で合意がされれば社会保険に加入できるようになった。

□年金には年金保険（公的年金）のほか，企業年金や個人年金の私的年金がある。

〈過去問〉

□遺族基礎年金は，死亡した被保険者の孫にも支給される。（32回52-3）
　⇨×　孫には支給されない。

□障害基礎年金を受給していると，国民年金の保険料納付は免除される。（33回55-2）
　⇨○

□老齢基礎年金の給付に要する費用は，その4割が国庫負担で賄われている。（34回52-3）
　⇨×　国庫負担の割合は5割である。

□基礎年金に対する国庫負担は，老齢基礎年金，障害基礎年金，遺族基礎年金のいずれに対しても行われる。（35回55-2）
　⇨○

□厚生年金保険の保険料は，所得にかかわらず定額となっている。（35回55-3）
　⇨×　定額ではなく，定率である。

□老齢基礎年金の受給者が，被用者として働いている場合は，老齢基礎年金の一部または全部の額が支給停止される場合がある。（35回55-5）
　⇨×　老齢基礎年金は，支給停止されない。

就活対策

□年金制度は社会情勢や経済，雇用，家族機能の変化に対応しつつ，国民の生活保障の機能を維持・強化している。このため，社会人になる前に公的年金と私的年金の保険内容と財政方式を理解し，確認しておこう。

4 労災保険制度と雇用保険制度

　労働保険は労働者災害補償保険（労災保険）と雇用保険を総称したもので，労働者が支払う保険料の納付は一体的に取り扱われるが，業務中の傷病や失業時，教育訓練などに対する給付は別個に行われる。労働者（短時間就労者を含む）を一人でも雇用していれば労働保険の適用事業所となり，一部を除き，事業主は労働保険に加入し，保険料を納付しなければならない。労働保険の保険者は政府で厚生労働省が運営するが，労災保険は都道府県労働局，労働基準監督署，雇用保険は公共職業安定所（ハローワーク）がその事務を行う。

　このうち，労災保険は，雇用されている労働者が業務中（業務災害）や通勤時（通勤災害）の事故などによる傷病，死亡した場合などに労働者やその家族に対し，必要な保険給付を行う。また，労災病院の設置・運営や労災特別介護施設の運営，メンタルヘルス対策など労働者の社会復帰を図るための事業を実施している。

　これに対し，雇用保険は失業時や育児，介護による休業など雇用の継続が難しい場合，労働者（遺族）の生活・雇用の安定や就職の促進を図るため必要な給付（失業等給付・育児休業給付）を行う。また，失業の予防や雇用機会の増大，労働者の能力の開発・向上，福祉の増進を目的とした雇用保険二事業（雇用安定事業・能力開発事業）を実施している。

（1）労災保険の目的

　労災保険の目的は労働者災害補償保険法第1条に規定されており，業務上，または通勤による労働者の負傷，疾病，障害，死亡などに対し，必要な保険給付を行い，業務上や通勤による負傷，疾病にかかった労働者の社会復帰の促進，労働者・遺族の援護，労働者の安全および衛生の確保などを図ることにより労働者の福祉の増進に寄与することにある。

（2）労災保険の対象となる事業・労働者

　労働者を一人でも雇用している事業所を適用事業所といい，国の直営事業および官公署の事業や一部の農林水産業（労働者5人未満の暫定任意適用事業）などを除き，すべての事業所に労災保険への加入が義務づけられている（労働者

表 6 -18　労災保険における労働者の取り扱い

基本的な考え方	・労働者は常用，日雇，パート，アルバイト，派遣など，名称や雇用形態にかかわらず，労働の対償として賃金を受けるすべての者が対象となる。 ・海外派遣者により特別加入の承認を得ている労働者は別個に申告するため，その期間は対象とならない。
法人の役員（取締役）の取り扱い	・代表権・業務執行権を有する役員は労災保険の対象とならない。
短時間就労者 （パート，アルバイトなど）	・すべて対象労働者となる。
出向労働者	・出向先事業主の指揮監督を受けて労働に従事する場合，出向先で対象労働者として適用する。
派遣労働者	・派遣元がすべての労働者を対象労働者として適用する。
日雇労働者	・すべて対象労働者となる。

出典）厚生労働省 HP：労働者の取扱い（例示）を一部抜粋・改変.

災害補償保険法第 3 条）。労災保険の対象は雇用形態（パートタイマーを含む一般労働者，日雇労働者，アルバイト，派遣労働者など）にかかわらず，賃金が支払われるすべての労働者が対象となる。ただし，法人の役員（取締役）や海外派遣者は労災保険の対象とならない場合もある（表 6 -18）。

（3）特別加入制度（労災保険への特別加入）

　労災保険は国内で雇用され，賃金が支払われている労働者を対象としており，中小企業の事業主や自営業者，海外の支店や工場に派遣されている者などは対象とならない。もっとも，これらの労働者は業務実態や災害の発生状況が一般の労働者と変わらないことから，一定の条件にもとづき労働者に準じて保護する特別加入制度（労災保険への特別加入）が設けられている。特別加入の対象範囲は中小事業主等，一人親方その他の自営業者，特定作業従事者，海外派遣者の 4 種類に大別されている（表 6 -19）。

表6-19　特別加入者の範囲

中小事業主等	①50人から300人以下の企業規模の労働者を常時使用する事業主，②事業主の家族従事者や役員など
一人親方その他の自営業者	①自動車や自転車を使用して行う旅客・貨物の運送事業（個人タクシー業者や個人貨物運送業者など），②土木，建設，修理，解体などの事業（大工，左官，とび職人など），③漁船による水産動植物の採捕事業（漁業・水産養殖業など），④林業，⑤医薬品の配置販売の事業（置き薬など），⑥再生資源取扱業，⑦船員法第1条に規定する船員が行う事業（船長，航海士など），⑧柔道整復師，⑨創業支援等措置に基づき事業を行う高年齢者，⑩あん摩マッサージ指圧師，はり師またはきゅう師，⑪歯科技工士
特定作業従事者	①特定農作業従事者，②指定農業機械作業従事者，③国または自治体が実施する訓練従事者，④家内労働者およびその補助者（危険度が高い作業），⑤労働組合等の一人専従役員（委員長等の代表者），⑥介護作業従事者および家事支援従事者，⑦芸能関係作業従事者，⑧アニメーション制作作業従事者，⑨ITフリーランス
海外派遣者	①国内の事業主から労働者として海外に派遣される人（海外駐在員など），②国内の事業主から中小事業主（代表者）などとして派遣される者（海外支店長など），③開発途上地域に独立行政法人国際協力機構（JICA）から派遣され，事業に従事する者（海外青年協力隊など）

出典）厚生労働省：特別加入制度のしおり（中小事業主等用，2022，p.3，一人親方その他の自営業者用，2022，p.3，特定作業従事者用，2022，pp.3-7，海外派遣者用，2022，p.3）より筆者作成.

（4）労災保険の適用範囲と給付内容

1）労災保険の適用範囲

　労災保険の保険給付は労働者の業務を原因とした負傷，疾病，死亡などの業務災害による給付，および通勤時の傷病などの通勤災害による給付がある。この業務および通勤以外の傷病などについては健康保険が適用される（図6-30）。

①　業務災害

　業務を原因とした負傷や疾病，死亡を業務災害といい，労働者が事業主の支配・管理下で業務に従事しており，業務と傷病などとの間に一定の因果関係が

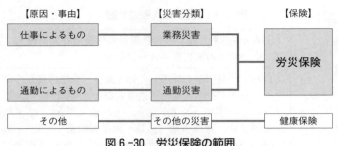

図6-30　労災保険の範囲

出典）厚生労働省：労災保険給付の概要，2023，p.1.

ある場合，業務災害に対する保険給付が行われる。出張時や業務上の外出など
は事業主の支配下にあるため，業務災害と認められるが，台風や地震などの自
然災害時，休憩時間や就業前後（実際に業務をしていない時間）などは原則とし
て業務災害として認められない。

　一方，疾病については，①労働の場に有害な化学物質，病原体，身体に過度
の負担がかかる作業など有害因子が存在している，②健康障害が起こるに足る
有害因子の量・期間にさらされた，③疾病の発症経過・病態が医学的に妥当で
あることの三つの要件を満たし，かつ業務との間に相当の因果関係が認められ
る場合（業務上疾病）は保険給付の対象となる。

② 　通 勤 災 害

　労働者が通勤によって被った傷病などを通勤災害といい，住居と就業場所の
往復（図6-31-Ⅰ-❶），他の就業場所（複数就業者）への移動（同❷），単身赴
任先や帰省先住居間の移動（同❸）について，業務の性質を有するもの*32を除
く合理的な経路や方法で行うものである。日用品の購入や職業訓練，診察・治
療のための通院などの例外を除き，通勤途中の映画館への入場や飲酒など移動
経路を逸脱したり，中断したりした間とその後の移動は原則として通勤とはな
らない（図6-31-Ⅱ）。

２）労災保険の保険料と労災保険の給付内容

　労災保険の保険料は被保険者（労働者）の負担はなく，全額が事業主の負担

────────────

*32　事業主が提供する専用交通機関を利用して出・退勤する場合，緊急用務のため，休日
　に呼び出しを受け，出勤する場合などは通勤災害ではなく，業務災害となる。

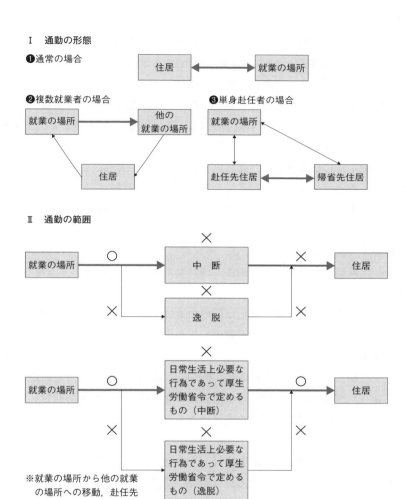

○…通勤として認められるもの　×…通勤として認められないもの

図6-31　通勤の形態と範囲

出典）厚生労働省：労災保険給付の概要，2023，p.6．

となり，労働災害は業種によって災害リスクが異なることから，1,000分の2.5
（0.25％：放送業，出版業，金融・保険業，不動産業など）から1,000分の88（8.8％：
金属鉱業，石炭鉱業など）の範囲で業種（54業種：2018（平成30）年4月1日施行）
ごとに労災保険率が定められている。また，同一事業であっても労働災害の発
生状況（過去3年間における業務災害に対して支払われた保険給付および特別支給
金の額）に応じ，労災保険率が増減するメリット制*33が導入されている。

　労災保険給付には業務災害と通勤災害に関する保険給付，二次健康診断等給
付があり，療養（補償*34）等給付，介護（補償）等給付，二次健康診断等給付
以外の金銭給付の保険給付額は，原則として平均賃金に相当する額（労働基準
法第12条）である給付基礎日額*35によって算出される。また，特別支給金につ
いては算定基礎日額*36にもとづき，障害の程度や遺族の数などに応じ，算出
される。保険給付の種類，給付要件，内容などは**表6-20**のとおりである。

（5）雇用保険の概要

　雇用保険は労働者の失業，または雇用の継続が難しい場合や教育訓練を受け
た場合に必要な給付を行い，労働者の生活や雇用の安定，就職の促進と失業の
予防，雇用機会の増大，能力の開発・向上などにより労働者の福祉の増進を図
ることを目的としている（雇用保険法第1条）。雇用保険は労働者を雇用する事
業所に対し，原則として強制的に適用される強制保険で，失業等給付・育児休
業給付の支給と雇用保険二事業の実施による雇用関連の総合的機能を有する制
度である。

　失業等給付には失業時の求職者給付，再就職を支援・促進するための就職促
進給付，厚生労働大臣が指定する教育訓練を受講・修了した場合に費用の一部
を給付する教育訓練給付，職業生活継続の支援・促進を目的として高年齢者や

---

*33　事業の労働災害発生状況に応じ，一定の範囲（＋40％から−40％）で労災保険率を増
　　減させる制度。
*34　業務災害による給付は補償給付となる。
*35　直前3か月間に労働者に支払われた賃金総額（賞与や臨時に支払われた賃金を除く）
　　をその期間の暦日数（休日を含めた日数）で割った1日当たりの賃金額。
*36　事故発生日，または診断確定日前の1年間に支払われた賞与（特別給与）などの総額
　　（臨時に支払われた賃金を除く）を365で割った額。

表6-20　労災保険給付等一覧（次頁以降へつづく）

保険給付の種類		支給要件	給付内容	特別支給金
療養（補償）等給付		業務災害，複数業務要因災害または通勤災害による傷病により労災病院や労災指定医療機関などで療養するとき	療養の給付 ※通院費が支給される場合がある	
		業務災害，複数業務要因災害または通勤災害による傷病により労災病院や労災指定医療機関など以外で療養するとき	療養費の支給 ※通院費が支給される場合がある	
休業（補償）等給付		業務災害，複数業務要因災害または通勤災害による傷病の療養のため労働することができず，賃金を受けられないとき	休業4日目から，休業1日につき給付基礎日額の60％相当額	休業特別支給金：休業4日目から休業1日につき給付基礎日額の20％相当額
障害（補償）等給付	障害（補償）等年金	業務災害，複数業務要因災害または通勤災害による傷病が治癒（症状固定）した後に障害等級第1級から第7級までに該当する障害が残ったとき	障害の程度に応じ，給付基礎日額の313日分から131日分の年金 第1級　　313日分 第2級　　277日分 第3級　　245日分 第4級　　213日分 第5級　　184日分 第6級　　156日分 第7級　　131日分	障害特別支給金：障害の程度に応じ，342万円から159万円までの一時金 障害特別年金：障害の程度に応じ，算定基礎日額の313日分から131日分の年金
	障害（補償）等一時金	業務災害，複数業務要因災害または通勤災害による傷病が治癒（症状固定）したのち障害等級第8級から第14級までに該当する障害が残ったとき	障害の程度に応じ，給付基礎日額の503日分から56日分の一時金 第8級　　503日分 第9級　　391日分 第10級　　302日分 第11級　　223日分 第12級　　156日分 第13級　　101日分 第14級　　56日分	障害特別支給金：障害の程度に応じ，65万円から8万円までの一時金 障害特別一時金：障害の程度に応じ，算定基礎日額の503日分から56日分の一時金

保険給付の種類		支給要件	給付内容	特別支給金
遺族（補償）等給付	遺族（補償）等年金	業務災害，複数業務要因災害または通勤災害により死亡したとき	遺族の数などに応じ，給付基礎日額の245日分から153日分の年金 1 人　　　　153日分 2 人　　　　201日分 3 人　　　　223日分 4 人以上　　245日分	遺族特別支給金：遺族の数にかかわらず，一律300万円 遺族特別年金：遺族の数などに応じ，算定基礎日額の245日分から153日分の年金
	遺族（補償）等一時金	（1）遺族（補償）年金を受け得る遺族がないとき （2）遺族（補償）年金を受けている者が失権し，かつ他に遺族（補償）年金を受け得る者がない場合，すでに支給された年金の合計額が給付基礎日額の1000日分に満たないとき	給付基礎日額の1000日分の一時金（（2）の場合，すでに支給した年金の合計額を差し引いた額）	遺族特別支給金：遺族の数にかかわらず，一律300万円（（1）の場合のみ） 遺族特別一時金：算定基礎日額の1000日分の一時金（（2）の場合，すでに支給した特別年金の合計額を差し引いた額）
葬祭料等 （葬祭給付）		業務災害，複数業務要因災害または通勤災害により死亡した者の葬祭を行うとき	315,000円に給付基礎日額の30日分を加えた額（その額が給付基礎日額の60日分に満たない場合，給付基礎日額の60日分）	
傷病（補償）等年金		業務災害，複数業務要因災害または通勤災害による傷病が療養開始後 1 年 6 か月を経過した日，または同日後において次の各号のいずれにも該当するとき （1）傷病が治癒（病状固定）していないこと （2）傷病による障害の程度が傷病等級に該当すること	障害の程度に応じ，給付基礎日額の313日分から245日分の年金 第 1 級　　313日分 第 2 級　　277日分 第 3 級　　245日分	傷病特別支給金：障害の程度により114万円から100万円までの一時金 傷病特別年金：障害の程度により算定基礎日額の313日分から245日分の年金

保険給付の種類	支給要件	給付内容
介護（補償）等給付*	障害（補償）等年金または傷病（補償）等年金受給者のうち，第1級の者または第2級の精神・神経の障害および胸腹部臓器の障害の者で，現に介護を受けているとき	常時介護の場合は，介護の費用として支出した額（ただし，172,550円を上限とする） 親族などにより介護を受けており，介護費用を支出していない場合，または支出した額が77,890円を下回る場合は77,890円 随時介護の場合，介護の費用として支出した額（ただし，86,280円を上限とする） 親族などにより介護を受けており介護費用を支出していない場合，または支出した額が38,900円を下回る場合は38,900円
二次健康診断等給付* ※船員法の適用を受ける船員および特別加入者については対象外	事業主が行った直近の定期健康診断など（一次健康診断）において，次の（1）（2）のいずれにも該当するとき （1）血圧検査，血中脂質検査，血糖検査，腹囲またはBMI（肥満度）の測定のすべての検査で異常の所見があると診断されていること （2）脳血管疾患または心臓疾患の症状を有していないと認められること	二次健康診断および特定保健指導の給付 （1）二次健康診断 　脳血管および心臓の状態を把握するために必要な，以下の検査 ①空腹時血中脂質検査 ②空腹時血糖値検査 ③ヘモグロビンA1c検査 （一次健康診断で行った場合には行わない） ④負荷心電図検査または心エコー検査 ⑤頸部エコー検査 ⑥微量アルブミン尿検査 （一次健康診断において尿蛋白検査の所見が疑陽性（±）または弱陽性（+）である者に限り行う） （2）特定保健指導 　脳・心臓疾患の発生の予防を図るため，医師等により行われる栄養指導，運動指導，生活指導

注：表中の金額等は，2023（令和5）年5月1日現在のもの。
＊：介護（補償）等給付と二次健康診断等給付には，特別支給金の規定はない。

出典）厚生労働省：労災保険給付の概要，2023，pp.8-9を一部改変．

介護休業を取得した場合，低下した賃金を補う雇用継続給付がある。また，育児休業を取得した労働者の雇用と生活の安定を図るための育児休業給付，失業の予防や雇用機会の増大，労働者の能力開発など，労働者の職業の安定に資することを目的とした雇用保険二事業が実施されている（図 6 -32）。

（6）雇用保険の保険料と対象となる事業・労働者

　雇用保険の保険料（表 6 -21）は失業等給付を労働者と事業主が折半し，雇

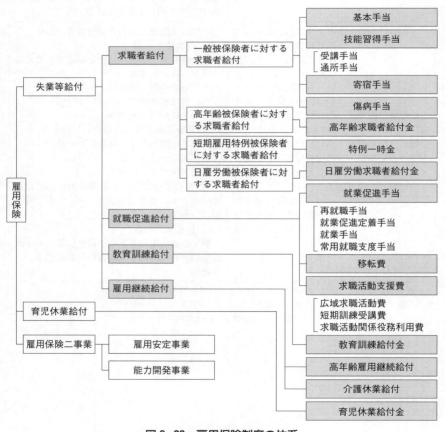

図 6 -32　雇用保険制度の体系

出典）厚生労働省職業安定局 HP.

用保険二事業は事業主のみが負担する。業種・規模を問わず，労働者を一人で
も雇用する事業（農林水産業の一部を除く）は雇用保険の適用事業で，適用除外
者を除き，そこで雇用される労働者はすべて被保険者となる。被保険者は一般
被保険者，高年齢被保険者*37，短期雇用特例被保険者，日雇労働被保険者に
分かれている（表6-22，表6-23）。

（7）失業等給付

1）求職者給付

○**基本手当**：雇用保険の一般被保険者（労働者）が離職した場合，年齢や被
　保険者期間，離職理由に応じ，90日〜360日間の基本手当が支給される。
　このうち，倒産や解雇など特定受給資格者と有期雇用契約満了や家庭事
　情・人員整理等で離職した特定理由離職者，障害があるなどの就職困難者
　は一般の離職者に比べ，手厚い給付日数となっている（表6-24）。

・**受給要件**：基本手当は一般被保険者で，公共職業安定所（ハローワーク）
　に求職の申し込みを行い，就職する意思と就職できる能力があるが，本人
　やハローワークの努力によっても職業に就くことができず，失業の状態に
　あり，かつ離職日前の2年間に被保険者期間が通算12か月以上（特定受給
　資格者や特定理由離職者は離職前1年間に6か月以上）ある場合，支給される。
　もっとも，傷病や妊娠，出産などですぐに就職できない場合，定年や結婚
　後の休養，あるいは家事に専念するなどで就職できない場合，支給されな
　い。

・**受給期間**：雇用保険の受給期間は原則として離職日の翌日から1年間で，
　離職理由（特定受給資格者・特定理由離職者）や年齢，被保険者期間，障害
　者などの就職困難者であるかなどによって異なる。

・**基本手当日額**：基本手当日額（雇用保険で受給可能な1日の金額）は，原則
　として離職日直前の6か月に支払われた賞与などを除く賃金（基本給，残
　業代，交通費等を含む）の合計を180で割った賃金日額の約50〜80％（60歳
　〜64歳については45〜80％）で，年齢により上限額が異なる（表6-25）。

---

*37　2016（平成28）年の雇用保険法等の一部改正により，65歳以上の高年齢者への適用が
　　拡大され，高年齢継続被保険者は高年齢被保険者へと変更になった。

表 6 -21　雇用保険料率（2023（令和 5 ）年度）

事業の種類 ＼ 負担者	① 労働者負担	② 事業主負担	失業等給付 育児休業給付	雇用保険二事業	①＋② 雇用保険 料率
一般の事業	6 /1,000	9.5/1,000	6 /1,000	3.5/1,000	15.5/1,000
農林水産・ 清酒製造の事業	7 /1,000	10.5/1,000	7 /1,000	3.5/1,000	17.5/1,000
建設の事業	7 /1,000	11.5/1,000	7 /1,000	4.5/1,000	18.5/1,000

出典）厚生労働省 HP を一部改変.

表 6 -22　雇用保険の適用除外者（雇用保険法第 6 条）

1 ．1 週間の所定労働時間が20時間未満である者
2 ．同一の事業主の適用事業に継続して31日以上雇用されることが見込まれない者
3 ．季節的に雇用される者で，4 か月以内の期間を定めて雇用される者，または，
　1 週間の所定労働時間が30時間未満の者
4 ．昼間学生（通信・夜間課程，定時制などを除く）
5 ．船員保険の被保険者（雇用期間が 1 年以上の船員を除く）
6 ．国，都道府県，市町村などの正規職員

出典）筆者作成.

表 6 -23　雇用保険の被保険者

一般被保険者	高年齢被保険者，短期雇用特例被保険者，日雇労働被保険者以外の被保険者
高年齢被保険者	65歳以上の被保険者（短期雇用特例被保険者，日雇労働被保険者を除く）
短期雇用特例被保険者	季節的・短期雇用者（季節的に期間を定めて雇用される者または季節的に入・離職する者，1 年未満の雇用を繰り返す者で一定の要件を満たす者）
日雇労働被保険者	日々雇用される者および30日以内の期間を定めて雇用される者

出典）労働保険の手引　令和 2 年度版，労働新聞社，2020，p.140，p.255より筆者作成.

表 6-24　基本手当の所定給付日数

被保険者期間 区分・年齢		1年未満	1年以上 5年未満	5年以上 10年未満	10年以上 20年未満	20年以上
一般 被保険者	全年齢	—	90日		120日	150日
特定受給 資格者 特定理由 離職者	30歳未満	90日	90日	120日	180日	—
	30歳以上 35歳未満		120日	180日	210日	240日
	35歳以上 45歳未満		150日		240日	270日
	45歳以上 60歳未満		180日	240日	270日	330日
	60歳以上 65歳未満		150日	180日	210日	240日
就職 困難者	45歳未満	150日	300日			
	45歳以上 65歳未満		360日			

出典）厚生労働省職業安定局 HP より筆者作成.

表 6-25　基本手当日額の最高額および最低額

	年齢	日額
最高額	30歳未満	6,945円
	30歳以上45歳未満	7,715円
	45歳以上60歳未満	8,490円
	60歳以上65歳未満	7,294円
最低額	全年齢	2,196円

注：2023（令和5）年3月1日現在

出典）厚生労働省職業安定局 HP を一部改変.

○技能習得手当：技能習得手当は基本手当とは別に支給され，公共職業訓練などを受講する場合，支給される受講手当（日額500円，上限20,000円）と公共職業訓練等施設への交通費である通所手当（月額上限42,500円）の2種類がある。

○寄宿手当：寄宿手当は受給資格者が公共職業訓練などを受けるため，家族と別居して暮らす場合に支給され，月額は10,700円である。

○傷病手当：傷病手当は求職の申し込み後に傷病のため，15日以上就職することできない場合，基本手当日額と同額が支給される。引き続き30日以上就職することができない場合，申し出によって基本手当の受給期間を最大4年間まで延長することが可能である。

○高年齢求職者給付金：労働の意思・意欲があるにもかかわらず就職できない状態で，かつ被保険者期間が原則，離職前の1年間に6か月以上ある65歳以上の高年齢被保険者（短期雇用特例被保険者や日雇労働被保険者を除く）が失業した場合，被保険者期間に応じ，高年齢求職者給付金（被保険者期間1年未満：基本手当日額30日分，1年以上：基本手当日額50日分）が支給される。

○特例一時金：一定期間に入・離職を繰り返す季節的短期雇用者（短期雇用特例被保険者）には特例一時金が支給される。被保険者期間が原則として離職前の1年間に6か月以上あり，労働の意思・意欲があるにもかかわらず，就業できない状態にある場合，一般被保険者の基本手当日額の30日分（当分の間，暫定措置により40日分となる）が支給される。

○日雇労働求職者給付金：一般被保険者と異なり，日雇労働者や30日以内の期間雇用者などの日雇労働被保険者が失業した場合，雇用形態に応じた日雇労働求職者給付金が支給される。日雇労働被保険者は失業日前の2か月間に通算26日以上の保険料（雇用保険印紙保険料）が納付されている場合，保険料納付日数に応じ，13日から17日分の給付日額（賃金に応じ，第1級：7,500円，第2級：6,200円，第3級：4,100円の三段階）が支給される。

2）就職促進給付

就職促進給付は失業者の再就職を援助・促進することが目的で，就業促進手

当（再就職手当，就業促進定着手当，就業手当，常用就職支度手当）や移転費，求
職活動支援費（広域求職活動費，短期訓練受講費，求職活動関係役務利用費）があ
る（表6-26）。

3）教育訓練給付

教育訓練給付制度は労働者の能力開発，または中長期的なキャリアの形成を
支援し，厚生労働大臣の指定する教育訓練を受講し，修了した場合に支払った
費用の一部を支給することで，雇用の安定と再就職の促進を図ることを目的と
している。受講開始日に雇用保険の支給要件期間が3年以上あるなど，一定の
要件を満たす場合，一般教育訓練給付金（教育訓練経費の20％：上限10万円），
専門実践教育訓練給付金（教育訓練経費の70％：上限最大3年間で168万円），特
定一般教育訓練給付金（教育訓練経費の40％：上限20万円）が支給される。また，
2025（令和7）年3月31日までの時限措置として，訓練期間中，失業状態であ
り，かつ受講開始時に45歳未満など一定の要件を満たす場合，基本手当日額の
80％を支給する教育訓練支援給付金制度が設けられている。

4）雇用継続給付

雇用継続給付は賃金が低下した60歳以上65歳未満の高年齢者，介護休業を取
得した被保険者の職業生活の円滑な継続を援助・促進することが目的で，高年
齢雇用継続給付（高年齢雇用継続基本給付金，高年齢再就職給付金）や介護休業
給付が支給される（表6-27）。

（8）育児休業給付

育児休業給付は2020（令和2）年の雇用保険法改正により，他の失業等給付
とは異なる給付体系に位置づけられた。雇用保険被保険者が出生後8週間の期
間内に合計4週間分（28日）を限度として，出生時育児休業（通称，産後パパ育
休，2回まで分割取得可）を取得した場合，一定の要件を満たすと「出生時育
児休業給付金」が支給される。また，原則1歳未満の子を養育するために育児
休業（2回まで分割取得可）を取得した場合，一定の要件を満たすと「育児休
業給付金」が支給される。

（9）雇用保険二事業

失業の予防や雇用状態の是正，雇用機会の増大，労働者の能力開発・向上な

表 6 -26　就職促進給付

就業促進手当	再就職手当	基本手当の受給資格者が安定した職業に就き，基本手当の支給残日数が所定給付日数の 3 分の 1 以上あり，かつ一定の要件に該当する場合，支給される。
	就業促進定着手当	再就職手当の支給を受け，再就職先に引き続き 6 か月以上雇用され，かつ再就職先の賃金日額が雇用保険給付を受ける離職前の賃金日額よりも低い場合，支給される。
	就業手当	基本手当の受給資格者で，再就職手当の支給対象ではない常用雇用等以外で就業し，基本手当の支給残日数が所定給付日数の 3 分の 1 以上，かつ45日以上あり，一定の要件に該当する場合，支給される。
	常用就職支度手当	基本手当の受給資格者（支給残日数が所定給付日数の 3 分の 1 未満），高年齢受給資格者，特例受給資格者または日雇受給資格者のうち，障害があるなど就職困難者が安定した職業に就き，一定の要件に該当する場合，支給される。
移転費		就職や公共職業訓練などで住所または居所を変更する必要がある場合，受給資格者本人とその家族に移転費用が支給される。
求職活動支援費	広域求職活動費	公共職業安定所（ハローワーク）の紹介により遠隔地を訪問して面接等をした場合，交通費や宿泊料が支給される。
	短期訓練受講費	公共職業安定所（ハローワーク）の職業指導により教育訓練を受講し，修了した場合，教育訓練経費の 2 割（上限10万円）が支給される。
	求職活動関係役務利用費	面接や教育訓練受講のため，保育サービスなどを利用した場合，本人が負担した費用の一部が支給される。

出典）厚生労働省職業安定局 HP より筆者作成.

表 6 -27　雇用継続給付

高年齢雇用継続給付	被保険者期間が 5 年以上で60歳以上65歳未満の一般被保険者が60歳時点に比べ，賃金が75 ％未満に低下した場合，支給される。
介護休業給付	一般被保険者および高年齢被保険者が家族を介護するため，介護休業を取得し，一定の要件を満たす場合，支給される。

出典）厚生労働省職業安定局 HP より筆者作成.

どに資するため，雇用安定事業と能力開発事業が雇用保険二事業として実施されている。雇用安定事業は事業縮小時の雇用や高齢者・障害者の雇用，地域雇用，育児・介護を行う労働者の雇用などの安定を図るため，事業主などが措置を講じた場合，助成金が支給される。これに対し，能力開発事業は事業主などが行う職業訓練に対する助成や公共職業能力開発施設などの充実，再就職を促進するための訓練を行う事業主などへの給付金の支給が行われている。

　いずれにしても，近年，2020（令和 2 ）年からの新型コロナウイルス感染症の影響も加わり，格差と貧困の拡大が大きな社会問題となっているだけに，労働保険はその要の一つとなっているため，労働者の労災および雇用保障としての役割が期待されている。

■参 考 文 献
1 ）伊藤周平：社会保障のしくみと法，自治体研究社，2017.
2 ）厚生労働省雇用安定局：ハローワークインターネットサービス.
3 ）厚生労働省・都道府県労働局・労働基準監督署：労災保険給付の概要，2023.
4 ）厚生労働省・都道府県労働局・労働基準監督署：特別加入制度のしおり（中小事業主等用，2022・一人親方その他の自営業者用，2022・特定作業従事者用，2022・海外派遣者用，2022.）
5 ）労働新聞社編：労働保険の手引　令和 5 年度版，2023.

実習対策

□実習施設・機関の所在地を管轄する労働局，労働基準監督署，ハローワークから労災保険や雇用保険に関するパンフレットやリーフレットを入手し，労働保険の概要を把握する。

□福祉事務所や急性期病院，障害福祉サービス（相談支援事業所，就労移行支援事業所など），母子生活支援施設などのクライエントに対し，労働保険の概要を説明できるようにしておく。

□過去に労災保険や雇用保険の給付を受けたクライエントのケース記録の閲覧，実習指導者などによる講義から労働保険に関する支援の状況を理解する。

レポート・卒論対策

□労働・失業問題などは景気動向や国の施策などによって大きな影響を受ける。このため，ニュースや新聞，インターネットから現在の雇用情勢や失業状況を理解しておく。

□レポートや卒業論文では「ワーク・ライフ・バランス」「過労死と長時間労働」「働き方改革」「雇用の二極化（正規・非正規）」「職場のハラスメント」「介護離職」「ワーキングプア」などをテーマに取り組もう。

受験対策

〈要点整理〉

□労災保険は業務に起因する業務災害や通勤災害時，被災労働者や遺族に対して必要な保険給付を行う。

□国の直営事業および官公署の事業や一部の農林水産業などを除き，労働者を一人でも雇用している事業所（適用事業）には労災保険の加入が義務づけられている（労働者災害補償保険法第2条）。

□パートタイマーを含む一般労働者や日雇労働者，アルバイト，派遣労働者などの雇用形態にかかわらず，賃金が支払われるすべての労働者が労災保険の対象者となる。

□労災保険は国内で雇用され賃金が支払われている労働者が対象であるが，中小事業主や一人親方，海外派遣者などは特別加入制度を利用することができる。

□労災保険の保険料は全額事業主負担で，労働災害は業種によって災害へのリスクが異なるため，業種ごとに労災保険率が定められている。また，労働災害の発生状況に応じ，労災保険率が増減するメリット制が導入されている。

□雇用保険は労働者の失業や教育訓練を受けた場合などに必要な給付を行い，労

働者の生活や雇用の安定，就職の促進と失業の予防，能力開発・向上などにより，労働者の福祉の増進を図ることを目的としている（雇用保険法第1条）。

□業種・規模を問わず，労働者を一人でも雇用する事業（農林水産業の一部を除く）は適用除外者を除き，雇用保険の適用事業となり，適用事業所で雇用される労働者はすべて被保険者となる。

□雇用保険の被保険者は一般被保険者，高年齢被保険者，短期雇用特例被保険者，日雇労働被保険者に分かれている。

□雇用保険は失業等給付と育児休業給付・雇用保険二事業に分かれており，失業等給付には求職者給付，就職促進給付，教育訓練給付，雇用継続給付がある。

□雇用保険二事業では失業の予防や雇用機会の増大，労働者の能力開発などを目的として雇用安定事業と能力開発事業が実施されている。

〈過去問〉

□労働者災害補償制度の保険料は，事業主と労働者が折半して負担する。（35回53-3）

⇨× 労災保険の保険料は**被保険者（労働者）の負担はなく，全額が事業主の負担**となる。p.166参照。

□労働者災害補償保険制度には，大工，個人タクシーなどの個人事業主は加入できない。（35回54-2）

⇨× 労災保険には自営業者やフリーランス（個人事業主）などが加入できる**特別加入制度**（p.164）が設けられている。

□近年の法改正により，育児休業給付は，失業等給付から独立した給付として位置づけられた。（34回53-3）

⇨○ **そのとおり**である。「(8) 育児休業給付」（p.177）を参照。

就活対策

□急性期病院や母子生活支援施設，障害福祉サービスの就労支援事業所などを志望する場合，労災保険給付の概要（厚生労働省）や公共職業安定所（ハローワーク）のインターネットサービスなどから労災保険と雇用保険の概要を把握しておく。

□自治体（福祉事務所の福祉職）や市町村社会福祉協議会（社協）を志望する場合，生活保護受給者や生活困窮者に対するセーフティネットとしての労災保険や雇用保険の役割を理解しておきたい。

5 生活保護制度

（1）生活保護の目的

　生活保護の目的は「最低限度の生活を保障すること」と「自立を助長すること」である。生活保護法第1条に法律の目的としてこの二つを規定している。

　第一の「最低限度の生活を保障すること」は日本国憲法第25条に規定する理念にもとづいて行われるものであり，そのため，生活保護による具体的な保障内容は，国民の生存権を保障するものでなければならない。

　第二の「自立を助長すること」は，「惰民防止」を意図したようなこれまでの救貧制度とは異なり，「人の」なかにある「可能性を発見し，これを助長育成し，而して，その人をして能力に相応しい状態において社会生活に適応させる」[*38]ことを意図するものであったとされている。このため，生活保護によって対象となる国民の能力が発揮できるような支援が行われる必要がある。

（2）生活保護制度の歴史的経緯

　明治維新により日本は中央集権的な近代国家の道を歩むこととなったが，明治政府の成立直後から，政府は自力で生活できない「貧民」「窮民」の救済に継続的に取り組んできていた。それは社会不安を取り除くための社会政策として実施されてきた。ところが，日本国憲法制定以降はこれまでのような自力で生活できない人たちへの救済が，人権を保障するための生活保護制度へと変わっていくことになった。

　具体的には，生活困窮者への対応は次のような経緯で行われてきた。

1）恤 救 規 則

　救貧制度として日本で最初に創設されたのは，1874（明治7）年の恤救規則である。これは近代国家の建設を進めるなかで明治政府が制定した規則である。救済の対象となるのは働くことのできない貧民である「無告ノ窮民」だけであり，救済内容は年間米1石8斗（約50日分）に値する金銭給付を毎月支払うという非常に限定的にものであった。明治から大正期にかけての「窮民」救

---

*38　小山進次郎『生活保護法の解釈と運用』中央社会福祉協議会，1951，pp.92-93．小山は，生活保護法制定時の厚生省社会局保護課長として法律制定に関わっていた。

済はこの恤救規則によって実施された。

2）救　護　法

　昭和に入り，1929（昭和4）年に救護法が制定され，恤救規則に代わって本法を根拠とした救貧政策が実施されることとなった。救護法は，国民の間で労働運動や社会運動が高まっていった大正デモクラシーの影響を受け，世論の後押しを得て制定された法律である。法第1条に規定されている対象者は「一，六十五歳以上ノ老衰者，二，十三歳以下ノ幼者，三，妊産婦，四，不具癈疾，疾病，傷痍其ノ他精神又ハ身体ノ障碍ニ依リ労務ヲ行フニ故障アル者」の4種で，労働能力のある貧困者は救済対象から除外されていた。具体的な救済内容は，生活扶助，医療，助産および生業扶助の四つである。財源は対象者が居住している市町村と道府県，国がそれぞれ負担することになっていた。

　なお，この時期は金融恐慌から世界恐慌にかけての大不況のなかにあり，膨大な失業者が発生している一方，国の財政は緊縮を余儀なくされていたため，救護法は1932（昭和7）年まで延期されてから施行された。

3）生活保護法（旧法）

　戦後，GHQからの「社会救済（SCAPIN775）」という指令により，政府は自らの責任で平等に困窮者を保護することが要求された。その指令を受けて政府は生活保護法の作成を進め，1946（昭和21）年9月に生活保護法を制定した。同法では保護を必要とする者に平等に保護をすることを規定する一方，「勤労する意思のない者」，「勤労を怠ける者」および「素行不良な者」には保護しないという欠格条項が置かれていた。

4）生活保護法（新法）

　1947（昭和22）年5月の日本国憲法施行後，社会情勢が変化していくなか，政府の機関であった社会保障制度審議会（現社会保障審議会）から「生活保護制度の改善強化に関する勧告」が出された。この勧告を基礎として1950（昭和25）年4月，新たな生活保護法が成立した。

（3）日本国憲法第25条と生活保護制度

　日本国憲法第25条第1項は「すべて国民は健康で文化的な最低限度の生活を営む権利を有する」と規定している。また，同条第2項では「国は，すべての

生活部面について，社会福祉，社会保障及び公衆衛生の向上及び増進に努めなければならない」とされた。この規定に関しては，第1項において国民の基本的人権として「生存権」を保障したものであり，第2項はその「生存権」を保障するため，国は積極的な施策を講じていく必要があることを定めたものと解されている。このため，国はこの第25条にもとづき，国民の生存権を保障するための社会福祉，社会保障および公衆衛生に関する施策を実施していく義務を有するが，これらの施策のうち，最も基礎となる具体的な施策が生活保護制度である。このため，生活保護の具体的内容については，日本国憲法第25条の理念を基礎とすることが求められる。

（4）生活保護制度の基本原理

　生活保護法は「第1章　総則」において，国が生活保護の具体的な給付を実施していく際の指針となる基本原理を規定している。

1）国家責任による最低生活保障の原理

　その第1条は，生活保護の目的について規定しているが，そのなかで国民への最低生活の保障は，国の直接の責任において実施するよう義務づけられている。このため，生活保護は日本国内のあらゆる地域で実施されなければならないことになる。

2）無差別平等の原理

　第2条は，すべての国民がこの法律による保護を無差別平等に受けることができると規定している。これは全国民が生活保護を請求する権利を有し，その権利は全国民に無差別平等に与えられていることを示している。無差別平等というのは，思想，信条，社会的地位，身分などの要素，および困窮に至った原因や状況にかかわらず保護を受けることができることを意味している。このため，「素行不良な者」や「勤労のする意思のない者」などの理由で生活保護が受給できないということは許されない。

3）最低生活保障の原理

　第3条は，生活保護制度により保障する最低限度の生活について，健康で文化的な生活水準を維持することができるものでなければならないことを規定している。このため，国は日本国憲法第25条で国民が権利として保障される生活

を可能にしなければならない。

　何が健康で文化的な生活水準に当たるかについては，かつて朝日訴訟*39に
おいて裁判で争われており，その判決で最高裁判所は「健康で文化的な最低限
度の生活なるものは，抽象的な相対的概念」であるため，「多数の不確定的要
素を総合考量」した厚生大臣（現厚生労働大臣）の裁量判断に委ねられると判
示している。

4）補足性の原理

　第4条第1項は，保護の要件として「利用し得る資産」，「能力」その他あら
ゆるものを，その最低限度の生活の維持のために活用することが求められてい
る。この「利用し得る資産」については時代や状況により異なるため，機械
的・画一的に決まるものではないが，土地・建物などの不動産や自動車，預貯
金などの動産が検討の対象となる場合が多い。

　次に，「能力」とは生活保護制度においては「稼働能力」といわれるが，原
則として労働能力を指す。このため，働ける者は働いて収入を得るという労働
能力を活用することが必要となる。しかし，労働能力をどの程度活用する必要
があるのかは，個人の事情・環境により千差万別であるため，機械的・画一的
な判断は難しい。

　同条第2項では，扶養義務者の扶養および他の法律に定める扶助が生活保護
に優先して行われることが規定されている。この規定は親族等の扶養が不可能
な場合に限り生活保護が受給できるという意味ではない。親族等から扶養され
た収入があれば，それは労働した所得などと同様に収入とみなされるという意
味である。また第2項には，他の法律に定める扶助がある場合，そちらを利用
して扶助を受けたのち，さらに必要があれば生活保護を活用するという内容が

---

*39　厚生大臣が定めた基準金額が「生活保護法の規定する健康で文化的な最低限度の生活
　　水準を維持するにたりない違法のものである」と原告が主張して提訴した訴訟。最高裁
　　判所は「健康で文化的な最低限度の生活なるものは，抽象的な相対的概念であり，その
　　具体的内容は，文化の発達，国民経済の進展に伴って向上するのはもとより，多数の不
　　確定的要素を綜合考量してはじめて決定できるものである。したがつて，何が健康で文
　　化的な最低限度の生活であるかの認定判断は，いちおう，厚生大臣の合目的的な裁量に
　　委されて」いるとして，原告の主張を退けた。

規定されている。

　第4条は，他の方法を活用しても最低限度の生活水準が確保できない場合に，初めて生活保護法が補完するという趣旨の規定であるため，補足性の原理と呼ばれている。

（5）生活保護制度の基本原則

　生活保護法第2章には，保護を具体的に実施する際の原則を規定している。この原則により，現実に生活保護制度を実施する際にどのように運用していくかが明確化されている。

1）申請保護の原則

　生活保護は申請にもとづいて開始されるという原則である。第7条に規定されている。申請者は保護を必要とする本人や家族等である。国からの恩恵として生活保護の給付が行われるのではなく，国民の有している保護請求権という権利を行使するという考え方にもとづき申請保護の原則が規定されている。

　ただし，急迫した状況にある場合には，保護の申請がなくとも，行政側の判断で保護を行えること（職権保護）ができるようになっている。

2）基準および程度の原則

　第8条では，生活保護は「厚生労働大臣が定める基準」に従って実施されることと，要保護者が必要としている額であると算定された基準額と現実の収入などとの差額が支給されるという原則が規定されている。

　基準を設定する際に考慮すべきことがらとして，「要保護者の年齢別，性別，世帯構成別，所在地域別その他保護の種類に応じて必要な事情」があげられている。厚生労働大臣はこのような諸事情にもとづいた基準を作成する。

3）必要即応の原則

　第9条では「保護は，要保護者の年齢別，性別，健康状態等その個人又は世帯の実際の必要の相違を考慮して，有効且つ適切に行う」と規定されており，「必要即応の原則」と呼ばれている。機械的で画一的な運用にならないよう，要保護者の実際の必要性に応じた保護でなければならないという原則である。

4）世帯単位の原則

　第10条では「保護は，世帯を単位としてその要否及び程度を定めるものとす

る」と規定し，「世帯単位の原則」を掲げている。この原則により保護を給付するにあたって保護が必要か否か，また，どの程度の保護が必要かについては，世帯を単位として決定することになる。

　世帯は「同一の住居に居住し，生計を一にしている」場合を原則とするが，「居住を一にしていない場合であっても，同一世帯として認定することが適当である」*40場合も含まれることになる。出稼ぎや病院への入院などの場合で一時的に同居していない場合は，これに該当すると考えられる。

　第10条には「但し，これによりがたいときは，個人を単位として定めることができる」との規定もある。例外的に個人単位での保護を認めるむねの規定で，「世帯分離」と呼ばれる措置である。「世帯分離」をすることにより，世帯単位では最低生活の保障が困難と考えられる要保護者を保護できるようにする。実務では「収入のない者を分離し，分離した者を保護する」方法や，「収入のある者を分離し，残りの世帯員を保護する」方法を活用し，世帯単位の原則が「出身世帯員の自立成長を著しく阻害」することのないようにしている*41。

（6）生活保護給付の種類と内容

　生活保護の給付は，8種類の扶助により実施される（図6-33）。それぞれの扶助の保護基準は，厚生労働大臣が要保護者の年齢，世帯構成，所在地等の事情を考慮して定める。

1）生活扶助（第12条）

　「衣食その他日常生活の需要を満たすために必要なもの」などを対象とした扶助である。経費の性質により第1類費と第2類費に区分されている。第1類費は基本的な日常生活費のうち，食費や被服費など個人単位でかかる経費を補填（ほてん）するものとして支給される。第2類費は基本的な日常生活費のうち，水道光熱費や家具什器費など世帯単位でかかる経費を補填するものとして支給される。それに加え，各世帯の実情に応じた各種の加算がなされる。例えば，世帯に障害者がいる場合，世帯で児童を扶養している場合，あるいは母子世帯等である場合には，第1類費と第2類費の合計に，それぞれ障害者加算，児童養育

---

*40　「生活保護法による保護の実施要領について」昭和36年4月1日厚生事務次官通知.
*41　『生活保護手帳別冊問答集2023年度版』中央法規出版，2023，pp.42-63.

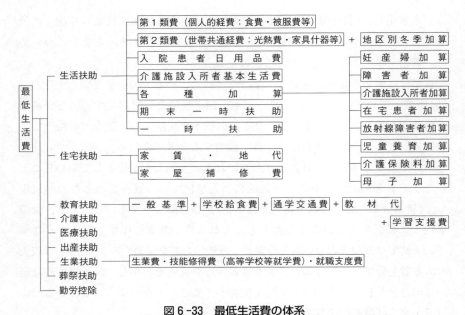

図 6 -33　最低生活費の体系

出典）厚生労働省：社会保障審議会生活保護基準部会（第38回）参考資料，2021.

加算，母子加算が加算される。

2 ）教育扶助（第13条）

義務教育である小・中学校で使用する「学用品」や「通学用品」，「学校給
食」，およびその他必要なものについての給付が行われる。実際の扶助の内容
としては，平均的に必要な費用として定められている「基準額」に教材，給食
費，課外クラブ活動費等の実費が加わって給付される。

3 ）住宅扶助（第14条）

「住居」および「補修その他住宅の維持のために必要なもの」の範囲内で給
付が行われる。扶助の具体的内容としては，住居とする家屋の家賃や地代等，
および破損して住居としての機能を損なうような場合の小規模補修費が給付さ
れる。住宅の購入費や大規模リフォームは対象とはならない。

4 ）医療扶助（第15条）

医療保護施設や指定された医療機関で給付される医療の給付である。原則と

して現物給付である。給付の範囲として，①診察，②薬剤または治療材料，③医学的処置，手術およびその他の治療ならびに施術，④居宅における療養上の管理およびその療養に伴う世話その他の看護，⑤病院または診療所への入院およびその療養に伴う世話その他の看護，⑥移送が規定されている。

5）介護扶助（第15条の2）

介護保険法上の要介護者および要支援者を対象として行われる介護の給付である。保護の補足性の原理に従い，介護保険制度にもとづいた保険給付を優先し，自己負担分についてのみ保護費の対象とする。原則として現物給付による扶助である。給付の範囲は，①居宅介護支援計画にもとづく居宅介護，②福祉用具，③住宅改修，④施設介護，⑤介護予防支援計画にもとづく介護予防，⑥介護予防福祉用具，⑦介護予防住宅改修，⑧介護予防支援計画または介護予防支援事業の援助にもとづく介護予防・日常生活支援，⑨移送が規定されており，これらは介護保険において給付されるサービスと同じである。ただし，介護扶助は指定介護機関によって実施される。

なお，生活保護受給者も介護保険の適用対象であるため，介護保険料の支払い義務があるが，保険料は生活扶助費において扶助が行われる。

6）出産扶助（第16条）

①分べんの介助，②分べん前および分べん後の処置，③分べんに要する脱脂綿，ガーゼその他の衛生材料が扶助の対象である。医療機関や在宅での出産に必要な諸費用が基準額の範囲内で給付される。原則として現金給付で，最小限の入院料を含む出産に関わる費用が給付される。

7）生業扶助（第17条）

①生業に必要な資金，器具または資料（生業費），②生業に必要な技能の修得（技能修得費），③就労のため必要なもの（就職支度費）の範囲で給付される。

ただし，生業扶助は「その者の収入を増加させ，又はその自立を助長することのできる見込のある場合」に限り支給されることが規定されている。また，困窮のため最低限度の生活を維持することのできない者だけでなく，そのおそれのある者も扶助の対象となっている。この要件は他の扶助とは異なる。

技能修得費には，高等学校等就学費として授業料，入学料，通学交通費，学

習支援費などの給付が認められている。

8）葬祭扶助（第18条）

①被保護者が死亡した場合，その者の葬祭を行う扶養義務者がないとき，または②死者に対しその葬祭を行う扶養義務者がない場合，その遺留した金品で葬祭を行うに必要な費用を満たすことのできないときに，①検案の費用，②死体運搬費用，③火葬または埋葬費用，④納骨その他葬祭のために必要な費用の範囲で給付される。

（7）生活保護施設

生活保護法は5種類の生活保護施設の設置について規定している。

1）救 護 施 設

身体上または精神上著しい障害があるために日常生活を営むことが困難な要保護者を入所させて，生活扶助を行うことを目的とする施設である。5種類の生活保護施設のうち，設置数が最も多い。

2）更 生 施 設

身体上または精神上の理由により養護および生活指導を必要とする要保護者を入所させて，生活扶助を行うことを目的とする施設である。正常な生活や就業が不可能な状態にある者を対象として，社会復帰に必要な職業訓練や生活全般の指導を行う。

3）医療保護施設

医療を必要とする要保護者に対して，医療の給付を行うことを目的とする施設である。入院だけでなく，通院での利用も可能である。

4）授 産 施 設

身体上もしくは精神上の理由または世帯の事情により就業能力の限られている要保護者に対して，就労または技能の修得のために必要な機会および便宜を与えて，その自立を助長することを目的とする施設である。利用者に対し，作業を通じて自立のために必要な指導を行っていく。

5）宿所提供施設

住居のない要保護者の世帯に対して，住宅扶助を行うことを目的とする施設である。

（8）生活保護基準

　生活保護基準については，法第8条第2項で「要保護者の年齢別，性別，世帯構成別，所在地域別その他保護の種類に応じて必要な事情を考慮した最低限度の生活の需要を満たすに十分なものであつて，且つ，これをこえないものでなければならない」と規定されている。このため，世帯収入が生活保護基準を下回る場合，最低限度の生活を維持できないと考えられるので，生活保護の対象となる。

　生活保護基準は，生活，教育，住宅，医療，介護，出産，生業，葬祭の8種類の扶助を対象としている。各扶助には，地域における生活様式や物価差による生活水準の差を反映させるため，「級地制度」を導入し，被保護者の所在地域によって基準額に地域格差をつけている。

　まず，全国の市町村を1級地から3級地に分類し，次に各級地をさらに二つに区分し，その結果，全国の市町村は1級地－1，1級地－2，2級地－1，2級地－2，3級地－1，3級地－2に区分されている（表6-28）。例えば，東京23区は1級地－1，地方都市の金沢市は2級地－1のように区分されているが，全体の半数以上の市町村は3級地－2に区分されている。

　次に，扶助ごとの生活保護基準について2023（令和5）年10月現在の基準を参考にみていく。

　まず，生活扶助の生活保護基準は，第1類費については所在地域である「級地」に加えて，各世帯員の年齢により基準額が算定され，その後，世帯人員数により調整され，支給額が決まる。第2類費については所在地域と世帯人員数により支給額が決まる。さらに，この第1類費と第2類費の合計額に世帯構成員の状況により，障害者加算，母子世帯等への加算，児童（18歳まで）を養育する場合の加算の加算額が加えられる。

　教育扶助基準については，2023（令和5）年度の基準額（月額）は，小学校等2,600円，中学校等5,100円であり，教材代，学校給食費，交通費などは実費である。なお，高等学校就学費は生業扶助から給付されるが，基準額は5,300円であり，これに入学金などの実費が計上される。

　住宅扶助基準は，実際に支払っている家賃や地代が実費で支給される。ただ

表 6 -28　最低生活水準の具体的事例（2023（令和 5 ）年10月）

1 ．3 人世帯（夫婦子 1 人世帯）【33歳，29歳， 4 歳】　　　　　（月額：単位 円）

	1 級地－ 1	1 級地－ 2	2 級地－ 1	2 級地－ 2	3 級地－ 1	3 級地－ 2
生活扶助	164,860	160,400	156,250	152,090	151,050	145,870
住宅扶助（上限）	69,800	44,000	56,000	46,000	42,000	42,000
合計	234,660	204,400	212,250	198,090	193,050	187,870

2 ．高齢者単身世帯　【68歳】

	1 級地－ 1	1 級地－ 2	2 級地－ 1	2 級地－ 2	3 級地－ 1	3 級地－ 2
生活扶助	77,980	74,950	73,090	71,240	70,770	68,450
住宅扶助（上限）	53,700	34,000	43,000	35,000	32,000	32,000
合計	131,680	108,950	116,090	106,240	102,770	100,450

3 ．高齢者夫婦世帯　【68歳，65歳】

	1 級地－ 1	1 級地－ 2	2 級地－ 1	2 級地－ 2	3 級地－ 1	3 級地－ 2
生活扶助	122,470	120,030	116,790	113,750	112,760	108,720
住宅扶助（上限）	64,000	41,000	52,000	42,000	38,000	38,000
合計	186,470	161,030	168,790	155,750	150,760	146,720

4 ．母子 3 人世帯　【30歳， 4 歳， 2 歳】

	1 級地－ 1	1 級地－ 2	2 級地－ 1	2 級地－ 2	3 級地－ 1	3 級地－ 2
生活扶助	196,220	192,480	186,600	182,520	179,900	174,800
住宅扶助（上限）	69,800	44,000	56,000	46,000	42,000	42,000
合計	266,020	236,480	242,600	228,520	221,900	216,800

出典）厚生労働省：社会・援護局関係主管課長会議資料（令和 5 年 3 月）．

し，世帯人数と居住地域により上限が設定されており，例えば，都内23区の単身世帯は53,700円，大阪市の 2 人世帯は48,000円が上限である。

　厚生労働省は，実際に生活保護によりどのくらいの給付がなされているのかを表 6 -28のように例をあげて示している（金額は2023（令和 5 ）年10月現在）。

　生活保護基準において，金額的に大きな割合を占めているのが生活扶助基準であるが，生活保護制度創設以来，何回かの改定を経て現在の算定方法となっている。創設当初の1946（昭和21）年に採用されていたのが「標準生計費方式」

であり，当時の経済安定本部が定めた世帯人員別の標準生計費をもとに算出した額を生活扶助基準としていた。

1948〜1960（昭和23〜35）年にかけて採用されていた方式は「マーケットバスケット方式」である。これは最低生活を営むために必要な飲食物費や衣類，家具什器，入浴料といった個々の品目を一つひとつ積み上げ，最低生活費を算出する方式である。次いで，1961〜1964（昭和36〜39）年のわずか4年間だけ「エンゲル方式」を採用したのち，1965〜1983（昭和40〜58）年にかけて採用されていたのは「格差縮小方式」である。この方式では一般国民の消費水準の伸び率以上に生活扶助基準を引き上げ，結果的に一般国民と被保護世帯との消費水準の格差を縮小させようとした。

現在の生活保護基準は「水準均衡方式」であり，1984（昭和59）年に採用されて以来，現在に至るまでこの方式で基準が出されている。これまでの生活扶助基準が一般国民の消費実態との均衡上ほぼ妥当であるとの評価を踏まえ，当該年度に想定される一般国民の消費動向と併せ，前年度までの一般国民の消費実態との調整を図るという方式である。

生活保護基準は，被保護者の生活にとって最も影響の大きい事がらであるため，社会保障審議会は福祉部会に「生活保護制度の在り方に関する専門委員会」を設置し，基準が適切であるかについては絶えず見直し，検証を行っている。

（9）被保護者の権利および義務

生活保護を受給することは日本国憲法で生存権を具体化する権利として保障されているため，生活保護法には被保護者の権利保障が規定されている。また，被保護者として守るべきことについても規定されている。

1）不利益変更の禁止（第56条）

すでに決定された保護は正当な理由がなければ被保護者にとって不利益になるような変更をしてはならないというものである。これは保護機関にとって義務であると同時に，被保護者にとっては権利として規定されている。

2）公課禁止（第57条）

被保護者は保護金品に対して租税その他の公課を課せられることがないという原則である。公課禁止としたのは，生活保護は最低生活を保障するための給

付が行われるものであるため，保護金品に課税され，支給額が減少してしまえば，最低生活の保障がなされなくなってしまうからである。

3）差押禁止（第58条）

保護金品に対して差し押さえをされることがないというものである。差し押さえというのは，民事上の債権について債権者等が法の定める手続きに従い，債権分の金銭または債権相当の金品を債務者が処分できなくするというものであるが，公課禁止と同様，差し押さえを許せば最低生活の保障ができなくなってしまうという理由で許されない。

4）譲渡禁止（第59条）

保護を受ける権利が被保護者にのみ帰属する一身専属権であることを明確にし，当該権利を第三者に譲渡することができないことを規定している。債権の対価として保護を受ける権利を譲渡することが禁じられることはもとより，保護を受ける権利に担保を設定すること，および保護を受ける権利の相続権なども否定される。なお，すでに交付された保護金品自体を譲渡することまでは，譲渡禁止規定は適用されないと解されている[42]。

5）生活上の義務（第60条）

「被保護者は，常に，能力に応じて勤労に励み，自ら，健康の保持及び増進に努め，収入，支出その他生計の状況を適切に把握するとともに支出の節約を図り，その他生活の維持及び向上に努めなければならない」と規定されている。被保護者は稼働能力を活用し，また，保護金品の浪費をせず，生活を維持，向上していくよう努力することが求められる。本条は努力義務であり，義務違反に対する直接の罰則は存在しないが，法第27条第1項の規定により「保護の実施機関は，被保護者に対して，生活の維持，向上その他保護の目的達成に必要な指導又は指示をすることができる」ことになっている。

6）届出の義務（第61条）

被保護者は，収入，支出その他生計の状況について変動があったとき，または居住地もしくは世帯の構成に異動があったときは，すみやかに，保護の実施

---

*42　栃木県弁護士会編『生活保護法の解釈と実務』ぎょうせい，2008，p.197.

機関または福祉事務所長に届け出なければならない。保護の実施機関は被保護者の現況を調査し，正確に把握する必要があるが，被保護者の側からも保護の内容に影響を及ぼすような状況の変化については報告することを求める規定である。保護の適正な運営を確保するために不可欠な法的義務とされている*43。

7）指示等に従う義務（第62条）

被保護者は，保護施設等への入所の指示，また，法第27条第1項の規定による生活の維持，向上その他保護の目的達成に必要な指導または指示を受けたときは，これに従わなければならない。被保護者がこの義務に違反したとき，保護の実施機関は保護の変更，停止または廃止をすることができる。

8）費用返還義務（第63条）

被保護者が急迫の場合などにおいて，資力があるにもかかわらず保護を受けたときは，保護に要する費用を支弁した都道府県または市町村に対し，すみやかに，その受けた保護金品に相当する金額の範囲内において，保護の実施機関の定める額を返還しなければならない。

（10）生活保護制度の実施機関

生活保護を決定し，かつ実施するのは都道府県知事，市長および福祉事務所を管理する町村長であるが，実施機関として位置づけられているのは福祉事務所である。社会福祉法第14条第1項に都道府県および市が設置しなければならない組織として規定されているものである。町村については任意設置である。同条第5項および第6項で，生活保護法に定める援護または育成の措置に関する事務について，福祉事務所がつかさどるよう規定されている。

福祉事務所には，所長，査察指導員（指導監督を行う所員）および現業員（ケースワーカー）を置かなければならない。生活保護業務について，福祉事務所のケースワーカーは最初に保護を希望する者と面接相談をし，世帯の現状の聴取や生活保護制度の説明を行い，申請手続の援助を行う。保護申請があった場合には，保護の要件を審査するために家庭訪問をし，生活状況・家庭状況を聴取する。その後，資産調査や稼働能力活用状況，病状調査，扶養調査等を実施し

＊43　栃木県弁護士会編『生活保護法の解釈と実務』ぎょうせい，2008，p.202.

て保護の必要性を判断したのち，保護決定を行う。保護決定を行ったのちも，自立支援や家庭訪問によって被保護者の生活実態や生活ニーズの把握をすることもケースワーカーの役割である。

(11) 生活保護の現状

1）生活保護の動向

　厚生労働省は毎月被保護者調査を実施しており，生活保護法にもとづく保護を受けている世帯である「被保護世帯」とその受給状況を把握し，生活保護制度および厚生労働行政の企画運営に必要な基礎資料を得ることとしている（図6-34）。

　これまでの被保護人員は，1952（昭和27）年度人口千人当たり23.8％（年度の1か月平均）であった保護率が年々低下し，1971（昭和46）年度には12.6％まで低下した。その後，1984（昭和59）年度までほぼ12％台で横ばいで推移したが，1985（昭和60）年度以降は再び低下し始め，1995（平成7）年度には7.0％という最低の水準を記録した。1995（平成7）年度を境に保護率は徐々に上昇し始め，2008（平成20）年度には1970年代の水準であった12％台に至った。2008（平成20）年度以降は年ごとに急激に上昇し，2015（平成27）年3月には被保護人員は217万4,331人に達し，過去最高を記録した。それ以降は減少に転じ，2023（令和5）年2月には約202.2万人となり，ピーク時から約15万人の減少となっている（令和5年版厚生労働白書）。

　この間の社会の動向をみると，1960年代以降，1973（昭和48）年のオイルショックまでは高度経済成長，1980年代後半にはバブル景気による好景気や雇用の拡大が起こっている。1990年代後半にはバブル崩壊，2008（平成20）年以降はリーマンショックによる世界的な金融危機により，景気の悪化や失業率の増大が起こっている。被保護人員の保護率の変化は，こうした景気や物価などの経済的要因や失業率，産業構造の変化などの労働環境の影響に対応していることが明確である。これまでの動向から，2020（令和2）年の新型コロナウイルス感染症の感染拡大に伴う経済活動の停滞により生活保護受給状況に一時的には大きな影響が出たが，その後は減少と増加を繰り返している*44。

　生活保護は世帯単位での支給が行われるため，被保護世帯についての実態を

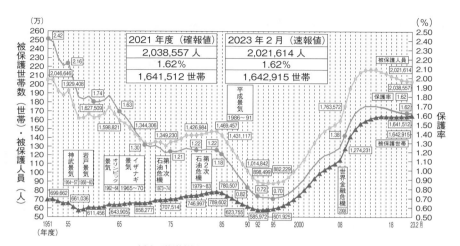

図 6-34　被保護世帯数，被保護人員，保護率の年次推移

出典）厚生労働省：令和 5 年版厚生労働白書，2023，p.246.

把握することも重要である。人口千人当たりの保護率と対千世帯当たりの保護率を表したグラフを比較すると，ほぼ同様の曲線を描きながらも2000年代後半以降の曲線に違いが生じており，世帯当たりの保護率の伸びが人口当たりの保護率の伸びを上回ってきている。これは被保護世帯の世帯当たりの人員数が減少していることの表れである。

2）経済的格差の拡大と生活保護施策

内閣府に設置された経済財政諮問会議で「緩やかに格差が拡大して」いるとの認識が示されているように，国民生活全体に経済的な格差の拡大がみられる。また，OECD（経済協力開発機構）の調査において2015～2019年の各国の相対的貧困率を比較すると，日本は40か国・地域中，貧困率の低い方から数えて27位という結果であり，国際的にみても貧困率が高いことが示されている。

政府は生存権保障にもとづく生活保護施策を実施してきたが，1980年代の保護費の不正受給事件以降は，とくに生活保護の適正化策に注力している。近年

＊44　コロナ禍による雇用情勢悪化の影響が出始めた2020（令和 2）年 4 月時点で，生活保護の申請件数は24.8％増（前年同月比，厚生労働者調べ）となり，2012（平成24）年 4 月の統計開始以来，過去最大となったが，2020年 5 月以降は申請件数は急増していない。

は就労指導の強化や不必要な支出の削減が施策の中心となっている。

　格差拡大是正への対応としては，後述する生活困窮者対策に加え，子どもの貧困対策の推進に関する法律を2013（平成25）年に制定し，対策を進めている。

(12) 生活保護法改正

　1995（平成7）年以降，生活保護受給者が急速に増え続けてきたなか，その対策として，2012（平成24）年に生活困窮者対策と生活保護制度見直しが行われ，2013（平成25）年には法改正がなされた。これは社会保障制度全体としての改革である「社会保障と税の一体改革」の一環として実施された。

　この改正ではまず，生活保護から自立した者に支給される「就労自立支援金」が創設され，次に「不正・不適正受給対策の強化等」のための法改正が行われている。さらに，「医療扶助について適正化する」ための改正も行われた。これらの改正は生活保護受給者に自立を促し，不正受給を抑制することにより，受給者の増大に伴う国の財政負担の増大を抑えようというものであった。

　2019（平成31）年4月には，次項で述べる生活困窮者自立支援法とともに生活保護法についても改正法が施行されている。この改正では「進学準備給付金」の制度を創設し，生活保護世帯の子どもの大学進学を支援している。また，医療費に関しての適正化をめざし，「健康管理支援事業」の創設，生活習慣病の予防や健康管理支援の取り組みの推進，医療扶助について後発医薬品で行うことを原則化するという改正を行っている。

(13) 生活困窮者自立支援法

　2008（平成20）年以降，被保護人員が上昇していくとともに，生活保護に至らない生活困窮者も増加してきた。このような生活困窮者に対して，自治体ごとに就労支援，住居の確保や貸付・家計相談，子ども・若者支援などの施策が行われてきた。しかし，これらの施策に対しては自治体間格差や分野ごとの非効率的な支援などが課題として指摘されていた。そのため国は，2013（平成25）年に全国的に生活保護に至る前の段階の自立支援策の強化を図るため，生活困窮者自立支援法を制定した（2015（平成27）年4月施行）。同法は生活保護制度の見直しを行った生活保護法改正と一体のものとして制定された。その内容は，生活困窮者に対し，自立相談支援事業の実施，住居確保給付金の支給，そ

の他の支援を行うための所要の措置を講ずるものである。

　具体的な生活困窮者自立支援は，まず「自立相談支援事業」として包括的な相談支援を実施する。これは福祉事務所設置自治体が配置した生活と就労に関する支援員が生活困窮者からの相談を受け，その課題を評価・分析してニーズを把握し，かつ自立支援計画を立て，また，関係諸機関との連絡調整を行い，本人の現況に応じた具体的な支援へとつなげていくものである。

　その支援としては次の六つがあげられる。①半年から1年をかけて就職に向けた支援を行う「就労準備支援事業」，②ただちに一般就労することが難しい者のための「就労訓練事業」，③住居のない者に衣食住を提供する「一時生活支援事業」，④離職などにより住居を失った者などを対象とした「住居確保給付金の支給」，⑤家計の立て直しを助言する「家計相談支援事業」，⑥「生活困窮世帯の子どもの学習支援」である。

　本法制定以前は，安定的な雇用を前提とした「第一のセーフティネット」として，医療保険・介護保険などの社会保険制度が機能し，また，「第三のセーフティネット」として生活保護制度が機能してきていた。そして，本法が制定されたことにより，これまで十分ではなかった生活保護受給者以外の生活困窮者に対し，早めに支援する制度が設けられることになった。このため，生活困窮者自立支援法は，2011（平成23）年にすでに創設されていた求職者支援制度と並び，「第二のセーフティネット」としての役割を果たすこととなった。

6　社会手当制度

（1）社会手当の位置づけ

　法律で定められた要件に該当する場合に現金の給付が行われるのが社会手当である。生活に困難を抱える場合に金銭の支給がなされる点で，社会保険や生活保護，その他の社会福祉サービスと共通するが，受給する要件として保険料の拠出がないことで社会保険とは区別され，また，受給の際には具体的な資力調査を実施しない点で生活保護制度とも区別される。

　社会手当は，原則として国や自治体の一般財源によりその費用が賄われる受給者本人は無拠出な制度である。行政府が手当について規定している法律の要

件に該当するかどうかを判断して，支給の決定がなされる。

（2）社会手当の種類

　現在，国が実施している社会手当は，児童手当，児童扶養手当，特別児童扶養手当，障害児福祉手当，特別障害者手当である。社会手当はすべて法律にもとづいて支給され，児童手当は児童手当法，児童扶養手当は児童扶養手当法，特別児童扶養手当，障害児福祉手当，特別障害者手当の三つの手当は，特別児童扶養手当等の支給に関する法律により支給が行われる。

（3）児 童 手 当

　子ども・子育て支援の適切な実施を図るため，児童を養育している父母，その他の保護者に支給するものである。

1）児童手当制度の変遷

　児童手当として支給が開始されたのは1972（昭和47）年1月からである。当時は義務教育終了前で，かつ第3子以降の児童を持つ者に対し，月額3,000円が支給されるという限定的な制度であった。その後，1986（昭和61）年には義務教育前の第2子にも支給範囲が拡大し，1992（平成4）年には第1子まで支給範囲が拡大したが，支給対象年齢は3歳未満に縮小した。このころまでの児童手当の支給世帯の保護者については，厳しい所得制限がなされていた。

　2000（平成12）年以降，徐々に給付対象年齢の引き上げと所得制限の緩和が行われ，2006（平成18）年には小学校6年修了時まで対象年齢が引き上げられ，所得制限も児童のいる家庭の約90％が受給できるまでに緩和された。

　2010（平成22）年6月に民主党（当時）を中心とした連立政権によって，児童手当は「子ども手当」と名称を変え，支給対象を中学校卒業前の第1子からに拡大し，所得制限を撤廃した。当初は児童手当とは異なる制度として予定されていた「子ども手当」であったが，東日本大震災の影響もあって財源が確保できず，児童手当を修正した制度改正にとどまり，2012（平成24）年から名称は再び児童手当に戻された。ただし，同年12月の政権交代以降も，民主党政権が拡充した児童手当の給付の枠組みは維持されている（表6-29）。

2）児童手当の目的

　子ども・子育て支援の適切な実施を図るため，子育てについての第一義的責

表6-29　児童手当制度の変遷（2000（平成12）年以降）

●2000（平成12）年　児童手当法改正：児童手当の支給期間を3歳未満から義務教育就学前までに引き上げる。
●2001（平成13）年　児童手当法改正：所得制限を284万円から415万円に引き上げる（夫婦と子ども2人の世帯の場合）。
●2004（平成16）年　児童手当法改正：児童手当の支給対象年齢を義務教育就学前から小学校第3学年修了時にまで引き上げる。
●2006（平成18）年　児童手当法改正：支給対象年齢を小学校第3学年修了時から小学校第6学年修了時までに引き上げる。また，所得制限を緩和し，415万円から574万円に引き上げる（夫婦と子ども2人の世帯の場合）。
●2009（平成21）年　児童手当法改正：3歳未満の児童に係る児童手当額は第1子から一律月額10,000円とする。
●2010（平成22）年　平成二十二年度等における子ども手当の支給に関する法律制定：中学生までの子どもに1人当たり月額13,000円を支給（所得制限なし）。
●2011（平成23）年　平成二十三年度における子ども手当の支給等に関する特別措置法制定：支給対象年齢は中学校修了前のまま（所得制限なし）。支給額は，3歳未満児童1人月額15,000円，3歳以上小学校修了前の第1子・第2子月額10,000円，同第3子以降は月額15,000円，中学生は一律1人月額10,000円。
●2012（平成24）年　児童手当法改正：現行制度になる。

出典）筆者作成.

任を有する父母，その他の保護者に手当を給付することで，家庭などにおける生活の安定に寄与するとともに，次代の社会を担う児童の健やかな成長に資することを目的としている。

3）児童手当の概要

受給対象となるのは中学校修了までの国内に住所を有する児童で，受給資格者は父母などの保護者である。手当の月額は，世帯の子どもの数，年齢，所得によって異なっている。受給対象と手当月額の関係は図6-35のとおりである。

児童手当の財源は，原則として国と地方（都道府県，市町村）が2：1の割合で負担することになっているが，3歳未満の被用者が受給者の児童手当についてだけは事業主が7/15を負担し，残りを国と地方（都道府県，市町村）が2：1の割合で負担することになっている。支払いは毎年2月，6月および10月の3期に前月までの分がまとめて支払われる。

児童手当を受給するためには「認定請求」という申請をする必要があり，その際に前年の所得証明書が添付書類に含まれている。生活保護のような資力調

制度の目的	家庭等の生活の安定に寄与する 次代の社会を担う児童の健やかな成長に資する		
対象児童	国内に住所を有する中学校修了まで（15歳に到達後の最初の年度末まで）の児童（住基登録者：外国人含む） ※対象児童 1,620 万人 （2020 年度年報（2021 年2月末））	受給資格者	・監護・生計同一（生計維持）要件を満たす父母等 ・児童が施設に入所している場合は施設の設置者等
手当月額 （1人当たり）	0～3歳未満　　　　　　　一律15,000円 3歳～小学校修了まで　　・第1子，第2子：10,000円　・第3子以降：15,000円 中学生　　　　　　　　　一律10,000円 所得制限限度額以上　　　一律5,000円（特例給付） ※所得制限限度額（年収ベース） 　　960万円（子ども2人と年収103万円以下の配偶者の場合） 　⎡2022年10月支給分から特例給付の所得上限額を創設 　⎣（子ども2人と年収103万円以下の配偶者の場合，年収1,200万円相当）⎤		
支払月	毎年2月，6月，10月（各前月までの4か月分を支払）		
実施主体	市区町村（法定受託事務）　※公務員は所属庁で実施		
費用負担	国，地方（都道府県，市区町村），事業主拠出金（※）で構成 ※　事業主拠出金は，標準報酬月額及び標準賞与額を基準として，拠出金率（3.6/1000）を乗じて得た額を徴収し，児童手当等に充当		
給付総額	2022年度予算：1兆9,988億円　⎡国負担分：1兆951億円，地方負担分：5,476億円 　　　　　　　　　　　　　　　⎣事業主負担分：1,637億円，公務員分：1,925億円		

図6-35　児童手当制度の概要

出典）内閣府 HP：児童手当制度の概要，2023.

査までは必要とされないが，所得制限が設けられているため，添付書類により所得制限内かどうか判断される。

（4）児童扶養手当

　父または母と生計を同じくしていない児童を育成する家庭に対して給付が行われる手当である。

1）児童扶養手当の沿革

　1959（昭和34）年に制定された国民年金制度では，死別母子世帯は母子年金や準母子年金を受給できることになっていたが，年金保険料の支払要件を満たせず受給できない世帯があり，このような世帯には母子福祉年金が支給されることとなった。児童扶養手当は，母子年金や母子福祉年金等を受給できない生別の母子世帯に対し所得保障を行うため，1961（昭和36）年に創設された制度である。それ以降，児童扶養手当は母子福祉年金と同様の支給額，所得制限な

どの要件で支給されていた。

1985（昭和60）年に国民年金法が改正され，母子年金，母子福祉年金などは遺族基礎年金として支給されることになり，受給額も大幅に増額されることとなった。児童扶養手当は，原則として拠出に対して給付が行われる年金制度とは異なるため，年金制度とは全く別の制度として置かれることとなった。児童扶養手当は年金のように所得の減少や生活の悪化に対して給付がされるものではなく，母親が一人で生計を立てるという経済状況に着目して児童の養育の費用を保障する制度となった。2002（平成14）年の法改正では，受給期間に応じて児童扶養手当を減額するという施策や所得制限の強化などが実施された。

2）現在の児童扶養手当

2010（平成22）年，児童扶養手当法が改正され，「父または母と生計を同じくしていない児童を養育する家庭の生活の安定と自立の促進のために支給される」こととなり，それまでの母子家庭だけでなく，父子家庭にも支給されることとなった。また，2018（平成30）年8月からは「全部支給」の対象となる場合の所得限度額が引き上げられ，受給できる保護者の範囲が広がった（現在の児童扶養手当の月額については，第4章 p.71を参照）。

児童扶養手当は従来，年3回の支払いであったが，2019（令和元）年11月からは年6回の支払いへ改正され，奇数月に2か月分を受け取る形になった。

また，遺族年金や障害年金などの公的年金受給者は児童扶養手当を受給できなかったが，2014（平成26）年12月以降，年金額が児童扶養手当額より低い者はその差額分の児童扶養手当を受給できるようになっている。

児童扶養手当をめぐるこれらの制度改正は，子ども・子育て支援策のなかでも「ひとり親家庭等の支援」を進めていく近年の政策が反映されたものである。

（5）「特別児童扶養手当等の支給に関する法律」にもとづく手当

特別児童扶養手当と障害児福祉手当，特別障害者手当は，「特別児童扶養手当等の支給に関する法律」にもとづくものである（支給額等の詳細は，第4章 p.72を参照）。

特別児童扶養手当と障害児福祉手当は受給資格者が異なっており，前者は児童を扶養する者（保護者），後者はその児童本人が受け取る。障害児福祉手当

は特別児童扶養手当との併給はできるが，障害児福祉手当は重度障害児が要件となっているため，必ずしも両方が受給できるわけではない。

　これに対し特別障害者手当は，対象者の年齢が二つの手当とは異なる。二つ以上の障害を負っているなど，日常生活において常時特別の介護を必要とする状態にある障害者に対し，障害年金等の所得に上乗せする形で支給をすることで負担軽減を図るものである。

（6）社会手当の動向と課題

　社会手当は以前と比較すれば少しずつ増額されてきたが，いまだ不十分なものといわざるを得ない。OECD基準による政策分野別社会支出を国際比較したデータ（2020年度）によると，家族を支援するための給付である「家族関係支出（対GDP比）」は，日本では2.00％であり，イギリス（2.31％），フランス（2.93％），ドイツ（2.49％）等の欧州各国に比較すると低い割合となっている。「児童手当」についていえば，給付額が少ないだけでなく，対象年齢も狭いものとなっている。現状の社会手当では給付額・対象範囲の両方が不十分であると考えられ，今後は子育て支援をはじめとした家族支援の大幅な拡充が求められる。2023（令和5）年10月時点では，岸田政権の掲げる「異次元の少子化対策」の一つとして，2024（令和6）年12月支給分から児童手当の大幅拡充を実施する予定とされている。

■参 考 文 献

1）生活保護手帳各年度版　生活保護手帳別冊問答集各年度版，ともに中央法規出版.
2）池谷秀登：生活保護ハンドブック，日本加除出版，2017.
3）社会福祉士養成講座編集委員会：低所得者に対する支援と生活保護制度　第5版（新・社会福祉士養成講座），中央法規出版，2019.
4）岩永理恵・卯月由佳・木下武徳：生活保護と貧困対策（有斐閣ストゥディア），有斐閣，2018.
5）山田篤裕・駒村康平，他：最低生活保障の実証分析，有斐閣，2018.

実習対策

☐福祉事務所管内の生活保護の現状を把握しておくことが望ましい。被保護世帯数，被保護人員，保護率の年次推移，他の同規模の市町村領域との比較，世帯類型，保護の開始・廃止の理由などについて調べておくと，管内の生活保護に関する業務への理解をより深めることができる。生活保護の申請手続きは市町村のHP等で利用者に広報されているので，どのような手続きで実施されるかを事前に調査しておくことは業務の理解への大きな助けになる。生活保護の相談援助業務は他職種との連携・協働が広範囲で行われる。民生委員や婦人相談員，児童福祉司などの社会福祉領域の職員だけでなく，保健師・医療ソーシャルワーカー（MSW）などの医療関係職員などの業務内容を事前に理解しておいた方が効果的な実習につながる。

レポート・卒論対策

☐福祉事務所管内の人々の年齢構成や経済状況，教育環境など地域全体の状況と福祉行政，ボランティアの状況等，地域の福祉をめぐる状況との関係について検討することは有益である。また，被保護者および被保護家庭の児童等への支援活動の調査もテーマとして考えられる。例えば，地域に特徴的な生活困窮者支援を含むボランティア団体の活動，行政や地域団体等の生活困窮家庭の子ども・子育てへの支援活動，行政または民間の生活困窮高齢者世帯への支援等について検討することは，低所得者支援の課題を理解するうえで重要である。

受験対策

〈要点整理〉

☐生活保護制度については「低所得者に対する支援と生活保護制度」の分野で出題される。社会保障制度全体像の理解には，セーフティネットとして重要な役割を果たしている生活保護制度の概要を理解することは不可欠である。

☐生活保護制度は日本国憲法第25条を基礎としている。

☐生活保護制度を適切に運用するための四つの基本原理，具体的に実施するための四つの原則が定められている。

☐生活保護の扶助には8種類がある。医療扶助と介護扶助は現物給付である。教育扶助は義務教育に関するものであり，高等学校就学費は生業扶助である。

☐「社会保障」分野では「社会手当」のうち，児童手当と児童扶養手当について出題される。児童手当は原則中学校修了前の子どもを育てる保護者に支給され，子どもの数や年齢によって支給額が異なる（2024（令和6）年，大幅改正

の予定がある）。児童扶養手当は一定の所得以下のひとり親家庭の保護者に支給され，子どもの数により支給額が異なる。

□社会手当は主に公費（国および自治体）を財源としている。

〈過去問〉

□社会保険は特定の保険事故に対して給付を行い，公的扶助は貧困の原因を問わず，困窮の程度に応じた給付が行われる。（34回51-1）

⇨○　社会保険は給付により貧困に陥ることを防止し，公的扶助は貧困に陥った場合に困窮の程度に応じた給付を行う。

□補足性の原理によって，扶養義務者のいる者は保護の受給資格を欠くとされている。（35回64-4）

⇨×　扶養義務者の扶養は補足性の原理により保護に優先するが，必ずしも扶養義務者がいるだけで保護が受給できなくなることはない。

□生業扶助には，高等学校等就学費が含まれる。（35回65-1）

⇨○　生業扶助は生業費，技能修得費，就職支度費で構成され，高等学校等就学費は技能修得費の一つである。

就活対策

□福祉事務所では，福祉六法に定める援護，育成，または更生の措置に関する事務をつかさどるため，職員は福祉六法各法に関する理解が必要であるが，ケースワーカーは生活保護の申請から調査・保護の決定手続きに関わるため，生活保護制度に関する十分な理解が必要である。市町村，地域包括支援センターなどの行政部門で，低所得者支援に携わる業務を担当する場合には，生活困窮者の相談支援が重要な仕事になる。その際，求職支援や生活資金の支援制度等の提案などを行っていく必要があるため，生活保護制度およびその他の低所得者支援制度について十分に理解しておく。行政職員として活躍するためには，公務員試験のための受験対策も必要となる。

□保健医療機関で働くMSWとして活躍する場合には，患者本人およびその家族に対して個別に相談に乗り，対象者が抱えている経済的，社会的，精神的な問題に対して解決策をともに考え，また，提案をしていく。関係諸機関との調整にあたることも多い職種である。

□どの職種に就いても，他の多くの職種との連携が必要とされることが多いため，他職種への理解が必要である。

7　社会福祉制度

（1）社会福祉とは

1）社会福祉の語義

　「社会福祉」という言葉のなかにある「社会」とは人々の集団，とりわけ，共同生活を営む人々の集団を意味する。また，「福祉」とは幸せや満足すべき生活を意味する。すなわち，「社会福祉」とは生活を営む人々の幸せの社会的実現を意味する。

　ちなみに，社会福祉の英訳としてはこれまで social welfare（ソーシャル・ウェルフェア）が一般的であったが，今日は social well-being（ソーシャル・ウェルビーイング）が多くに用いられ，welfare の意味する「よりよい生活」から，well-being の意味する「満たされた生活」へと，一人ひとりの価値観を尊重した暮らしの質の高さや豊かさが志向されるようになった。

　私たちが生活を営む社会にはさまざまな人々が生きている。そして，その生きている社会において，私たちは多くの人々に支えられながら生きている。一人だけの力で生きていくことには限界があり，幸せな生活を実現していくことは困難である。そこに社会福祉の必要性が認められ，社会福祉は社会の人々みんなが幸せで，かつ安定した生活を営むことができるよう実現していくための取り組みであり，また，取り組んでいく主体も社会を構成するすべての人々である。

　社会福祉に同じく，個人の責任や自助努力だけでは対応が難しい不測の事態に対し，その生活を保障し，生活を安定させるための取り組みである社会保障との関係においては，日本では制度上，社会保障の一つとして社会福祉が制度として位置づけられ，社会保険，公的扶助（国家扶助），公衆衛生および医療とともに社会保障の一部門として構成されている[45]。

　このように社会保障の一分野として社会福祉を位置づける場合，社会保険が

---

[45]　戦後，日本の社会保障制度の整備の方向性を示した「社会保障制度に関する勧告（50年勧告）」（社会保障制度審議会，1950（昭和25）年）による。

疾病，失業，介護など生活上の困難性を予測し，その困難性に備えるため，税金や保険料をもとに現金や現物を給付する仕組みである。とくに公的扶助（国家扶助）は生活に困窮している状態にある人々に対し，生活保護などにより経済的支援を中心に最低限度の生活を保障する仕組みである。

　一方，公衆衛生および医療は疾病の予防や治療，健康の維持増進を図る仕組みであるのに対し，社会福祉は人々の幸せな生活を営んでいくための取り組みにおいて，とりわけ，一人ひとりの個別的ニーズに対し，主として対人的なサービスを提供する仕組みである。

2）社会福祉の概念

　社会福祉がすべての人々の幸福な生活が送れるためのものとしてとらえられる場合，「目的概念としての社会福祉」という。社会福祉を国民生活の到達すべき目標として位置づけ，実現すべき理想的な状態を意味する。目的概念として社会福祉をとらえた場合，社会保障を包含した上位概念ともなる。

　一方，社会福祉を乳幼児や障害者，高齢者に対して設けられている具体的な施策や制度，サービスを指すものとしてとらえた場合，「実体概念としての社会福祉」という。社会保障の下位概念として社会福祉が位置づけられることになるが，今日の社会福祉はこの実体概念としてとらえられることが一般的であり，上述のとおり，制度上にも社会保障の一部門として社会福祉を位置づけるものとなっている。

　実体概念としての社会福祉は，さらには「制度としての社会福祉」と「実践としての社会福祉」に分けることもできる。前者は国や自治体などが関与する社会福祉に関する法令や制度などに該当するのに対し，後者はその法令や制度などにより提供されるサービスや援助活動など，具体的な実践が該当する。

　しかし，制度としての社会福祉と実践としての社会福祉は連結された関係にあり，一連のプロセスで展開される。それは社会福祉をどのように展開していくか，政策としての方向性が示され，それを実行していくための具体的な法令や制度をつくり，法令や制度にもとづきながら必要な社会福祉のサービスを提供するというプロセスをたどるものである。

（2）社会福祉の理念と目標

1）社会福祉の理念

①　基盤となる理念　―人権の尊重，尊厳の確保―

　社会福祉の理念として基盤にあるものが「基本的人権の尊重」であり，「人間の尊厳の確保」といえよう。

　このうち，人権とは人間の人間としての権利であり，尊厳とは人間としての権利を尊重することである。人は人として生きていく権利を平等に持っている。このような権利について，日本においては日本国憲法で規定されている。

　具体的には，第11条（基本的人権）で「国民は，すべての基本的人権の享有を妨げられない。この憲法が国民に保障する基本的人権は，侵すことのできない永久の権利として，現在及び将来の国民に与えられる」とされ，第25条第1項（生存権の保障）で「すべて国民は，健康で文化的な最低限度の生活を営む権利を有する」，第2項で「国は，すべての生活部面について，社会福祉，社会保障及び公衆衛生の向上及び増進に努めなければならない」と定められている。

　しかし，今日，国民の生活の水準は最低限の生活保障にとどまらず，第13条（幸福追求権）において，「すべて国民は，個人として尊重される。生命，自由及び幸福追求に対する国民の権利については，公共の福祉に反しない限り，立法その他の国政の上で，最大の尊重を必要とする」として，より高い水準がめざされている。また，これら健康で文化的な生活や幸福を追求していく権利については，第14条（普遍平等性原理）において，「すべて国民は，法の下に平等であつて，人権，信条，性別，社会的身分又は門地により，政治的，経済的又は社会的関係において，差別されない」として平等に与えられるものとなっている。

②　政策を展開していくうえでの理念　―ノーマライゼーション―

　ノーマライゼーションの理念は北欧の知的障害者福祉の分野の取り組みから提唱されたものであるが，大規模な施設で隔離された障害者の処遇に対する批判として主張され，高齢者や児童なども含め，すべての人々が住み慣れた地域のなかで当たり前の生活，あるいはごく普通の生活ができるようにしていこうとする考え方として広がってきた。

　生き方や生活は画一的なものではなく，一人ひとりの価値観に応じて自由であり，かつ個別的なものである。このように当たり前の生活，あるいはごく普通の生活を営むことができる社会こそがノーマル（正常）な社会であるとするノーマライゼーションの理念は，今日の社会福祉施策の基本理念として位置づけられたものとなっている。

　③　実践していくうえでの理念　―アドボカシー，ストレングス，エンパワメント―

　社会福祉の支援の対象となる人々には，高齢者や障害者など自らの意思や権利を主張したり，守ることに限界がある人々などが多く存在する。そこで，これらの人々の声を代弁し，権利を守るアドボカシー（権利擁護）が必要となる。アドボカシーにおいては対象者それぞれの心身状況や生活歴，生活環境，家族関係，地域との関わりなど幅広い範囲から情報を集め，対象者の立場に立った支援が求められる。また，その人が有する能力や「強さ」を最大限に活かしながら支援していくことが大切になる。

　そこで，その人が持っている強さに着目し，その強さをうまく引き出し，支援していくことをストレングスという。人はさまざまな強さを持っている。才能や技能だけではなく，関心や願望，人間関係，資産，近隣の地域資源などもその人が持っている強さである。

　さらにはこれらの強さを活かし，「生きる力」をつけていくことが求められる。生きる力は希望を持って前向きに生きていこう，という気持ちが持てることである。生きる力を湧き出させることをエンパワメントという。このエンパワメントでは生きる力を湧き出させるため，動機づけをし，かつ励まし，勇気づけていくことが大切になる。

2）社会福祉の目標

①　生活の自立と安定

　社会福祉の理念を持って社会福祉の施策を展開し，実践していった結果としてめざすべき社会福祉の目標とは何か。すでに述べたように，社会福祉とは幸せで安定した生活を営むことができるよう社会的に実現していくための取り組みであることから，社会福祉の目標はその幸せで安定した生活に向けての人々

の自立と QOL（quality of life，生活の質）の向上である，といえる。目標とされる生活の自立については，社会福祉関係法の基盤となる社会福祉法においても福祉サービスの基本理念（第3条）として「福祉サービスは，個人の尊厳の保持を旨とし，その内容は，福祉サービスの利用者が心身ともに健やかに育成され，又はその有する能力に応じ自立した日常生活を営むことができるように支援する」ことがあげられている。

　ただし，ここでいう自立とは「有する能力に応じ」という前提のものであり，独力で生きていくこと（自助的自立）だけを意味するのではなく，最大限に自分の力を引き出し，発揮できる状態（依存的自立）を意味するものとして理解される。社会福祉で掲げられた目標としての自立とは，依存的自立の意味に該当する自立も含み，また，その自立の範囲も身体的な側面ばかりではなく，精神的側面，社会的側面などからなる生活全般にわたるものといえる。

　②　QOL の向上

　QOL とは生活の質や生命，人生の質などと訳され，精神的な満足感を追求していこうとするものである。人々の喜びや楽しみや生きがいなどを日々の生活のなかで味わい，充実した生活や人生を送ることを尊重する。

　ただし，生活のなかで何に喜びや楽しみを感じるかは人によって異なる。人それぞれに興味や関心，価値観などが違い，また，福祉サービスを利用する人々などにおいては心身上の障害がありながら喜びや楽しみをどのようにして感じてもらうか，たとえ寝たきりの状態であってもベッドに寝かせたままで，毎日天井ばかりを見ての生活をするか，それともできるだけ起こし，車椅子に移乗して外出し，人や社会との関わりのある生活をするかでは，喜びと楽しみの味わい方は大きく違ってくる。

　そこで，どのような状態にあっても本人の価値観や人生観を尊重し，精神的満足感が得られる社会福祉の支援が求められるのである。

（3）社会福祉の法体系と実施体制

1）社会福祉の法体系

　社会福祉法制の基盤となるのが社会福祉法である。同法は「社会福祉を目的とする事業の全分野における共通的基本事項を定め，社会福祉を目的とする他

の法律と相まつて，福祉サービスの利用者の利益の保護及び地域における社会福祉の推進を図るとともに，社会福祉事業の公明かつ適正な実施の確保及び社会福祉を目的とする事業の健全な発達を図り，もつて社会福祉の増進に資すること」（第1条）を目的として制定され，社会福祉事業の範囲や福祉サービスの理念などのほか，社会福祉行政の実施体制や社会福祉経営組織，地域福祉の推進などが定められた社会福祉全体を包括した法律である。

　日本の社会福祉法制はこの社会福祉法を基盤とし，社会福祉の対象者に関わる分野別に基本となる法律をはじめ，サービスの給付内容に関する法律や権利擁護に関する法律などによって体系化されている。

　具体的には，対象者別に基本となる法律としては障害者基本法や高齢社会対策基本法，少子化社会対策基本法，サービスの給付内容に関する法律としては生活保護法や児童福祉法，身体障害者福祉法，知的障害者福祉法，「精神保健及び精神障害者福祉に関する法律（精神保健福祉法）」，「障害者の日常生活及び社会生活を総合的に支援するための法律（障害者総合支援法）」，老人福祉法，介護保険法，母子及び父子並びに寡婦福祉法，権利擁護に関する法律としては「児童虐待の防止等に関する法律（児童虐待防止法）」，「高齢者虐待の防止，高齢者の養護者に対する支援等に関する法律（高齢者虐待防止法）」，「障害者虐待の防止，障害者の養護者に対する支援等に関する法律（障害者虐待防止法）」などをあげることができる。

2）社会福祉の実施体制

　社会福祉を必要とする人々に対し，福祉サービスが提供されるまでには必要となる財源を確保するとともに規則を整備し，資源を調達・調整することが要求される。

　その役割を担うのが国（政府）や都道府県，市（特別区を含む）町村などの自治体である。国や自治体が財源を確保し，かつ規則を整備し，資源を調達・調整するなどの機能を果たしたうえで，社会福祉法人，特定非営利活動法人（NPO法人），営利法人などが具体的なサービスに転換し，提供することになる。

　一方，福祉サービスを提供する社会福祉法人など提供組織においてはサービス提供者として社会福祉関係の専門職が所属し，利用者に対して社会福祉援助

技術（ソーシャルワーク）や介護技術（ケアワーク）などを用い，サービスを提供することになる。

社会福祉の実施に関わる国や自治体の行政組織・機関，民間の機関・団体については主に次のとおりである。

① 国

国の社会福祉の実施機関として中心的役割を担うのが厚生労働省である。国民生活の保障や向上に向け，社会福祉や社会保障，公衆衛生および労働者の働く環境整備や職の確保を図ることを目的とした機関である。このうち，社会福祉については雇用環境・均等局，社会援護局，老健局，障害保健福祉部などが主な担当部局となっている。なお，児童福祉に関しては，2023（令和5）年度に内閣府の外局として発足したこども家庭庁が任う（p.223参照）。

また，厚生労働大臣の諮問機関として社会保障審議会があり，社会福祉の政策的な審議を行うことになっている。社会福祉を含む社会保障の基本的な事項について調査，検討を行い，厚生労働大臣や関係機関に意見を述べ，提言する。

② 都道府県，市町村

都道府県では知事の部局として条例で民生部や厚生部，福祉部などが置かれ，必要に応じ，その担当部署として社会課や児童福祉課などがある。また，社会福祉法により付属機関として地方社会福祉審議会などが設けられることになっている。このほか，知事のもとで社会福祉の行政機関として福祉事務所や児童相談所，身体障害者更生相談所，知的障害者更生相談所，婦人相談所を設置しなければならないことになっている。

市町村ではその事務部局として条例で社会福祉課などを設けることができることになっているほか，市および特別区では福祉事務所を設置しなければならず，町村においては福祉事務所を置くことができるとされている。また，政令指定都市では児童相談所が必置とされ，身体障害者更生相談所，知的障害者更生相談所が任意設置となっている。

③ 福祉事務所

福祉事務所は社会福祉法にもとづいて設置され，後述（p.216）する「福祉六法」に定める援護，育成，または更生の措置に関する事務を担当し，直接住

民と関わる社会福祉行政の中核的な第一線の現業機関である。職員として所長
をはじめ，現業を行う所員として現業員（ケースワーカー），現業員に指導監督
を行う査察指導員（スーパーバイザー），事務員などが配置され，現業員および
査察指導員には社会福祉主事*46の資格が求められている。

④　児童相談所，身体障害者更生相談所，知的障害者更生相談所，婦人相談所

児童相談所は児童福祉法にもとづいて設置され，市町村や関係機関などとの
連携により，保護者を含めた支援を行う児童の福祉を図る行政機関である。児
童福祉に関し，市町村相互の連絡調整や情報提供，市町村職員に対する研修の
実施などの必要な援助を行うほか，児童家庭相談への市町村の対応についての
技術的援助や助言，市町村で対応困難なケースの送致を受けての立入調査や一
時保護などを行う。職員として所長や児童福祉司，相談員，児童心理司などが
配置される。

身体障害者更生相談所は身体障害者福祉法にもとづいて設置され，市町村が
行うサービスの支給決定事務に対する援助・指導の役割を担う。所長のほか，
身体障害者福祉司や医師，作業療法士，理学療法士，心理判定員などが配置さ
れる。

知的障害者更生相談所は知的障害者福祉法にもとづいて設置され，身体障害
者更生相談所と同様，市町村が行うサービスの支給決定事務に対する援助・指
導の役割を担う。所長のほか，知的障害者福祉司や医師，心理判定員などが配
置される。

婦人相談所は売春防止法にもとづいて設置され，性行，または環境に照ら
し，売春を行うおそれのある要保護女子の保護更生に関する業務を行うことと
されており，要保護女子に関するさまざまな問題に対する相談に応じ，調査や
医学的・心理学的な職能的判定，指導，一時保護などを行う。所長のほか，相
談指導員や判定員，事務員などが配置される。

⑤　社会福祉法人，特定非営利活動法人（NPO法人），営利法人

社会福祉法人は社会福祉法にもとづき社会福祉事業を行うことを目的とする

---

*46　社会福祉法にもとづき，福祉事務所において福祉六法に定める措置に関する業務を行
う専門職が持つ資格。

法人である。社会福祉事業は主に社会福祉施設の経営など公共性の高い第一種社会福祉事業，および在宅福祉事業など第二種社会福祉事業がある。社会福祉法の改正（2016（平成28）年）により社会福祉法人制度改革が行われ，公益性・非営利性の徹底，国民に対する説明責任，地域社会への貢献の三つの改革の視点が示され，経営組織の見直し，事業運営の透明性の確保，適正かつ公正な支出管理，地域における公益的な取り組みの確保，内部留保の明確化と福祉サービスへの再投下，行政の役割と関与，退職手当共済制度の見直しなどが行われるようになっている。

特定非営利活動法人（NPO法人）は特定非営利活動促進法にもとづき，ボランティア活動をはじめ，市民が行う自由な社会貢献活動としての特定非営利活動の促進に寄与することを目的とする法人で，福祉や保健，医療のほか，社会教育，まちづくり，観光振興，文化，芸術，災害救援，国際協力などの分野での活動が行われている。

営利法人は会社法にもとづく営利を目的とする法人で，代表的なものに株式会社があげられる。ほかに合名会社，合資会社，合同会社などがある。介護保険法の施行により居宅サービスについて全面的に営利法人の参入が認められるようになってから介護サービスのほか，保育や障害者総合支援事業などにも進出している。

（4）社会福祉の発展過程

1）戦前の社会福祉

日本の社会福祉は明治時代以前にみられた慈恵的，救済的な精神にもとづく取り組みを経て，戦後，形づくられていった。近代に至る以前，古代から近世の江戸時代までは慈善事業としての救済，すなわち，国の制度として構築された公的支援を中心としたものではなく，対象を慈しみ，憐れむ気持ちによって宗教的，感情的な動機にもとづき主観的に行われる救済が中心であった。

このような慈善事業を中心とした救済は近代の明治時代に入り，資本主義の発展とともに貧困などの生活不安が社会において構造的につくり出されることが認識されるようになって以来，徐々に社会的な救済として変化していった。法令上に国家的救済を規定した恤救規則（1874（明治7）年）の制定やその

後の救護法（1929（昭和4）年）の制定（p.182参照）などにより，それまでの慈善事業から社会的，義務的に取り組んでいく社会事業へと移行していくものの，救済において国家責任が明確なものとはなっておらず，救済の対象や内容において制限的なものであった。

2）社会福祉の確立期

戦後，日本国憲法が制定・施行され（1947（昭和22）年），国民に保障された生存権（第25条）や幸福追求権（第13条）などの規定を踏まえ，生活困窮者や児童，障害者など分野・対象者ごとにこれらの権利を具現化した社会福祉の法律が制定されることになった。1940年代後半から1950年代にかけ，戦争の傷跡の残るなかで戦争犠牲者に向けられる支援としての性格を含みながら，「福祉三法」と呼ばれる生活保護法（1946（昭和21）年に旧法制定，1950（昭和25）年，現在の生活保護法に改正），児童福祉法（1947（昭和22）年），身体障害者福祉法（1949（昭和24）年）が制定された。また，社会福祉事業の全分野に共通した事項を定めた社会福祉事業法（1951（昭和26）年に制定，2000（平成12）年，社会福祉法に改称）が制定され，今日の社会福祉法制の基礎構造が徐々に築かれていくことになった。この社会福祉事業法により社会福祉事業が定義されるとともに，福祉事務所や社会福祉協議会（社協），社会福祉法人など社会福祉を第一線で展開する専門機関・組織が規定されることとなった。

3）社会福祉の拡大期

1960年代になると高度経済成長による安定した景気や財源に支えられ，社会福祉の拡大，充実が図られることになった。社会福祉関係法においては「福祉三法」に加え，精神薄弱者福祉法（1960（昭和35）年に制定され，1999（平成11）年に知的障害者福祉法に改称），老人福祉法（1963（昭和38）年），母子福祉法（1964（昭和39）年に制定され，1982（昭和57）年に母子及び寡婦福祉法に改称，現在は母子及び父子並びに寡婦福祉法）の制定からなる「福祉六法」が整備されるとともに，国民年金，国民健康保険の社会保険に関わる法制度も整備され（1959（昭和34）年），国民皆年金・皆保険体制が敷かれることになった。

さらに，その後，老人医療費無料化や高額医療費制度（1973（昭和48）年）が創設され，「社会福祉施設緊急整備5か年計画」（1971（昭和46）年）により

特別養護老人ホームや保育所等，福祉施設を拡充するなど，この時代の社会福祉は高い水準を求めた欧米型の福祉国家を志向することになった。

4）社会福祉の見直し期

　1973（昭和48）年は「福祉元年」とも呼ばれ，福祉拡大の政策が進められていくなか，同年秋に起こった石油危機に伴う物価上昇と物不足により高度経済成長は 終 焉し，低経済成長の時代へと移行し，経済状況の変化は社会福祉政策にも大きな影響を及ぼすことになった。

　具体的には，「福祉見直し論」が議論されることになり，欧米型先進国をモデルとした政策から，家族や地域社会による自助や互助，民間活力の導入，公私の役割分担，公的福祉の効率的運用など，いわゆる「日本型福祉社会」の実現をめざす方向へと福祉政策の路線変更が行われることになった。ノーマライゼーションやコミュニティケア*47の思想や理念が尊重されるなか，施設でのサービス提供から居宅でのサービスの利用，すなわち，在宅福祉や地域福祉に重点を置く社会福祉政策へと移行されることになった。

5）社会福祉の改革期

　このような福祉見直しの検討を行いながら1980年代後半から1990年代にかけ，具体的な福祉改革が進められていった。1989（平成元）年には「今後の社会福祉のあり方について（意見具申）」（福祉関係三審議会合同企画分科会）が出され，在宅福祉の充実やサービス供給システムの再編が提案されるとともに市町村の役割を明確化し，民間サービスの育成が求められた。

　また，同年，高齢化に対応する介護支援の「高齢者保健福祉推進十か年戦略（ゴールドプラン）」や翌1990（平成2）年には老人福祉法をはじめとした福祉関係八法改正*48が行われ，在宅福祉サービスの明確化，町村への措置権の移譲，老人保健福祉計画の策定などが図られた。さらに，1994（平成6）年には少子

---

*47　コミュニティケアは，1950年代イギリスにおいて児童や精神障害者ケアの分野で始まったとされ，児童，障害者，高齢者などすべての人々が住み慣れた地域社会で自立した生活を送ることができるよう支援していこうとする考え方。
*48　老人福祉法等の一部を改正する法律として老人福祉法，身体障害者福祉法，精神薄弱者福祉法，児童福祉法，母子及び寡婦福祉法，社会福祉事業法，老人保健法，社会福祉・医療事業団法の八つの福祉関係法が一部改正された。

化に対応する子育て支援の「今後の子育て支援のための施策の基本的方向について（エンゼルプラン）」，1995（平成7）年には「障害者プラン」がそれぞれ策定され，ゴールドプランとの三位一体の施策が展開されていった。

　このような福祉改革が推進されるなか，戦後から続く日本の社会福祉の基本的な枠組みを抜本的に見直していく議論が取り交わされ，1997（平成9）年に「社会福祉基礎構造改革について（中間まとめ）」（中央社会福祉審議会社会福祉構造改革分科会）が示されることになった（図6-36）。ここでいう基本的な枠組みとは社会福祉に対する基本的な考え方，サービスを供給する体制，利用に関する仕組みなど社会福祉のすべての分野に共通する基礎構造である。

　この改革の内容は主に次の四つがあげられる。①サービス利用者の立場に立った福祉制度を構築するため，措置制度*49を見直し，かつサービスを選択し，契約にもとづく制度に転換する，②サービスの質の向上を図るためにサービス評価制度を導入し，情報公開を行って透明性を確保する，③社会福祉事業を活性化するため，社会福祉事業の範囲を見直し，企業など多様な事業体の参入を促進する，④地域福祉を推進するため，市町村は地域福祉計画を策定し，地域のニーズに応じた計画的なサービスを提供する。

　21世紀に入り，社会福祉基礎構造改革を進めていく方向で「社会福祉の増進のための社会福祉事業法等の一部を改正する等の法律」（2000（平成12）年）が成立し，社会福祉事業法が社会福祉法へと改正・改称され，同年には介護保険法が施行された。この介護保険には高齢者介護システムとして社会保険方式が導入され，利用者と事業者との契約にもとづくサービスの提供が行われることになった。さらに，2003（平成15）年には身体障害者福祉法や知的障害者福祉法の改正に伴い，それぞれの利用者の申請にもとづく市町村の支援費制度へと改められ，その後，2005（平成17）年に障害者自立支援法，2012（平成24）年に障害者総合支援法へと移行され，障害者福祉サービスの利用システムも措置から契約へと転換されることになった。

---

*49　行政の判断にもとづき，福祉サービスの利用の要件を判断し，決定するシステム。利用者の意向が反映されにくく，サービス提供者と利用者との対等な関係が持ちにくいなどの問題が指摘されている。

Ⅰ　改革の必要性

┌──〈福祉を取り巻く状況〉──┐
○少子・高齢化，家庭機能の変化，低成長経済
　への移行
○社会福祉に対する国民の意識の変化
○国民全体の生活の安定を支える社会福祉制度
　への期待

┌──〈社会福祉制度〉──┐
○現行の基本的枠組みは，終戦直後の生活困窮
　者対策を前提としたものであり，今日まで50
　年間維持
○現状のままでは増大，多様化する福祉需要に
　十分に対応していくことは困難
○この間，児童福祉法の改正，介護保険法の制
　定を実施

⬇

┌───────────────────┐
│　社会福祉の基礎構造を抜本的に改革　│
└───────────────────┘

Ⅱ　改革の理念

改革の基本的方向
①サービスの利用者と提供者の対等な関係の確立 ②個人の多様な需要への地域での総合的な支援 ③幅広い需要に応える多様な主体の参入促進 ④信頼と納得が得られるサービスの質と効率性の向上 ⑤情報公開等による事業運営の透明性の確保 ⑥増大する費用の公平かつ公正な負担 ⑦住民の積極的な参加による福祉の文化の創造

⬇

社会福祉の理念
○国民が自らの生活を自らの責任で営むことが基本 ○自らの努力だけでは自立した生活を維持できない場 　合に社会連帯の考え方に立った支援 　　　　　　　　↓ ○個人が人としての尊厳をもって，家庭や地域の中で， 　その人らしい自立した生活が送れるよう支える

図6-36　「社会福祉基礎構造改革について（中間まとめ）」の要点

出典）厚生省：社会福祉基礎構造改革について（中間まとめ），1997.

6）これからの社会福祉施策の方向性

　日本の社会福祉は社会福祉基礎構造改革（1997（平成9）年）以降，国民全
体を対象として利用者主体のあり方を求めた制度改革が進められるようになっ
ている。今日に展開されている社会福祉施策においてキーワードになるのが
「地域」であり，また，いくつかの分野や領域を一つにまとめた「包括」，さら

にはそれぞれの枠を超えてすべての人々がつながる「共生」である。

　社会福祉法のなかで法律の目的（第1条）として「福祉サービスの利用者の利益の保護及び地域における社会福祉（以下「地域福祉」という。）の推進」が掲げられるとともに，「地域住民，社会福祉を目的とする事業を経営する者及び社会福祉に関する活動を行う者は，相互に協力し，福祉サービスを必要とする地域住民が地域社会を構成する一員として日常生活を営み，社会，経済，文化その他あらゆる分野の活動に参加する機会が確保されるように，地域福祉の推進に努めなければならない」（第4条）として地域福祉の推進が定められている。この社会福祉法での規定にもとづき，これからの社会福祉は私たちが住み慣れた地域においてに推進され，拡大・発展されていくことになる。

　その地域において，とりわけ，日々の生活を営む身近な範囲として設定される日常生活圏域において，住まい，生活支援，介護，医療，予防の各分野を包括し，支援していくシステムとして導入されているのが地域包括ケアシステムである（p.133，図6-21参照）。各市町村におおよそ30分で駆けつけられる圏域としての日常生活圏域を設定し，見守り，配食，買い物など多様な生活支援サービスを確保し，予防を推進するとともに医療と連携し，介護サービスなどを充実させていこうというものである。

　さらに，地域包括ケアシステムを構築し，強化していくなかで，今後，めざすべきものが地域共生社会の実現に向けての取り組みである。2016（平成28）年，「新たな時代に対応した福祉の提供ビジョン」（厚生労働省・新たな福祉サービスのシステム等の在り方検討プロジェクトチーム）により，高齢者，障害者，児童などの対象者にかかわらず，包括的，総合的に支援する仕組みを構築するという方向性が示されるとともに，同年，「我が事・丸ごと」地域共生社会実現本部が厚生労働省に設置され，地域共生社会の実現に向けての取り組みが進められている（図6-37）。

　めざすべき地域共生社会とは「制度・分野ごとの『縦割り』や「支え手」「受け手」という関係を超えて，地域住民や地域の多様な主体が『我が事』として参画し，人と人，人と資源が世代や分野を超えて『丸ごと』つながることで，住民一人ひとりの暮らしと生きがい，地域をともに創っていく社会」とさ

「地域共生社会」とは

◆制度・分野ごとの『縦割り』や「支え手」「受け手」という関係を超えて，地域住民や地域の多様な主体が『我が事』として参画し，人と人，人と資源が世代や分野を超えて『丸ごと』つながることで，住民一人ひとりの暮らしと生きがい，地域をともに創っていく社会

改革の背景と方向性

公的支援の『縦割り』から『丸ごと』への転換

○個人や世帯の抱える複合的課題などへの包括的な支援
○人口減少に対応する，分野をまたがる総合的サービス提供の支援

『我が事』・『丸ごと』の地域づくりを育む仕組みへの転換

○住民の主体的な支え合いを育み，暮らしに安心感と生きがいを生み出す
○地域の資源を活かし，暮らしと地域社会に豊かさを生み出す

改革の骨格

地域課題の解決力の強化

●住民相互の支え合い機能を強化，公的支援と協働して，地域課題の解決を試みる体制を整備【平29年制度改正】
●複合課題に対応する包括的相談支援体制の構築【平29年制度改正】
●地域福祉計画の充実【平29年制度改正】

地域を基盤とする包括的支援の強化

●地域包括ケアの理念の普遍化：高齢者だけでなく，生活上の困難を抱える方への包括的支援体制の構築
●共生型サービスの創設【平29年制度改正・30年報酬改定】
●市町村の地域保健の推進機能の強化，保健福祉横断的な包括的支援のあり方の検討

「地域共生社会」の実現

●多様な担い手の育成・参画，民間資金活用の推進，多様な就労・社会参加の場の整備
●社会保障の枠を超え，地域資源（耕作放棄地，環境保全など）と丸ごとつながることで地域に「循環」を生み出す，先進的取組を支援

地域丸ごとのつながりの強化

●対人支援を行う専門資格に共通の基礎課程創設の検討
●福祉系国家資格を持つ場合の保育士養成課程・試験科目の一部免除の検討

専門人材の機能強化・最大活用

実現に向けた工程

| 平成29（2017）年：介護保険法・社会福祉法等の改正 ◆市町村による包括的支援体制の制度化 ◆共生型サービスの創設　など | 平成30（2018）年：介護・障害報酬改定：共生型サービスの評価　など ◆生活困窮者自立支援制度の強化 | 平成31（2019）年以降：更なる制度見直し | 2020年代初頭：全面展開 |

【検討課題】
①地域課題の解決力強化のための体制の全国的な整備のための支援方策（制度のあり方を含む）
②保健福祉行政横断的な包括的支援のあり方　③共通基礎課程の創設　など

図6-37　「地域共生社会」の実現に向けて（当面の改革工程）【概要】

出典）厚生労働省：「我が事・丸ごと」地域共生社会実現本部決定，平成29年2月7日.

れ，①地域課題の解決力の強化，②地域を基盤とする包括的支援の強化，③地域丸ごとのつながりの強化，④専門人材の機能強化・最大活用がその骨格としてあげられている。

　この地域共生社会の実現はこれからの日本の社会福祉施策を展開していく基本コンセプトとして位置づけられ，社会福祉関係法の改正や制度の創設，整備が進められている。

（5）社会福祉の諸制度

　ここでは社会福祉の対象者に関わる分野別に児童福祉，障害者福祉，高齢者福祉の法制・施策を取り上げる。

1）児 童 福 祉

　日本においては，国連で採択された「児童の権利に関する条約（子どもの権利条約）」（1989（平成元）年）が批准され（1994（平成 6）年），同条約に掲げられている基本理念である「差別の禁止」「子どもの最善の利益」「生命・生存，発達の権利」「子どもの参加」に配慮された児童福祉の施策が実施されている。

　児童福祉に関わる法制としては児童福祉法をはじめ，「児童福祉六法」と呼ばれる児童扶養手当法，母子及び父子並びに寡婦福祉法，特別児童扶養手当等の支給に関する法律，母子保健法，児童手当法があげられる。また，近年では児童虐待問題に対応する「児童虐待の防止等に関する法律（児童虐待防止法）」（2000（平成12）年），少子化対策として少子化社会対策基本法（2003（平成15）年），次世代育成支援対策推進法（2003（平成15）年）などが制定されている。

　児童福祉法においては「全て児童は，児童の権利に関する条約の精神にのっとり，適切に養育されること，その生活を保障されること，愛され，保護されること，その心身の健やかな成長及び発達並びにその自立が図られることその他の福祉を等しく保障される権利を有する。」（第 1 条）として児童の福祉を保障するための原理が掲げられるとともに，児童育成の責任として児童の保護者とともに国および自治体が負うことを定めている。また，児童福祉についての市町村，都道府県，児童相談所，保健所などの業務，療育の指導や給付，保育所・助産施設など児童福祉施設への入所，要保護児童の保護措置などの規定が定められている。児童福祉法においては児童一般に関し，幅広い施策が講じら

れるともに，非行や貧困，あるいは社会的養護を必要とする児童（保護者のいない児童，または保護者に監護させることが不適当であると認められる児童）などを対象とした支援についても定められたものとなっている。

　近年，児童虐待が増加するなど社会的養護を必要とする児童が増えるなか，「社会的養護の課題と将来像」（厚生労働省・児童養護施設等の社会的養護の課題に関する検討委員会・社会保障審議会児童部会社会的養護専門委員会，2011（平成23）年）が示され，社会的養護の施設等（児童養護施設，乳児院，里親および里親支援機関，ファミリーホーム，児童家庭支援センターなど），社会的養護の共通課題（施設運営の質の向上，施設職員の専門性の向上，親子関係の再構築支援の充実など），施設人員の配置，社会的養護の整備量がまとめられた。また，2017（平成29）年には，これらを全面的に見直し，新たな工程を示した「新しい社会的養育ビジョン」が同じく厚生労働省から公表された。さらに，子育て支援の課題としてあげられる保育所の待機児童の解消に向けての整備や保育士の確保，保育ニーズの多様化に対応した対策（延長保育，夜間保育，病児保育，障害児保育など）などが展開されている。

　また，今日，母子家庭等ひとり親家庭が増加するなどのなかで子どもの貧困問題が社会問題となっている。日本は先進国のなかでも子どもの相対的貧困率が高く*50，子どもの貧困問題は衣食住など生活への直接的な影響を及ぼすとともに低学力や排除，いじめ，虐待などを引き起こす要因ともなっている。このため，「子どもの貧困対策の推進に関する法律（子どもの貧困対策法）」（2013（平成25）年）が制定され，子どもの貧困の解消，教育の機会均等，健康で文化的な生活の保障，次世代への貧困の連鎖の防止などの対策が講じられるようになっている。

　2023（令和5）年には，深刻化する少子化と複雑化する子どもの問題を背景に子どもに関する行政を一本化し，社会全体で子どもを育てることをめざして「こども家庭庁」が発足し，併せて子ども政策を推し進めるための根幹となる

---

*50　経済協力開発機構（OECD）の報告（2023年1月）によると，子どもがいる現役世代のうち，大人が一人の世帯の相対的貧困率は日本が48.3％で OECD 加盟国36か国中最も高かった（内閣府：令和5年版男女共同参画白書，p.161）。

考え方や姿勢を表した「こども基本法」が制定された。こども家庭庁においては，①子ども政策としてのライフステージごとに希望が持てる社会の実現，②すべての子どもに向けての安心・安全な環境の提供，③すべての子どもの健やかな成長の保障の三つの柱を立て，取り組んでいくこととなっている。

2）障害者福祉

　障害者福祉に関する法制は，障害者福祉全般に関わるものと障害の区分に関するものなどから構成されている。

　具体的には，障害者福祉全般に関わる法制としてその基盤に障害者基本法が位置づけられ，同法において「身体障害，知的障害，精神障害（発達障害を含む。）その他の心身の機能の障害がある者であつて，障害及び社会的障壁により継続的に日常生活又は社会生活に相当な制限を受ける状態にあるもの」（第 2 条第 1 項）として障害者が定義され，「全ての国民が，障害の有無にかかわらず，等しく基本的人権を享有するかけがえのない個人として尊重されるものであるとの理念にのつとり，全ての国民が，障害の有無によつて分け隔てられることなく，相互に人格と個性を尊重し合いながら共生する社会を実現する」（第 1 条）として基本理念が掲げられている。

　障害者基本法の基本理念にのっとり必要な福祉サービスを利用することができるよう，障害福祉サービスの給付，その他の支援を行い，障害者（児）の福祉の増進を図り，障害の有無にかかわらず，国民が相互に人格と個性を尊重し，安心して暮らすことができる地域社会の実現に寄与することを目的として制定されたのが「障害者の日常生活及び社会生活を総合的に支援するための法律（障害者総合支援法）」（2013（平成25）年）である。同法にもとづく障害者への支援は，自立支援給付（利用者の個別の必要に応じて提供されるサービスで介護給付費，訓練等給付費，自立支援医療費等に区分される）と地域生活支援事業（利用者の状況，社会資源や地理的条件などから身近な地域において実施することが効率的・効果的であるとされる事業を市町村と都道府県が役割分担し，実施するもの）に大きく分けられ，実施されている。

　このほか，障害者福祉全般に関わる法制としては，「障害を理由とする差別の解消の推進に関する法律（障害者差別解消法）」（2013（平成25）年），「障害者

の雇用の促進等に関する法律（障害者雇用促進法）」（1960（昭和35）年），「障害者虐待の防止，障害者の養護者に対する支援等に関する法律（障害者虐待防止法）」（2011（平成23）年）などがあげられる。また，障害の区分に関する法制として身体障害者福祉法，知的障害者福祉法，「精神保健及び精神障害者福祉に関する法律（精神保健福祉法）」（1950（昭和25）年），発達障害者支援法（2004（平成16）年）があげられる。

　一方で，障害者に対する差別を撤廃し，社会参加を促すことを目的とする「障害者の権利に関する条約（障害者権利条約）」が2006（平成18）年に国連で採択され，日本においては2007（平成19）年に署名，2014（平成26）年に批准されている。この条約は合理的配慮と社会的モデルにもとづく障害者観をもって策定されたものといえる。

　このうち合理的配慮とは，障害特性に合わせて障害者が社会生活に平等に参加できるよう配慮することをいう。また，社会的モデルとは，例えば，足が不自由だから歩けないなど能力的な視点から障害をとらえるのではなく，段差があったり，手すりがなかったり，エレベーターがないなど社会の障壁によって歩けなくなってしまっているとする考え方を持ち，社会の障壁を解消していこうとするものである。

　いずれにしても，障害をどのようにとらえるのか，障害そのものを障害としてとらえるのではなく，障害者を取り巻く環境や社会に障害となるものはないのか，それをどのように軽減，改善していくのか，障害のとらえ方によって障害者の生活は大きく変わってくる。

3）高齢者福祉

　高齢者福祉の基本法として高齢者の心身の健康の保持および生活の安定のため必要な措置を講じ，高齢者の福祉を図ることを目的として制定された老人福祉法（1963（昭和38）年）があげられる。同法において高齢者に対しては心身の健康の保持と社会活動への参加を求め，国および自治体に対し，老人福祉の責務を規定するとともに，事業者に対しても老人福祉の増進に努めることが要求されている。同法では高齢者の生きがい対策から介護に関わる支援まで幅広い内容が定められているが，現在，高齢者介護については介護保険法にもとづ

いた契約のもとに居宅，施設などのサービスが提供されることになっており，虐待など介護保険法でのサービス利用が困難な高齢者に対して老人福祉法による措置が行われるようになっている。

　この老人福祉法のほか，高齢者福祉に関する法制として高齢社会対策を総合的に推進していくことを目的として制定された高齢社会対策基本法（1995（平成7）年）や住宅政策との連携を図り，高齢者の住まいの確保を目的として制定された「高齢者の居住の安定確保に関する法律（高齢者住まい法）」（2001（平成13）年），障害者を含め，心身状況などから日常生活に制限を受けている人々の円滑な移動や建築物の利用を推進していくことを目的として制定された「高齢者，障害者等の移動等の円滑化の促進に関する法律（バリアフリー新法）」（2006（平成18）年），高齢者の介護を行う人々の負担の軽減などから高齢者の虐待防止を図る目的で制定された「高齢者虐待の防止，高齢者の養護者に対する支援等に関する法律（高齢者虐待防止法）」（2005（平成17）年），認知症の人が尊厳をもって自分らしく生きるための支援や，認知症予防のための施策を定めた「共生社会の実現を推進するための認知症基本法（認知症基本法）」（2023（令和5）年）などがあげられる。急速な高齢化の進展のなか，高齢者のみで暮らす世帯が増加し，要介護高齢者が増えていく社会状況を背景に，高齢者福祉の向上を具現化するため，これらの高齢者福祉に関わる法制が整備され，展開されるものとなっている。

■参 考 文 献
1）川村匡由・倉田康路：社会福祉概論（シリーズ・21世紀の社会福祉2），ミネルヴァ書房，2007.
2）倉田康路：クオリティを高める福祉サービス，学文社，2017.
3）山田美津子・稲葉光彦編：社会福祉を学ぶ，みらい，2017.
4）松原康雄・圷　洋一・金子　充編：社会福祉（基本保育シリーズ4），中央法規出版，2015.
5）厚生労働統計協会編：国民の福祉と介護の動向2023/2024，厚生労働統計協会，2023.

実習対策

☐施設などではそれぞれサービス提供上に設定されている理念が掲げられている。その理念が，提供されているサービスの内容にどのように具現化されているかを理解する。

☐実習先の指導者などソーシャルワーカーの業務において具体的にどのようなソーシャルワークが用いられているか，ケースワーク，グループワーク，コミュニティワークがどのように適用されているかを学ぶ。

☐サービス利用者の心身状況などに応じ，社会福祉の目標である「自立」の概念がどのようにあてはめられ援助が行われているかを観察する。

☐利用者と向き合い，会話をする場合などは上から見下ろすような角度からではなく，視線は水平か下から目と目を合わせ，にっこりと笑顔で臨みたい。

レポート・卒論対策

☐人が生まれて死んでいくまでのライフサイクルをまとめてみよう。そして，それぞれの場面でどのような社会的サポートが必要となるか考えてみよう。

☐少子高齢化のなかで生じている社会的な問題について毎日のように新聞やテレビなどで取り上げられている。具体的にはどのような問題が取り上げられ，その問題はどのような背景や理由で発生しているか，また，問題を解決していくためにはどのような対策が必要か考えてみよう。

☐人権とは何か，尊厳とは何かについて考えてみよう。人権を侵害していること，尊厳を傷つけてしまっている具体的な例をあげてみよう。そして，人権を守り，尊厳を確保していくためには何が必要か考えてみよう。

☐社会のなかで排除されている人々はいないか考えてみよう。それはどのような人々で，なぜ，排除されているのだろうか，その人々の生活はどのような実態か調べてみよう。

受験対策

〈要点整理〉

☐社会福祉は人々が営む生活に着目し，生活の安定と自立に向けての取り組みであり，法制度や政策，サービス，援助によって展開される。

☐社会福祉の概念として，①すべての人々の幸福をめざすものとして社会保障を包含した上位概念（目的概念としての社会福祉）としてのとらえ方，②障害者や高齢者など援助が必要な人たちに向けた具体的な制度やサービスとして社会保障の下位概念（実体としての社会福祉）としてのとらえ方があるが，後者が

一般的になっている。

□社会福祉関係法は日本国憲法第25条（生存権保障）など国民，国家に定められた基本法のもとに制定され，社会福祉法を基盤として分野・対象別の法律，サービス給付に関する法律，権利擁護に関する法律などから体系化される。

□今日の社会福祉施策は地域福祉推進に向けて実施されている。

〈過去問〉

□都道府県は身体障害者更生相談所を設置しなければならない。（30回45-2）

　　⇨○　**正しい**。p.213参照。

□第一種社会福祉事業の経営は，国・地方公共団体に限定されている。（31回30-1）

　　⇨×　**社会福祉法第60条において，原則として国，地方公共団体，社会福祉法人が経営することとされている**。p.214参照。

□児童福祉法（1947年）は，戦災によって保護者等を失った満18歳未満の者（戦災孤児）にその対象を限定していた。（35回26-1）

　　⇨×　中央社会事業委員会（当時）は政府から児童保護法要綱案の諮問を受け，1947（昭和22）年にすべての児童を対象とした児童福祉法を制定した。p.216，p.222参照。

□障害者基本法において「障害者」とは「身体障害，知的障害又は精神障害により，長期にわたり日常生活又は社会生活に相当な制限を受ける者をいう」と定義されている。（34回61-1改題）

　　⇨×　p.224に掲げた第2条第1項の条文参照。

就活対策

□求人票などから希望する就職先を選んでいくだけではなく，訪問して見学したり，ボランティアや任意の実習などで体験したりすることも参考になるし，自分をアピールすることができる。

□施設などを志望する場合，その施設の種別だけではなく，母体となる法人の種別（社会福祉法人，特定非営利活動法人（NPO法人））なども調べ，理解しておきたい。

□社会福祉協議会（社協）を志望する場合，所在する地域の特徴を理解し，どのような福祉のニーズがあるか調べておこう。そして，コミュニティワークをしっかりと勉強しておきたい。

□コミュニケーション能力はすべての職場で求められ，とくに社会福祉の職場で要求される。演習や実習など人と関わる学習では積極的に参加し，自らの感性を磨き，コミュニケーション能力を高めておこう。

第7章 諸外国における社会保障制度

　本章では諸外国の社会保障制度の概要を説明する。

　先進国は今日まで社会保障制度を整備してきたが，各国の社会保障制度はそれぞれの歴史的な経緯や社会的・経済的条件を背景として多様な形で発展してきた。エスピン・アンデルセンは多様な社会保障制度の発展を示すため，欧米先進国を市場の役割を重視する自由主義レジーム，家族の役割を重視する保守主義レジーム，国家の役割を重視する社会民主主義レジームという三つに分類して福祉レジーム論を展開した。さらに，近年では上述の分析対象ではなかった国々の社会保障制度にも注目が集まっている。

　諸外国の社会保障制度の概要を述べる前に各国の社会保障財政について概観しよう。ここではアメリカ，イギリス，ドイツ，スウェーデン，フランスをみる。

　まず，社会保障支出の規模を示す社会支出の対国内総生産（GDP）比をみると，イギリスが最も小さく，フランスが最も大きくなっている（表7-1）。次に，国民負担率をみると，アメリカが低く，フランスが最も高くなっている（p.54, 図3-2参照）。

表7-1　社会支出の国際比較（2019年度）

社会支出	日本（2020年度）	日本	イギリス	アメリカ	スウェーデン	ドイツ	フランス
対国内総生産比	25.36％	22.97％	20.13％	24.02％	25.47％	28.18％	31.49％
（参考）対国民所得比	36.32％	31.81％	27.57％	30.40％	38.72％	37.55％	45.05％

出典）国立社会保障・人口問題研究所「令和3年度社会保障費用統計」2023. 第25表および第26表より作成

1 北欧─スウェーデン

　北欧諸国は「高福祉・高負担」の福祉国家として知られている。ここではスウェーデンに絞って社会保障の概要を紹介したい。

　スウェーデンは普遍主義的な福祉国家で，全国民を対象とした手厚い社会保障制度が特徴となっている。社会保障給付費や国民負担率の国際比較をみても他の国に比べて規模が大きく，「大きな政府」という特徴を有している。

1）年　　　金

　スウェーデンの公的年金制度には老齢年金，障害年金，遺族年金がある。

　老齢年金は所得比例年金，保証年金，積立年金からなる。賦課方式で運営されている所得比例年金[*1]，および積立方式で運営されている積立年金を組み合わせた制度となっており，一定の年金額に満たない者については保証年金が支給される。運営主体は年金庁で，被保険者は一定の所得以上の被用者と自営業者である。

　次に，老齢年金の受給要件についてみよう。給付を受けるために必要な加入期間についてはとくに定められていない。もっとも，保証年金には要件があり，最低3年間欧州連合（EU）諸国（うち1年間はスウェーデン）に居住することが加入要件とされている。支給開始年齢については61歳以降で受給者が選択する形をとっている。保証年金については支給開始年齢は66歳となっている。いずれも財源は保険料であるが，保証年金の部分に国庫負担がある。受給者数をみると，2022年11月時点で所得比例年金が約199万人，積立年金が約185万人，保証年金が約100万人である[*2]。

---

*1　概念上の拠出建てという考え方が採用されている。名目賃金の上昇率をもとにした「みなし運用利回り」を付加しつつ，保険料を概念上の口座に積み立てて，積み立てられた年金資産を平均余命等で調整し分割して支給する。制度全体でみると，給付費数年分の積立金を有するものの，賦課方式となっている。

*2　厚生労働省『2022年海外情勢報告』2023，第2章第3節，p.11.

2）医　　療
①　現物給付

スウェーデンの医療保障は社会保険方式ではなく，税方式で行われている。レギオン（リージョン）という広域自治体が医療保障を担っており，保健医療法はレギオンに住民に対し，必要な医療サービスを提供することを義務づけている。

医療サービスの対象になるのはすべての住民である。給付は現物給付で，外来，入院などが対象となっている。医療サービスを受けた際，患者には自己負担が求められる。自己負担額については保健医療法によって全国的な上限が設定され，その上限の範囲内でレギオンが自己負担を設定する。外来であれば1回当たりの自己負担額が初診であるかどうかや，年齢などで決められている。入院については1日当たりの自己負担額は年齢や所得，入院日数などにより設定される。このような医療サービスの財源はレギオンの税収である。

②　現金給付

傷病により休業した場合の所得保障の制度として，疾病保険の傷病手当がある。対象者は被用者および自営業者である。傷病手当は疾病による休業の15日目から支給され，給付額は従前所得の80％（364日間までで，365日目からは75％）で，従前所得が高い場合の上限が設定されている。傷病手当の受給期間については2008年7月に受給期間の上限が設定されたものの，2016年にはその上限が撤廃された。

なお，休業2日目から14日目までは雇用主から傷病給与が支払われることになっている。疾病保険の主要な財源は保険料であるが，国庫負担もある。

3）公 的 扶 助

公的扶助制度として社会扶助がある。対象になるのはスウェーデンに1年以上居住する者で，政府の設定した基準を満たした場合，給付が行われる。就労能力のある者については求職活動などの就労要件が課される。社会扶助の運営はコミューンと呼ばれる基礎自治体によって行われる。1990年代以降，受給者の多くを若者が占めているため，就労支援が強化されてきた[3]。

---

*3　太田美帆「公的扶助と就労支援の連携による社会的包摂—スウェーデン—」，福原宏幸・中村健吾編『21世紀のヨーロッパ福祉レジーム』糺の森書房，2012，pp.202-212.

4 ）介　　護

　介護サービスの提供に関してはコミューンに義務がある。そのサービスは在宅サービスと施設サービスに大別される。費用に関してはコミューンの公費負担と利用者の自己負担であり，コミューンごとに負担のあり方は異なっている（2002年 7 月から全国一律の利用者負担の上限を設けるなど，利用者負担に配慮した制度が導入されている）。近年，都市部を中心に民間委託が増加しており，コミューンが主なサービス提供主体であるものの，企業なども提供主体となっている。

5 ）子　育　て

　スウェーデンの保育は1990年代後半の改革以降，福祉政策ではなく，教育政策のなかに位置づけられるようになった。保育サービスの主な提供主体はコミューンである。近年の傾向として企業による提供が徐々に増えてきている。保育費用についてはコミューンの公費と利用者負担（ 3 歳から就学前までについては年525時間まで無料）である。利用者負担に関しては所得や年齢などにより，負担の上限が設定されている。

2　西欧―イギリス・ドイツ・フランス

　ヨーロッパ諸国の社会保障制度は多様である。ここではイギリス，フランス，ドイツの 3 か国をとりあげよう。

　前述したエスピン・アンデルセンの類型でいえば，イギリスは自由主義レジームと社会民主主義レジームの特徴を併せ持つ国とされ，普遍主義的な制度を取りつつも民営化の推進により自由主義の基調が強まったとされる。他方，フランスやドイツは職域ごとに分立する社会保険を特徴とする社会保障を持つ国々である。

（1）イギリス

1 ）年　　金

　イギリスの年金保険は，2014年年金法により2016年 4 月から国家第二年金が廃止され，国家年金のみの 1 階建ての制度となった。そして，国家年金の上に私的年金が上乗せされている。イギリスの年金制度は公的年金の役割が縮小傾

向にある一方，私的年金の役割が拡大してきている傾向にあるという特徴がある。以下では国家年金をさらに説明する。

　国家年金の運営主体は雇用年金省である。被保険者は16歳以上で，年金支給開始年齢前の被用者および自営業者である。もっとも，一定の週給に満たない被用者，および一定の年収に満たない自営業者の加入義務はない。支給開始年齢は2020年10月6日以降，66歳となっているが，さらに引き上げられる予定である。加入期間については，2016年4月6日以降，支給開始年齢に達する者に10年以上の加入という要件が課された。

2）医　　療

　イギリスの医療保険は一部に国民保険の保険料が含まれているものの，税方式で行われている。制度の名称は国民保健サービス（NHS）という。国民保健サービスにより，かつてはすべての国民に対し，無料で予防医療やリハビリテーションを含む保健医療サービスが提供されていたが，現在は外来処方薬や歯科治療などにおいて一部負担が設けられている（高齢者，低所得者，16歳未満の子どもなどは免除されている）。

　すべての国民は一般家庭医（主治医；かかりつけ医）を登録しており，救急医療を除き，まずは登録した一般家庭医を受診することになる。そして，病院の専門医を受診するには一般家庭医の紹介が必要となる。

　傷病時や出産時の所得保障については一定の条件を満たす者に対し，国民保険より現金給付が行われる。傷病により4日以上休業する場合，雇用主が支給する法定傷病手当金を最長28週間受給することができるが，法定傷病手当金の受給資格のない者は国民保険による就労支援手当金を受けることになる。また，一定以上の所得のある被用者および自営業者が出産する場合，6か月以上同一の雇用主に雇われている者には国民保険による給付ではなく，雇用主から法定出産手当金が支払われる。それ以外の者は国民保険から出産手当金を39週間受けることができる。

3）公的扶助

　イギリスの公的扶助には所得補助や求職者給付などがある。現在，このような公的扶助の給付，住宅給付，就労税額控除などを統合し，ユニバーサル・ク

レジットによる給付に移行中で，2024年9月までに全面移行する予定である。この政策は就労インセンティブの強化という目的も含まれている。

4）介　　護

介護サービスの提供責任は自治体にある。サービス提供主体をみるとサッチャー政権による改革以降，民間によるサービス提供が拡大する一方，地方自治体によるサービスは縮小する傾向にある。介護サービスの費用負担についてはNHSによる負担部分（医療関連）を除き，原則として全額が自己負担となっている。もっとも，低所得層には公費による補助がある。ジョンソン政権期に介護の生涯自己負担額の上限を設ける改革案が提案されていたが，2025年まで延期された。

5）子　育　て

保育サービスもまた，多様な提供主体により担われており，民間部門の比重が大きくなっている。保育サービスの状況で特徴的な点は子どもの年齢によってばらつきはあるものの，多くが正規の保育サービスを受けている一方，親族や家族によるインフォーマルな保育サービスを利用している層が一定数いることである[*4]。3〜4歳児については週15時間の就学前教育を年に38週間無料で受けることができる（保育サービス提供機関でも就学前教育を受けることが可能）。また，低所得家庭の2歳児も就学前教育を受けられる。

（2）ド　イ　ツ

ドイツは世界で最も早く社会保険を制度化した国であり，以下で述べるように社会保険は職域ごとに分立している点が特徴となっている。

1）年　　金

ドイツの年金保険は一定の年齢以上の国民であっても，加入を義務づけていない。被用者および一部の自営業者（教師，介護・看護職，ジャーナリストなど）には加入の義務がある。被用者でも年間の平均賃金（月額）が520ユーロ以下であれば加入の義務が免除される。また，公務員や医師など他の老齢所得保障

---

*4　大石亜希子「イギリス」，内閣府『平成27年度少子化社会に関する国際意識調査報告書』2016，p.173.

の制度の対象となっている者についても年金保険への加入の義務が免除される。企業の被用者や芸術家等の自営業者などは一般年金保険，鉱山労働者は鉱山労働者年金保険に加入する。

　一般年金保険も鉱山労働者年金保険も年金保険組合によって運営される。年金保険組合には連邦レベルのものと州レベルのものがある。保険者が異なっても年金給付や保険料に違いはない。

　老齢年金の受給要件は最低5年間加入し，支給開始年齢に達すると受給できる。受給開始年齢は2023年1月時点で66歳であるが，67歳へと段階的に引き上げられている（1964年生まれから支給開始年齢は67歳）。年金額は被保険者の報酬に比例する形をとっている。

2）医　　療

　ドイツの公的医療保険はすべての国民を強制加入の対象としておらず，一定所得以上の被用者，多くの自営業者などは加入の義務はない。保険者は疾病金庫であり，地域単位や企業単位などで設立されており，金庫の数は近年，減少傾向にあり，2023年1月時点で96である。被保険者は加入する疾病金庫を自由に選択できるようになっている。医療保険の給付は法律によって統一されており，現物給付を原則としている。入院や薬剤費については一部負担金がある。

3）公的扶助

　2000年代に行われたハルツ改革によりドイツの失業保険および公的扶助は再編され，稼働能力のある貧困層は失業手当Ⅱの対象，稼働能力のない貧困層は社会扶助の対象となった。2023年1月から失業手当Ⅱは市民手当に変更され，就労要件を満たさない場合の制裁が緩和された。

4）介　　護

　ドイツでは介護サービスは介護保険によって保障されている。介護保険の保険者は医療保険者の疾病金庫が別に運営している介護金庫である。原則として被保険者の範囲は医療保険の被保険者と同様であり，年齢制限はない。給付は現物給付と現金給付で，5段階の要介護度に応じて支給限度額や支給額が設定されている。

　5）子 育 て

　保育に関しては州ごとに異なる運営が行われており，保育サービスは公共団体と民間団体によって提供されている。多くの就学前児童が民間団体の設立した施設に通っている*5。また，3 歳以上 6 歳未満の児童の保育所利用率に比べて，3 歳未満の保育所利用率はかなり低くなっている*6。

（3）フランス

　フランスもドイツと同様，社会保険についてみると職域ごとに分立していることが特徴となっている。

　1）年　　　金

　フランスの年金保険は職域ごとに四つの制度に分立している。民間の商工部門の被用者が加入する一般制度，公務員などが加入する特別制度，自由業者を対象とし，職域ごとに設立される自由業者老齢保険制度，農業労働者などを対象とした農業制度である。被用者および自営業者が年金保険に加入している。

　なお，無拠出制の高齢者連帯手当があり，これを含めるとほぼすべての高齢者が高齢期の所得保障の対象となっている。

　次に，一般制度の給付や要件を簡単に紹介する。

　まず，受給のための加入期間であるが，1 四半期（3 か月）以上の加入が必要で，1973年生まれ以降の場合，満額受給のためには172四半期（516か月）必要となる。年金が満額支給される場合，最も賃金の高い25年間の平均賃金の50％相当額が支給される。また，一般制度の加入者は労働協約にもとづく補足年金制度の適用も受けており，給付などは労働協約によって異なる。

　2）医　　　療

　フランスの医療保障制度には職域ごとに分立している公的医療保険，補足的医療保険，普遍的医療保護がある。多くの国民はいずれかの公的医療保険制度に加入している。主要な公的医療保険として民間商工部門の被用者が加入する一般制度，公務員などが加入する特別制度，農業従事者が加入する農業制度が

---

*5　齊藤純子「ドイツの保育制度―拡充の歩みと展望―」,『レファレンス』平成23年 2 月号，2011，pp.36-38.

*6　厚生労働省『2022年海外情勢報告』，2023，pp.15-16.

ある。また，普遍的医療保護はフランスに正規滞在する者に外来や入院診療等
のサービスを提供する制度である。同制度により公的医療保険と同様の給付を
受けられる。一般制度の医療給付をみると，入院などを除いて償還払いで行わ
れ，償還率は診療行為ごとに異なる。なお，2017年11月から外来診療について
は日本の療養の給付と同様の方式が導入された。

　共済組合や相互扶助組合などの補足的医療保険は自己負担部分に対する給付
で，医療費の負担を軽減する役割を果たしている。低所得等の理由で補足的医
療保険を利用できない層に対しては連帯的補足医療給付がある。また，普遍的
医療保護によって正規かつ安定的にフランスに居住しているすべての者に医療
サービスが保障されている（ただし，一部負担はある）。

3）公 的 扶 助

　フランスの公的扶助は複数の制度に分立している。そのなかで主な制度とし
て積極的連帯収入の制度がある。同制度の対象者は25歳以上の低所得層で，就
労のインセンティブを増すような制度設計となっており，併せて就労支援も行
われている。

4）介　　　護

　高齢者福祉の実施主体は県である。高齢者自助手当によって介護費用の負担
がカバーされる。フランスでは社会扶助によって介護保障が行われている。対
象者は60歳以上のフランス人などで，かつ介護が必要な者である。高齢者自助
手当を受給するには要介護認定を受ける必要がある（給付の対象になる要介護度
は4段階）。在宅サービスと施設サービスが給付の対象となる。在宅サービス
の給付はサービス費用から自己負担額を引いた額であるが，要介護度ごとに上
限が決まっている。施設サービスについては要介護度ごとにサービス費用が設
定されており，それから所得や要介護度などにより設定された自己負担額を引
いた額が給付の対象となる。

5）子　育　て

　保育サービスは保育所・保育学校と保育ママに大別される。前者をみると，
保育所は主に3歳未満が利用し，費用は所得や扶養家族の数で設定され，保育
学校は3歳以上6歳未満が通い，無償である。後者の対象になるのは6歳未満

の子どもである。料金は報酬などに関する一定のルールのもとで保育ママと利用者の間で自由に決めることができる（保育ママに 1 人以上の 6 歳未満の子どもを預けながら働く親に対し，乳幼児受入手当から保育費用の補填のための手当が支給される）。

3　北米―アメリカ合衆国

ここではアメリカ合衆国（以下，アメリカ）の社会保障をとりあげる。

アメリカの社会保障は個人の自助努力や民間保険の活用を前提とした制度設計になっている。また，「小さな政府」といわれているように，社会保障の規模が他の先進諸国と比べると小さかったが，オバマ政権当時，医療制度改革により社会支出は増加した（p.229，表 7 - 1 ）。

1 ）年　　金

アメリカの年金保険は老齢・遺族・障害年金（OASDI）で，一般には社会保障年金と呼ばれている。ちなみに，アメリカでは "Social Security" といえば一般的にこの社会保障年金のことを指す。

社会保障年金の保険者は社会保障庁である。一方，被保険者は被用者および年間所得400ドル以上の自営業者である。公務員も適用対象であるが，一部の州・地方公務員などは適用除外となっている。また，学生や主婦などの無業者は制度の適用対象とはならない。

老齢年金についてみると，給付の要件は10年（40四半期）以上社会保障税を納付し*7，支給開始年齢に達することが必要である。支給開始年齢は2022年 8 月時点で66歳であるが，今後，67歳まで引き上げられる予定である。

2 ）医　　療

アメリカの医療保障をみると，全国民を対象にしていないことがわかる。以下にみるように，主な公的医療保障にはメディケア（Medicare），メディケイド（Medicaid）があり，これらの対象になるのは高齢者，障害者，低所得層で

---

*7　2023年の時点で社会保障税は年16万200ドルまでの所得に12.4％を掛けた額となる（被用者は労使折半に対し，自営業者は全額負担）。社会保障年金の財政方式は現役世代の納付する社会保障税が年金給付の財源となっている賦課方式である。

ある。アメリカの公的医療保障の対象は限られており，多くの稼働年齢層は対象に含まれていない。稼働年齢層は民間医療保険に加入することになっている。

　稼働年齢層が民間医療保険に加入することになっているため，無保険者の存在が問題とされてきた。オバマ政権ではこの無保険者の問題に取り組むため，医療保険への加入義務化等の医療制度改革を行った。しかし，その後，トランプ政権は医療保険未加入による罰則金をなくすことにより加入義務を弱める対策を講じた。このため，現在も医療保険未加入で医療扶助も受けていない者が一定数存在する。

3）公 的 扶 助

　アメリカの公的扶助は単一の制度ではなく，複数の制度に分かれている。主要なプログラムとしては，補足的栄養支援プログラム（SNAP），補足的保障所得（SSI），厳しい就労要件や生涯5年の受給期限の設定で有名になった貧困家族一時扶助（TANF）があげられる。上述のメディケイドは医療扶助である。さらに，州政府や地方政府が独自に実施する一般扶助（GA）もある。

4）介　　　護

　アメリカには公的に介護を保障する制度はないが，上述のメディケアによって，回復期の患者を対象とするナーシングホーム（介護・看護・看取りの施設）などの医療の範疇に入るサービスに限って費用が保障される。それ以外は家族の介護に頼るか，または介護サービスを自己負担することになる。

　なお，メディケイドにもナーシングホームなどの介護に係る給付がある。

5）子　育　て

　保育サービスに関しては州政府の管轄となっている。連邦政府は低所得層が保育サービスを受けられるよう，各州政府に対して補助金を配分している。

4　オセアニア―オーストラリア

　オセアニア（オーストラリアおよびニュージーランド）は三つの福祉レジームの分類に収まらない部分があることが指摘されている[*8]。しかし，エスピン・アンデルセンによると，1980年代以降，社会民主主義的な側面が薄くなり，自由主義の方向へと向かっているという[*9]。ここではオーストラリアの社会保障の概要をみる。

1）年　　金

　オーストラリアの年金保険は，1階部分の老齢年金，2階部分の退職年金基金の2階建てとなっている。

　1階部分の老齢年金は税方式で運営されている。受給するにはオーストラリアでの居住が10年以上必要である。また，所得調査と資産調査があり，一定の所得や資産があれば老齢年金が減額される仕組みになっている。支給開始年齢は段階的に引き上げられており，2024年から支給開始年齢は67歳となる（1957年1月1日生まれから）。

　2階部分の退職年金基金は積立方式で，財源は雇用主の強制拠出分と被用者の任意拠出分からなる。加入対象者は18歳以上の一定以上の賃金を得ている被用者である。加入者は，拠出された資金を確定拠出年金のプラン，確定給付年金のプラン，確定拠出年金と確定給付年金の両方を併せたプランのなかから選び，運用することになる。

2）医　　療

　オーストラリアの医療保険はイギリスと似た制度になっている。すなわち，一般開業医が一次医療を担っている。公的医療保険であるメディケアでは，一般開業医の診察や公的病院の公的患者への医療サービスは無料となり，公的病

---

*8　オーストラリアでは賃金仲裁制度が労働市場に導入され，それが平等主義的保障の役割を果たしていた点が社会民主主義的であるものの，国家によってではなく，市場によってなされていることが特徴という。エスピン・アンデルセン『ポスト工業化の社会的基礎』桜井書店，2000，pp.133-134.
*9　同上文献，pp.133-134.

院の私的患者や私立病院の患者の医療費に対しては一定割合の償還払いとなる*10。また，メディケアに加入できるのはオーストラリア人と永住権を持つオーストラリアの居住者である。

3）介　　　護

オーストラリアの介護サービスについては介護保険ではなく，政府の補助金により補助が行われている。オーストラリアの介護の特徴として，施設サービス偏重を解消し，在宅サービスを拡充するための改革が1980年代半ば以降に行われたことがあげられる。在宅サービスの在宅ケアパッケージにおいては，医師やソーシャルワーカーなどで構成される高齢者判定チームによりアセスメントが行われ，必要な医療と介護サービスが提供される。

4）子　育　て

ここでは保育サービスについて簡単に述べる。

政府の補助の対象となる保育サービスには施設型保育，一時保育，学童保育などがある。施設型保育と一時保育については0〜5歳，学童保育は12歳までの学童が対象である。2016年において，半数近くが民間営利団体により提供されている点が特徴としてあげられる*11。

5 中国，ロシア，韓国

これまでは福祉レジーム論のように欧米の社会保障に注目が集まっていたが，近年では欧米以外の社会保障にも目が向けられるようになってきている。ここでは中国，ロシア，韓国をみてみよう。

（1）中　　　国

中国は社会主義国であるため，建国当初，政府の計画および指令によって労働者の賃金および年金・医療などの配分が行われていた。1970年代末の市場経済の導入以降，社会保障制度の構築が進んできている。とくに2000年代以降は

---

*10　公的患者は医師の指名ができないなどの制限がある。

*11　林　悠子「保育の質の観点から見た保育者資格要件の課題―オーストラリアの取り組みに学ぶ」，『福祉教育開発センター紀要』（佛教大学）第14号，2017.

格差の拡大などの市場経済の負の側面への対応のため，社会保障が拡充されていった。もっとも，地域ごとに制度が異なるため，給付水準などに差がある。また，長年「一人っ子政策」を続けてきたため，将来の急激な高齢化への対応が課題とされている。

（2）ロ　シ　ア

ソビエト連邦（ソ連）崩壊後，社会保障が法制化されていったものの，給付の遅れや給付の規模が小さいことが問題とされた。2000年代に入り天然資源の輸出によって財政的に余裕が出てきたため，社会保障の実効性が高まっていった。医療保険について簡単にみると，1993年に強制加入の医療保険が設けられた。しばらく保険診療の基準が設けられていなかったが，2011年に保険診療の基準が定められた。医療保険にはすべての国民が加入することになっている。被用者の場合は雇い主，就労していない者の場合は連邦を構成する各政府が保険料を全額納付する。この医療保険により一次医療や救急診療などが無償で受けられる。

（3）韓　　　　国

韓国の社会保障は日本の社会保障と共通する部分がある。なぜなら，日本と同様，年金保険および医療保険において皆保険・皆年金体制を整備しているからである。もっとも，日本と異なり，職域や地域ごとに分化した制度ではなく，一元化された制度となっている。また，介護保険については2008年に高齢者長期療養保険が導入され，原則として1等級から5等級までの等級判定を受けた65歳以上の高齢者が施設サービスや在宅サービスを受けることができる。

■参 考 文 献
1）厚生労働統計協会編：保険と年金の動向2022/2023，厚生労働統計協会，2022.
2）厚生労働省：海外情勢報告，各年版.
3）日本労働政策研究・研修機構：データブック国際労働比較2019，2019.
4）エスピン・アンデルセン：ポスト工業化の社会的基礎―市場・福祉国家・家族の政治経済学，桜井書店，2000.
5）丸尾美奈子：「オーストラリアの年金制度について―資力調査と税制優遇で自律的な準備を促進」，ニッセイ基礎研究所REPORT，2009年8月.

6）丸尾美奈子：「オーストラリアの医療保障制度について―税方式の国民皆保障を
提供しつつも，民間保険の活用で財源を確保」，ニッセイ基礎研究所 REPORT，
2009年10月．

7）八木原大：「オーストラリアの医療保障制度―財の性質と負担の観点から」，実
践女子大学人間社会学部紀要，第7集，2011．

8）雲　和広：「特集の趣旨」，海外社会保障研究，191号，2015．

9）衣川靖子：「ロシアの保健医療事情と政策・制度の動向」，海外社会保障研究，
191号，2015．

10）李　蓮花：「東アジア」，土田武史編：社会保障論，成文堂，2015．

11）中川秀空：「アメリカの年金財政の展望と課題」，レファレンス，平成22年2月
号，2010．

12）自治体国際化協会：「オーストラリアにおける高齢者福祉」，CLAIR REPORT，
第166号，1998．

13）石井享子：「オセアニアの高齢者福祉施策の転換と課題」，現代福祉研究，16号，
2016．

14）林　悠子：「保育の質の観点から見た保育者資格要件の課題―オーストラリアの
取り組みに学ぶ」，福祉教育開発センター紀要（佛教大学），第14号，2017．

15）伊藤善典：「イギリスの高齢者介護費用負担制度の改革―責任と公平を巡る17年
間の議論―」，海外社会保障研究，No.193，2016．

16）大石亜希子：「イギリス」，内閣府：平成27年度少子化社会に関する国際意識調
査報告書，2016．

17）齊藤純子：「ドイツの保育制度―拡充の歩みと展望―」，レファレンス，平成23
年2月号，2011．

18）原田啓一郎：「フランスの高齢者介護制度の展開と課題」，海外社会保障研究，
No. 161，2007．

19）西村　智：「フランス」，内閣府：平成27年度少子化社会に関する国際意識調査
報告書，2016．

20）新井光吉：「アメリカの介護者支援―PACE による地域包括ケア拡大の可能性―」，
海外社会保障研究，No.184，2013．

21）宇佐見耕一・岡　伸一・金子光一ほか編：新　世界の社会福祉（全12巻），旬報社，
2020．

22）川村匡由編著：国際社会福祉論，ミネルヴァ書房，2004．

レポート・卒論対策

　社会保障制度はそれぞれの国の歴史や社会・経済の動向を反映し，多様である。もっとも，福祉レジーム論にみられるように，似かよった特徴を有する社会保障制度を持つ国々もある。

　さらに学びを深めていくためには，なるべく多くの文献や資料に目を通していく必要があろう。ここでは本文で参考文献にあげたものも含め，今後の学習に資するであろう文献を紹介する。もっとも，ここで紹介した文献以外にも重要な文献は数多くあるため，積極的に探すのもよい。

【直近の制度に関する情報】

　どの国の社会保障制度も社会・経済の動向を反映し，改正や改革が行われてきた。当然のことながら，今後も制度の改正や改革が行われるであろう。各国政府の担当省庁のホームページをみることが考えられるが，言語の問題などで情報収集に時間がかかる。このようななかで，なるべく新しい制度について情報を得たい場合，以下の文献が有用である。

・厚生労働統計協会『保険と年金の動向』，最新版.

・厚生労働省『海外情勢報告』（『世界の厚生労働』），最新版.

・『世界の社会福祉年鑑』，旬報社，最新版.

　また，制度の情報は古いものの，先進各国の社会保障制度の特徴を学べる文献として，東京大学出版会から出版された「先進諸国の社会保障」（1999，2000）のシリーズがある。このシリーズではイギリス，ニュージーランド・オーストラリア，カナダ，ドイツ，スウェーデン，フランス，アメリカが取り上げられている。

【社会保障制度の歴史】

　各国の社会保障制度の特徴を知るにはその歴史をみることも重要になる。ここでは以下の文献を紹介する。

・田多英範『世界はなぜ社会保障制度を創ったのか―主要 9 カ国の比較研究』，ミネルヴァ書房，2014.

　副題にあるように，イギリスやドイツ，フランスなど主要 9 か国の歴史を学ぶことができる。

【比較研究】

　各国の社会保障制度の特徴を知る手立ての一つとして国際比較もある。以下の文献をあげる。

・エスピン・アンデルセン『福祉資本主義の三つの世界』，ミネルヴァ書房，2001.
・エスピン・アンデルセン『ポスト工業化の社会的基礎—市場・福祉国家・家族の政治経済学』，桜井書店，2000.
・新川敏光編著『福祉レジーム』，ミネルヴァ書房，2015.
・福原宏幸・中村健吾編『21世紀のヨーロッパ福祉レジーム』，糺の森書房，2012.

受験対策

〈要点整理〉

　国立社会保障・人口問題研究所や財務省のホームページを活用し，イギリスやアメリカ，フランス，ドイツ，スウェーデンといった主要国の社会保障給付費や国民負担率の統計をみて，それぞれの国がどの程度の規模の制度であるか，把握しておく必要があると思われる。また，時間的に余裕があれば，先に紹介した『保険と年金の動向』および『海外情勢報告』の最新版で各国制度の概要を把握しておくのもよいであろう。

〈過去問〉

□アメリカには，全国民を対象とする公的な医療保障制度が存在する。（第31回55-1）

　　⇨×　アメリカには全国民を対象とする公的な医療保障制度はない。アメリカには高齢者を対象としたメディケアおよび低所得層を対象にしたメディケイドがある。

□イギリスには，医療サービスを税財源により提供する国民保健サービスの仕組みがある。（第31回55-2）

　　⇨○　そのとおりである。国民保健サービス（NHS）は全国民を対象とした医療保障制度である。

□フランスの医療保険制度では，被用者，自営業者および農業者が同一の制度に加入している。（第31回55-3）

　　⇨×　フランスの医療保険制度は職域ごとに分立していることが特徴である。

□2015（平成27）年度における社会支出の国際比較によれば，日本の社会支出の対国内総生産比は，フランスより高い。（32回50-5）

　　⇨×　日本は22.66％に対し，フランスは32.16％である。

社会保障の課題

1 社会福祉の上位概念化

　最後に，社会保障の課題について提起して結びとしたい。

　その第一は，社会福祉の上位概念化である。

　前述したように，社会保障の概念は1950（昭和25）年，社会保障制度審議会（現社会保障審議会）が示した「社会保障制度に関する勧告（50年勧告）」を受け，70余年を経た現在でも当時の年金保険や医療保険，労働保険（労災保険・雇用保険），公的扶助（生活保護），社会福祉などに2000（平成12）年，新たに介護保険を加え，今日に至っている。このうち，社会福祉は高齢者や障害者，児童など，ややもすれば社会的，経済的弱者だけでなく，健常な高齢者や障害者，主婦，学生による生涯学習や高齢者の見守り，安否確認，災害ボランティアなどをはじめ，就労支援や子ども食堂の運営，また，特定非営利活動法人（NPO法人）や企業・事業者により各種の福祉サービスやまちづくり，環境保全，寄附行為など新たな社会福祉活動を展開しており，政府の公的責任としての公助である社会保障を補完する役割を果たしている。

　そこで，このような新たな社会福祉活動は2070年の本格的な少子高齢社会および人口減少に伴う年金や医療，介護，子育てなどの社会保障給付費の増大に対し，国民は自助はもとより，互助や共助による社会貢献活動としての役割を担うという意味でも高く評価すべく，長年，社会保障の下位概念に甘んじている社会福祉こそ，従来の社会保障の概念を包摂した上位概念として見直すべきである。なぜなら，それは政府および自治体が推進している「地域共生社会の実現」，すなわち，地域福祉の推進への具体化の第一歩になるからである。

2 消費者福祉の視点

　第二は，消費者福祉の視点である。

　前述したように，今後の社会保障の整備・拡充にあたり，ややもすれば国民は消費税などの税金や社会保険料の財源を負担すれば年金や医療，介護，子育てなどの現金給付や現物給付としての社会保障および社会福祉サービスを受ける立場に甘んじているが，このような社会保障および社会福祉サービスの受け手だけでなく，消費者としての立場にも立ち，その整備・拡充のため，担い手として政府や自治体に協力するとともに消費者として自覚し，生存権の保障およびその持続可能性の追求のため，互いに連帯して悪質商法から身を守るべく消費者福祉の視点に立つべきである。

　そこで，国民も消費者福祉の視点に立ち，今後の本格的な少子高齢社会および人口減少に伴う年金や医療，介護，子育てなど社会保障の整備・拡充に関わり，消費者主権を確立すべきである。なぜなら，日本における消費者運動は1948（昭和23）年，粗悪マッチの追放をきっかけに全国主婦連合会（主婦連）が設立されて以来，今日まで各種商品の安全性や品質，公害，薬害，さらには近年の訪問販売や振り込め詐欺，霊感商法，高額献金などをめぐり住民運動や市民活動へ発展しているものの，1968（昭和43）年に消費者保護基本法が制定され，消費者庁や国民生活センター，消費生活センターによる啓発のほか，2000（平成12）年，消費者契約法，2004（平成16）年，牛肉の表示偽装問題などを機に，消費者保護基本法を消費者基本法に改称・改正，政府や自治体は消費者の保護に努めているが，消費者としての社会福祉活動は十分普及しているとはいいがたいからである。

3 国際社会保障への地平

　第三は，国際社会保障への地平である。

　前述したように，現行の社会保障は日本の国民だけを対象とし，その生存権を保障すべく政府および自治体による年金保険や医療保険，労働保険，公的扶助（生活保護），社会福祉などが中心で，その意味では国家社会保障であった。もっとも，国際社会は経済のグローバル化や核保有国の非核化の推進など日本や欧米などの先進国だけでなく，グローバルサウス（新興国・途上国）もあるなか，人々の安全・安心，さらには社会連帯による持続可能な国際社会の発展

が求められている一部の国や地域ではいまだに戦争や内紛のほか，食料，保健，医療，福祉，教育などが十分行き届いていないのが実態である。

　このようななか，日本はODA（政府開発援助）や各種NGO（非政府機関）を通じ，政治・経済的援助を行っているが，決して十分とはいいがたいため，自国だけに限った国家社会保障から国際社会保障への地平を拓き，先進国の一員として国際貢献を果たすべきである。なぜなら，日本国憲法の前文でもうたっているように，日本は世界唯一の戦争被爆国としての役割はきわめて大きいものの，戦後，一貫して日米軍事同盟を強化し，対米従属による外交および政官財の癒着による土建型公共事業の断行など大地主および大企業の利益誘導のため，社会保障給付費の増大を抑制する一方，消費税など税金や社会保険料を相次いで引き上げている政治を改革し，非核・軍縮および国連を中心とした世界連邦の樹立のため，国際貢献することが問われているからである。

　なお，今後のグローバルな社会保障の充実にあたっては各国の気候風土や歴史，言語，思想，宗教，信条，生活習慣，文化，政治・経済体制などの違いがあるため，これらをマクロ，メゾ，ミクロの視点からとらえる必要がある。

　そして，これらを踏まえたうえ，日本を含め，世界各国は食料危機や地球温暖化による環境の悪化，平和と公正，さらに，2020（令和2）年からの新型コロナウイルス感染症のパンデミック（世界的大流行），および"ポストコロナ対策"などについて，国連サミットが2015（平成27）年に定めたSDGs（Sustainable Development Goals：持続可能な開発目標）の達成とからめ，社会保障のなかでいかに取り組むべきか，具体的な施策を検討する必要があろう。

■参考文献
1）川村匡由：社会保障崩壊　再構築への提言，あけび書房，2023.
2）川村匡由・島津　淳・木下武徳・小嶋章吾編著：社会保障　第4版（現代の社会福祉士養成シリーズ1），久美出版，2016.
3）川村匡由：老活・終活のウソ，ホント70，大学教育出版，2019.
4）川村匡由：防災福祉のまちづくり，水曜社，2017.
5）川村匡由：人生100年時代のニュー・ライフスタイル，あけび書房，2022.

索　引

執筆者・執筆担当

〔編著者〕

<ruby>川村<rt>かわむら</rt></ruby> <ruby>匡由<rt>まさよし</rt></ruby>　　武蔵野大学名誉教授　　　　　　　　第1章，終章

〔著　者〕（五十音順）

<ruby>安部<rt>あべ</rt></ruby> <ruby>雅仁<rt>まさひと</rt></ruby>　　北星学園大学社会福祉学部教授　　　　第3章

<ruby>伊藤新一郎<rt>いとうしんいちろう</rt></ruby>　　北星学園大学社会福祉学部教授　　　　第2章1〜4

<ruby>河谷<rt>かわたに</rt></ruby>はるみ　　西南学院大学人間科学部教授　　　　　第5章，第6章3

<ruby>倉田<rt>くらた</rt></ruby> <ruby>康路<rt>やすみち</rt></ruby>　　西南学院大学人間科学部教授　　　　　第6章7

<ruby>坂本<rt>さかもと</rt></ruby> <ruby>毅啓<rt>たけはる</rt></ruby>　　北九州市立大学地域創生学群准教授　　第6章1

<ruby>佐橋<rt>さはし</rt></ruby> <ruby>克彦<rt>かつひこ</rt></ruby>　　北星学園大学社会福祉学部教授　　　　第2章5，第4章

<ruby>島津<rt>しまず</rt></ruby> <ruby>淳<rt>あつし</rt></ruby>　　桜美林大学健康福祉学群教授　　　　　第6章2

<ruby>鈴木<rt>すずき</rt></ruby> <ruby>政史<rt>まさし</rt></ruby>　　静岡福祉大学社会福祉学部准教授　　　第6章4

<ruby>久本<rt>ひさもと</rt></ruby> <ruby>貴志<rt>たかし</rt></ruby>　　福岡教育大学教育学部准教授　　　　　第7章

<ruby>松原<rt>まつばら</rt></ruby> <ruby>直樹<rt>なおき</rt></ruby>　　桐生大学医療保健学部教授　　　　　　第6章5・6

福祉ライブラリ

三訂 社会保障

2018年（平成30年）8月31日	初 版 発 行	
2020年（令和2年）9月10日	改訂版発行〜第2刷	
2024年（令和6年）2月10日	三訂版発行	

編 著 者　川　村　匡　由

発 行 者　筑　紫　和　男

発 行 所　株式会社 建帛社
　　　　　　　　 KENPAKUSHA

〒112-0011　東京都文京区千石4丁目2番15号
　　　　　　 TEL（03）3944－2611
　　　　　　 FAX（03）3946－4377
　　　　　　 https://www.kenpakusha.co.jp/

ISBN 978-4-7679-3397-9　C 3036　　　　　　壮光舎印刷／常川製本
Ⓒ川村匡由ほか，2018，2020，2024.　　　　　　Printed in Japan
（定価はカバーに表示してあります）